Emilia Pardo Bazán

La literatura francesa moderna
El Naturalismo

Barcelona **2024**
Linkgua-ediciones.com

Créditos

Título original: La literatura francesa moderna. El Naturalismo.

© 2024, Red ediciones S.L.

e-mail: info@linkgua.com

Diseño de cubierta: Michel Mallard.

ISBN tapa dura: 978-84-1126-475-4.
ISBN rústica: 978-84-9953-980-5.
ISBN ebook: 978-84-9007-935-5.

Cualquier forma de reproducción, distribución, comunicación pública o transformación de esta obra solo puede ser realizada con la autorización de sus titulares, salvo excepción prevista por la ley. Diríjase a CEDRO (Centro Español de Derechos Reprográficos, www.cedro.org) si necesita fotocopiar, escanear o hacer copias digitales de algún fragmento de esta obra.

Sumario

Créditos _____ 4

Brevísima presentación _____ 7
   La vida _____ 7

I _____ 9

II _____ 22

III _____ 44

IV _____ 60

V _____ 80

VI _____ 92

VII _____ 105

VIII _____ 116

IX _____ 128

X _____ 143

XI _____ 158

XII _____ 178

XIII _____ 189

XIV _____ 204

XV _____ **217**

XVI _____ **232**

Epílogo_____ **245**

Libros a la carta_____ **249**

Brevísima presentación

La vida
Emilia Pardo Bazán (1851-1921). España.
 Nació el 16 de septiembre en A Coruña. Hija de los condes de Pardo Bazán, título que heredó en 1890. En su adolescencia escribió algunos versos y los publicó en el *Almanaque de Soto Freire*.
 En 1868 contrajo matrimonio con José Quiroga, vivió en Madrid y viajó por Francia, Italia, Suiza, Inglaterra y Austria; sus experiencias e impresiones quedaron reflejadas en libros como *Al pie de la torre Eiffel* (1889), *Por Francia y por Alemania* (1889) o *Por la Europa católica* (1905).
 En 1876 Emilia editó su primer libro, *Estudio crítico de Feijoo*, y una colección de poemas, *Jaime*, con motivo del nacimiento de su primer hijo. *Pascual López*, su primera novela, se publicó en 1879 y en 1881 apareció *Viaje de novios*, la primera novela naturalista española. Entre 1831 y 1893 editó la revista *Nuevo Teatro Crítico* y en 1896 conoció a Émile Zola, Alphonse Daudet y los hermanos Goncourt. Además tuvo una importante actividad política como consejera de Instrucción Pública y activista feminista.
 Desde 1916 hasta su muerte el 12 de mayo de 1921, fue profesora de Literaturas románicas en la Universidad de Madrid.

I

La nueva fase. El segundo Imperio. De la poesía lírica a la novela. Digresión y recuerdos personales. El fondo filosófico del naturalismo. El realismo difuso e inevitable. Su infecundidad como escuela. Sirve de puente a la doctrina naturalista

Antes de entrar de lleno en el período en que el naturalismo adquiere carácter de escuela literaria, desplegando bandera de combate y pretendiendo asumir la significación entera de la democracia triunfadora, convendrá advertir (insistiendo en algo dicho ya en anteriores volúmenes de esta obra misma), que dar a una época el nombre de una escuela, no quiere decir que en esa época misma faltasen otras tendencias, sino que hay una especialmente característica de la hora y del momento.

Hemos visto cuán efímero fue el triunfo del romanticismo, y registrado las diversas fases y direcciones de la transición. Una va a imponerse, con violencias de pirata que entra a saco en la ciudad, y contribuirán a su pasajero dominio, la difusión del positivismo científico, al cual, ya veremos si con fundamento, se afiliaba el naturalismo literario; la influencia póstuma de Balzac, que, como nuestro Felipe el Hermoso, anduvo más camino muerto que en vida; y las circunstancias[1] sociales e históricas, que prepararon el advenimiento de la tercer república.

Con el romanticismo —aunque este no fuese cosa genuinamente francesa—, Francia impuso a Europa su literatura; ayudó a la expansión su espíritu cosmopolita, y lo vago y genérico de su documentación y decorado. No hay cosa más semejante a un héroe romántico que otro, y al través de la sensibilidad mundial se reconocen hermanos los pálidos y fatales soñadores, los héroes de Pushkin, Musset, Espronceda y Byron. Pero aparece Balzac, y la literatura francesa arraiga en el terruño; la provincia y París son ambiente del arte; Francia se vuelve hacia sí misma, alejándose de las Venecias y las Andalucías quiméricas. Con el naturalismo arrollador, Francia, después de la caída del segundo Imperio, recobrará algún tiempo el privilegio de dar modelos literarios a las demás naciones; pero lo conseguirá por medios bastardos, suscitando curiosidades no siempre sanas y artísticas, y con el equívoco de

---

1 [«circuntancias» en el original. (N. del E.)]

una identificación imposible de la ciencia y el arte, base del edificio teórico de la nueva escuela, que, en su forma sistemática, se apoya en un absurdo.

Si las leyes constantes de la historia no fallan, tan graves sucesos como los que se desarrollaron en Francia, al caer el régimen imperial, tenían que abrir surco en las letras. De la desventura de Napoleón III, y de los epilépticos horrores de la Commune, persistía la huella reciente de una depresión y un dolor y una humillación en todos. París es el centro del pensamiento francés, es el foco del arte, y París había sido sitiado, sujeto al hambre y al frío, invadido, maniatado, incendiado, profanado en su belleza y en su grandiosidad. El arte, por diez a doce años, no podía menos de saber a ajenjo de pesimismo; la Commune y sus desesperaciones encontraron expresión en la escuela naturalista, o, por lo menos, en la serie de los Rougon Macquart —«historia de una familia durante el segundo Imperio»— que Zola había empezado a escribir, justo es decirlo, antes de Sedán, estigmatizando ya los comienzos del régimen, el golpe de Estado y el poder personal de Napoleón.

Sin dar fe a calumnias burdas contra la memoria del vencido Emperador, es preciso confesar que acumuló errores políticos fatales y abandonó, cuando más debiera atenderla, la organización militar, con imprevisión inconcebible en un soberano cuya dinastía representaba la leyenda de gloria francesa, y que había sabido batirse y mandar en campañas brillantes. Y, de la mano con el descuido en tan esencial cuestión, siendo seguro e inminente el choque con Alemania, anduvo la tendencia a hacer de París, al menos en las exterioridades, tienda de modas, fonda y lupanar del mundo, y a bastardear, por lo tanto, su papel europeo, dorándolo con oropeles equívocos, y atrayendo sobre la mágica ciudad el rayo de las excomuniones, justificadoras, de antemano, de cuanto contra ella se hiciese. Las especulaciones podridas enriqueciendo a traficantes como el Saccard de La ralea; el lujo sin raíces, la prodigalidad loca, tirando por la ventana lo ganado sin esfuerzo; la licencia pública de las costumbres, el pulular de las cocottes, sus extravagancias, crearon una leyenda. Si no fue el segundo Imperio una época bizantina, no hay manera de negar que lo pareció ante Europa, y que sacó partido Alemania de este concepto general. Y la tolerancia y relajación moral del segundo Imperio contribuyeron a empujarle al precipicio, arrastrando consigo tantos y tan sagrados intereses. Nunca está el mal de un régimen en cómo haya venido, sino en cómo deja, al caer, a la nación.

Desde el primer día, en dieciocho años de mando, al principio casi absoluto, como sucede después de los golpes de Estado, que salvan a los países del desorden y de las demagogias, debió Luis Napoleón vigorizar a aquel pueblo que no le resistía y que tantos elementos reúne para ser grande y fuerte. La fuerza, parece ocioso decirlo, no reside solo en los cañones y los fusiles. Sin duda, el Imperio podía «ser la paz», como proclamara un día el César, y como es hoy la paz, acaso demasiado larga, otro Imperio que nació de la lucha y de la sangre, el germánico;[2] pero este, según fama, prepara la paz con los aprestos de la guerra, y cuida de no gastarse en empresas tan peligrosas como fue la de Méjico, que hizo profeta a nuestro ingrávido Zorrilla cuando anunció a Francia, si repitiese el tropezón, el rodar de las escaleras cabeza abajo.

Convenía recordar de paso estas circunstancias, para establecer que una literatura con todas las apariencias y pretensiones de impersonal y serenamente científica, que esto quiso ser el naturalismo, fue en el fondo mero brote de esa sensibilidad oscura que las catástrofes colectivas excitan y soliviantan para que se refleje en el arte. El naturalismo de escuela no hubiese sido explicable sin sus terribles precedentes históricos.

Precisamente por las condiciones que debe al ambiente histórico se diferenciará del realismo el naturalismo de escuela. El realismo, aun en Francia, tierra fecunda del clasicismo, tenía más antecedentes que el movimiento capitaneado por Zola. De cierto fue el realismo la segunda tendencia tradicional en Francia, acorde con el prosaísmo nacional, tantas veces observado por mí, y que un sagaz crítico francés reconoce, declarando que la naturaleza, en torno de los franceses, no ha hecho más que prosa, y por Stendhal, que lamentaba la falta en el horizonte parisiense de una cadena de montañas. Así, el romanticismo, originariamente, revistió carácter de influencia extranjera, y vino por Inglaterra y por Alemania, con Osián y la Staël. Y aun al aceptar el romanticismo, Francia no perdió de vista aquella verdad que ya Boileau había declarado elemento primordial del arte. Hasta podemos decir que la restauró contra el paganismo y el helenismo irreal de los clásicos, y

---

2   Cuando esto se escribió no había estallado aún la guerra en los Balkanes. (N. del A.)

proclamando el principio de la democracia literaria, exhibiendo, como quiso Mercier, los andrajos de la miseria, los sufrimientos físicos, el desorden pasional, los apetitos de la fiera humana. ¡Ya no hay palabras nobles ni plebeyas! No será Zola quien lo promulgue; que antes lo ha dicho Víctor Hugo. La fealdad, igual que la belleza, tiene derecho al arte. Lo grotesco empareja con lo sublime. Con estos apotegmas románticos, el realismo tiene la puerta abierta. Se llamará «el romanticismo de la observación», y toda una falange reclamará que el arte vuelva a la senda de la naturaleza y la verdad, exigencia que en las artes plásticas se cumple desde muy temprano. Esta falange, en que figuran historiadores y sabios, reniega de las ficciones. Recordemos su reprobación al comprobar cómo se transforma, bajo el influjo social y científico, la ficción novelesca. Ya en 1826 se habla sin rebozo de realismo romántico y se vaticina que será la fórmula del porvenir. Numerosos románticos no solo admiten la doctrina de la verdad, sino que la practican. El nombre de Stendhal bastaría para probarlo; clasificado entre los románticos, le tienen por precursor los realistas y los psicólogos.

Y cuando se cree definida la teoría y asoman los románticos de escuela, antes del segundo imperio, hay críticos que anuncian la quiebra del lirismo y el triunfo de los directores de la «vergüenza humana», dictado que no desdeñaría Zola.

El realismo de escuela apunta hacia 1850. Preséntase como forma de sensualismo artístico, y también como reivindicación prosaica de la vida humilde y vulgar, sin mezcla de ilusión poética.

Hay realismo, sin duda, en la escuela del arte por el arte, y no sorprende que más tarde lleguen al naturalismo de escuela artistas como Baudelaire y Goncourt. Sobre una base tan amplia como la de la verdad, es lógico que se asienten tendencias distintas, y que al lado del realismo estético haya surgido el utilitario, que invocará el naturalismo con el nombre inexactísimo de «novela experimental». La verdad está dondequiera, en todas partes, y se presta a innumerables maneras de entenderla e invocarla; acaso no son los que más la invocan los que mejor se ciñen a su severa disciplina.

Conviene fijarse en que el paso del romanticismo al realismo envuelve una transformación de los géneros literarios. El drama y la poesía lírica fueron los géneros románticos por excelencia; y de las obras maestras del romanticismo impresionista en la novela, Adolfo, Obermann, René, como de los dramas al estilo de Antony, puede decirse que son poesía lírica sin rima. Rompiendo con el lirismo, la novela, desde el período realista, es el género invasor y dominante, y en él y por él se hace épica la literatura, y a los tipos excepcionales sucede la humanidad socializada, sometida a lo que la rodea, gota de agua llevada por las corrientes profundas. Tenía que ser así, pues la novela, «por la fuerza de su principio interior» —dice concisamente Brunetière—, «se inclina siempre a la imitación más o menos idealizada de la vida». Tal es (continúa el ilustre crítico), su razón de ser, su función. La novela expresa o satisface la curiosidad que el hombre inspira al hombre; nos lleva fuera de nosotros mismos y nos recuerda la comunidad de nuestro ser, que el lirismo, con sus personalismosególatras, había olvidado. Y que semejante transformación se verifica de un modo casi orgánico e involuntario, lo demuestra el mismo escritor con el caso típico de Jorge Sand, novelista desde un principio y siempre, cuyas primeras novelas, en pleno romanticismo, son más líricas que todos los versos de Lamartine y Hugo, y que luego va evolucionando, según los tiempos, a la novela socialista, después a la novela rústica y a narraciones en que el realismo apunta y se esboza: las conocidas tres maneras.

Esta hegemonía de la novela, desde mediados del siglo, salta a los ojos, aunque muchos sigiesen considerando a la novela género frívolo y sin trascendencia, preocupación tan tenaz que en España, por ejemplo, personas del talento y cultura de don Juan Valera, famoso justamente por novelista, calificaron a las novelas de libros de mero entretenimiento, nugas. Opinión tanto más extraña en quien reconocía que nuestro primer libro es una novela, el *Quijote*. Yo le hice observar frecuentemente al ilustre escritor la disonancia de clasificar al *Quijote* como libro entretenido, siendo (aunque tan ameno), tan profundo, elevado y sugeridor de meditación y grave pensar; y respondíame don Juan que de fijo Cervantes no se propuso hacer nada que trascendiese, sino una narración recreativa; a lo cual replicaba yo que en las creaciones geniales; no es la intención del autor, sino el resultado, lo que podemos apreciar, y que mil veces fracasan intentos ambiciosos, no siendo ciertamente la ambición lo que faltó a Zola cuando auguraba la desaparición de la tercer república si esta no se declaraba naturalista, afiliándose a su escuela...

Lejos de ser género frívolo y vano, la novela, del romanticismo acá, me parece lo más sincero, eficaz y significativo de la literatura, y ya antes del romanticismo, con la Nueva Eloísa y con Cándido y Zadig, por no hablar de algunas obras de Diderot, había sido manifestación de lo que llevaba el siglo en sus entrañas. La variedad casi infinita de las formas novelescas es tan numerosa y copiosa como la realidad, como el oleaje de los sucesos, como los cambios y aspectos de la sociedad, como los matices del sentimiento y las aspiraciones, quejas y dolores de la familia humana. Cuando se creyera agotada la novela, renuévase con una fuerza de espontaneidad que maravilla. Fracasadas las epopeyas, que no pudieron acercarse a los modelos griegos y latinos; rotos los poemas en mil fragmentos de espejo, reflejaron más claramente que nunca y con intensidad a la vida en sus innúmeras manifestaciones. La segunda mitad del siglo XIX pertenece a la novela, desde que Balzac presta al género la importancia de la historia.

Para que la novela, en el XX, haya decaído y se anuncie su ruina, o como en Francia se dice, su krach, se necesitó la enorme sobreproducción, la competencia insensata, el pugilato de asuntos escandalosos que ya a nadie escandalizan, el industrialismo apoderándose de los dominios del arte y recargando las tintas y llegando al delirio. Mas no es hora aún de reseñar la decadencia; al contrario: vamos a hablar del tiempo en que una novela, llegando a ediciones de cientos de miles de ejemplares, alborota a la opinión, y en vez de parecer el inocente «libro entretenido», suscita problemas y plantea cuestiones sociales y políticas o alarma a las conciencias y anatomiza los corazones.

Aunque procuro en estos estudios huir de digresiones innecesarias, al tratar del naturalismo y del predominio de la novela no puedo menos de recordar que algo tercié en semejante litigio, siendo el primer expositor de la doctrina en España y suscitando un ruidoso incidente crítico, allá por los años de 80 a 81. Cuando yo escribí *La cuestión palpitante*, el naturalismo no era novedad en Francia, ni mucho menos, pero sí en España, donde asustaba doble por lo mismo que apenas sí se le conocía de otro modo que por su mala reputación. No me propuse hacer propaganda de la escuela, ni recomendar sus fundamentos filosóficos, que, al contrario, reprobé, señalando especialmente los peligros del determinismo materialista; pero quise dar a conocer sus caracteres meramente estéticos y mostrar sus puntos de contacto con el realismo, tendencia tan infiltrada en nuestra tradición nacional. Como era de temer, no logré que la mayoría me entendiese, a pesar de la resonancia inusitada que lograron mis artículos y del chaparrón de controversias que provocaron. Lo que el vulgo, letrado o no, veía en el naturalismo francés, era lo que irrita la curiosidad, lo burdo, lo grueso de las licencias, desafueros y osadías de la retórica de Zola y sus secuaces; el atractivo malsano, el cebo de porquerías y obscenidades que juzgaban recogidas, por decirlo así, en jugos y fermentos de una civilización descompuesta. Ni siquiera sospechaban que, como a Zola, se había llamado a Balzac trapero de la literatura, acusándole de revolver en la alcantarilla y enviar al aire sus miasmas pútridos. Del fondo, realmente pernicioso, de la tendencia; de la anulación de la voluntad humana; del positivismo crudo y pseudo científico que envolvía, prescindieron todos, y no solo aquí, sino en Francia misma, pues al traducir mi obra para publicarla en lengua francesa, suprimieron los capítulos en que estudiaba el sentido filosófico de la nueva escuela, declarando que contenían demasiadas disquisiciones «teológicas». Y lo que llamaban teología era únicamente ver, en una doctrina literaria, las consecuencias que de ella se derivaban y que la hacían peligrosa y especialmente delatora de las decadencias y miserias morales de la colectividad.

Como quiera que al exponer el naturalismo yo reconocía el talento y mérito artístico de sus jefes, y aquí ha sido cosa rara la equidad, se sacó en consecuencia que recomendaba la escuela de Medan incondicionalmente,[3] a pesar de que declaraba y repetía que el naturalismo era solo un oportunismo. Y lo fue, y duró menos aún de lo que pudiera suponerse. Ya estaba desorganizado al aparecer la más importante de las impugnaciones y refutaciones de mi obra: la que su autor tituló *Apuntes sobre el nuevo arte de escribir novelas*. Yo me encontraba obligada, en cierto modo, hasta por cortesía y respetos al eminente escritor, a hacerme cargo de un libro que nació de otro mío, y además, la ocasión era grata, y contender con Valera, muy halagüeño para mí. Sin embargo, me abstuve por varias razones: la primera, que la oportunidad de la polémica había pasado —lo confiesa el propio don Juan—; la segunda, que aquella tardía impugnación, muy ingeniosa y docta, salpica-

---

3 [«incondicionalmenle» en el original. (N. del E.)]

da de amenas y oportunas reflexiones, salpimentada con donaires picantes, crudos humorismos y palabras zolaescas, no presentaba ese metódico enlace que permite una réplica que aclare bien los puntos debatidos, pues don Juan, como tan ecléctico, flexible y panfilista, venía, reconociéndolo, a coincidir conmigo en bastantes respectos y a poner al naturalismo de escuela objeciones análogas a las que le opusiera yo. Hay, sin embargo, en las atractivas disertaciones de don Juan, algo que merece notarse especialmente: y es la manifestación del espíritu clásico y los aspectos en que el naturalismo tanto se aparta de él.

La doctrina de Valera es el optimismo, y en su estética no cabe tomar por lo serio los males que comúnmente nos afligen, y que declara asunto de risa y gorja. Desde este punto de vista, muy acorde con el paganismo de Valera, no concede el autor de *Pepita Jiménez* que los franceses tengan derecho al pesimismo por motivos históricos, y discute la impresión que han debido sentir ante los resultados de la guerra. Con matiz de delicada ironía, afirma que Francia no debe estar descontenta de sí misma porque su resistencia no fuese lo bastante enérgica y obstinada, pues «esa guerra a cuchillo, que solo termina con la destrucción, ruina e incendio de un pueblo, como en Sagunto o en Numancia, no es, por dicha, para todos los días; de lo contrario, el género humano se hubiese ya devorado a sí propio». En opinión de Valera, no hubo ni en el desastre ni en la Commune motivo suficiente, sino pretexto para ese furor misantrópico y esa negrura de ideas que se desborda en la literatura naturalista. Y, sin embargo, añade que «una enfermedad mental, un delirio sombrío se ha apoderado de buena parte de los literatos franceses», afirmación que excluye la del fingimiento y la pose pesimista. Yo pienso de un modo diametralmente opuesto, y si después de tantas y tan apocalípticas desventuras los franceses no diesen señales de consternación, me parecerían almas de cántaro. Ni era fácil de sostener la tesis de Valera en presencia de los hechos que nos mostraban a Mérimée el escéptico, a Mérimée el que no se había bautizado, muriendo literalmente de pena en medio del desastre, sin tiempo a ver la Commune que pronosticó; a Flaubert, el ironista, el nihilista, ansioso de coger el fusil, haciendo el ejercicio en su casa, negándose a creer en la victoria de los prusianos y sufriendo un cambio profundo en su carácter y una crisis en su salud desde el día en que vio asomar por la senda los cascos puntiagudos de los vencedores y presenció cómo acampaban bajo sus ventanas, en su jardín; a Teo, el pagano, el impasible, el adorador de la Belleza, dejando rebosar su dolor en los Cuadros del Sitio de París, como hiciera un sencillo patriota...

Y nada más natural ni más noble que estas inconsecuencias, ni que la desesperanza pesimista que engendran acontecimientos tan enormes, que arrancaron a labios ilustres la frase «¡Todo concluyó!». Menos graves eran nuestras desdichas del 98, y lo peor que tuvieron, fue el no abrir honda huella en las conciencias.

Valera extrañaba no encontrarme optimista, dado mi carácter, sin melancolías ni desfallecimientos, y extrañaba yo que él, siendo tan sabio, no pensase como el sabio mayor, que más le valiera al hombre no haber nacido. Quizás sean estas cuestiones psíquicas, pero yo creía que eran religiosas. Valera sentía el paganismo clásico, y yo el cristianismo, que me separaba del naturalismo de escuela, como notó el propio Zola al hablar de mi libro. Don Juan protestaba contra la escuela, como un clásico que fue siempre, algo realista a la española en pasajes novelescos; la condenaba en nombre del optimismo, de la alegría, del buen gusto, y no solo condenaba al naturalismo, sino al romanticismo que le precedió y en cierto modo le engendró. Yo defendía a estas doctrinas, en las cuales hay un alma de verdad estética, entre muchos errores, y cuando ya el naturalismo era algo que parecía pertenecerá la Historia, afirmaba siempre que su influencia, viniese de Francia o de Rusia, persistía en la época actual; que una parte de sus principios y conquistas duraba y era definitiva. En cambio, lo que había caducado, no tenía posibilidad de renacer. Y, añadía yo en aquellos familiares diálogos de la reducida tertulia de don Juan (ya sin vista en los ojos) acaso el mayor germen de caducidad del naturalismo fuese el haber hecho como si Cristo no hubiese venido al mundo.

Volviendo al asunto, aunque no nos habíamos desviado de él, importa hacer notar la diferencia entre los principios generales de estética y las escuelas que aspiran a encarnarlos. Suele suceder que las escuelas sean limitación, cuando no bastardeamientos de esos principios. Lo vamos a comprobar en la aparición de la escuela llamada «realista», poco conocida y ya casi olvidada, aunque a su hora hiciese algún ruido y diese pie a discusiones.

No hay que confundirla con el realismo como tendencia fundamental. Este ha existido desde el origen de las letras, de la poesía, del arte. En la Biblia, en los vastos poemas indios, en Homero, encontramos un vigor del realismo naturalista que a veces asombra. Y aun pudiéramos añadir que la belleza de esas grandes obras maestras está en razón directa de la suma de realidad que contienen. Nadie ignora qué pasajes impregnados de verdad humana se destacan en la Ilíada y en la *Odisea*, y nadie ha olvidado cuáles son las páginas inmortales de Virgilio que, impregnadas de verdad sentimental, el sentimiento, le hacen nuestro contemporáneo. Ni parece necesario siquiera, en España, insistir en que el realismo es eterno, siendo la más constante de nuestras direcciones literarias. Hasta pudiéramos, en la edad moderna, pretender que el realismo fuese cosa nuestra, y que lo hemos inoculado a Francia, sea a no español el autor de Gil Blas. Ni aun entre los clásicos franceses faltan grandes realistas; Molière no nos dejará mentir. Por no citar más que nombres sobrado conocidos, recordaré que entre los realistas debemos incluir a Diderot y al abate Prévost; y pudiéramos añadir a Rousseau, con ciertas restricciones, y al mismo Voltaire, en sus cuentos. Cuando las corrientes hondas del arte no se estancan en sistema, nadie las discute. Lo natural y constante suele pasar inadvertido, como los fenómenos admirables y diarios del amanecer y el anochecer. Si nos entregásemos a un análisis minucioso, encontraríamos difuso el realismo hasta en las obras descabelladamente románticas, y sin duda, en las mejores, como Werther, cuyo encanto consiste, en gran parte, en los cuadros de vida íntima, en la fiel transcripción del ambiente y en el estudio de las pasiones —cosas bien reales, después de todo.

Lo quiere así la necesidad, que obliga al artista a reproducir lo que le rodea, sin serle permitido inventar un mundo, ni desfigurar tanto el existente, que por completo borre sus rasgos. Ni el poeta más libre, más privilegiado, acierta a salir, en sus vuelos aquilíferos, de la grandiosa prisión de la realidad. La poesía es más realista de lo que se creyera, aunque encienda la realidad con el fuego del transporte lírico. Y si el artista, para huir de apariencias y fenómenos, desciende a su propio corazón, tampoco en él halla nada que no le sea común con los demás hombres, según graciosamente afirmó Musset al exclamar:

«Le coeur humain de qui? Le coeur humain de quoi? Quand le diable y serait, j'ai mon coeur humain, moi!»

Fue error de parte de los románticos suponer que, encerrándose en sí mismos, saldrían de la humanidad. También el lirismo romántico era realidad, y muy intensa, en su momento, y acaso el sentir romántico sea eterno, aunque se transforme su expresión literaria. Los partidarios del arte por el arte, que tan bella doctrina profesaban, no pudieron eximirse de la imposición de lo real, que se muestra acaso mejor en la plástica y en el esplendor de la forma, que en las vaguedades del verso y de la música. Mientras no tomó caracteres de escuela, el realismo dio cuerpo a toda manifestación de arte. No puede el arte fundarse sino en la naturaleza y en la humanidad, y son realidades ambas —inmensas realidades—. Hasta la esfera, real también, de lo suprasensible, no la conoce el arte sino al través de la humanidad.

No por esto quiero decir que las obras de arte no hayan de clasificarse, ni que la realidad las vivifique a todas igualmente. Lo individual, con su germen de espontaneidad, diversifica el arte y uno de los principios justos de la escuela naturalista es el de la verdad, «vista al través de un temperamento». Sustituyamos, si se quiere, a la palabra «temperamento», la palabra «alma o espíritu», y habremos reconocido uno de los fundamentos de la creación artística humana.

Existía, pues, el realismo en las letras francesas, contenido hasta en obras románticas, flotante en el aire y no definido, pero visible en todo, y especialmente en el teatro, pudiéndose decir que la generación de autores dramáticos seguía, sin hacer de ello profesión, las doctrinas del realismo, mitigado en unos, más marcado en otros. Y el caso era sencillo: pues si al cabo el teatro (pasado el tiempo de los Burgraves «graves» y de los tiranos de Padua, que a su modo y en estilo de perspectiva de telón, también querían ir hacia cierto realismo con la fantasmagoría del color local) tenía que inspirarse en las costumbres y en la trama social y psicológica, había de encaminarse forzosamente hacia el realismo. El género dramático, más que ninguno (como veremos al estudiar la decadencia), se resiste al exceso y desbordamiento idealista.

Así —insistimos en ello porque el fenómeno es curioso—, vemos cómo al aparecer una escuela que se proclama realista, es cuando el realismo va a dar señales de impotencia y a ser arrollado por el naturalismo que se prepara ya, y que se diferencia del realismo no solo en los dogmas y cánones, sino en la exacerbación del pesimismo, en el recrudecimiento de la enfermedad moral que Francia, más especialmente, tiene que sufrir por razones múltiples, relacionadas estrechamente con su historia social y política.

Porque (conviene recordarlo cuando vamos a tratar de un movimiento literario que, aun en los momentos de su estrepitosa victoria, no provocó simpatía ni admiración ardiente a proporción de la sorpresa y la protesta que se alzaba a su paso), no es la literatura la que influye decisivamente en la sociedad, sino al contrario. Las maneras generales de pensar y de sentir condicionan la obra de arte, y se revelan por medio de ella, aun en las formas artísticas menos servilmente reales. El arte ejerce, en efecto, algún influjo, pero a posteriori. Ya que he hablado en estas páginas de las ideas de don Juan Valera acerca del naturalismo, diré que uno de los puntos en que más divergíamos era cuando él afirmaba que toda la cuestión del naturalismo se reducía a «moda». Hasta las modas, entendía yo, tienen su explicación y su causa en las costumbres, las ideas religiosas y las sociales, y detrás de la moda de cubrirse la cabeza con un velo las mujeres, de ocultar la garganta y el pecho, venía todo el sentido del cristianismo. Pero era preciso ver algo más que un decreto de modisto parisiense en ese fenómeno literario que con caracteres tan típicos se presentaba después de la tormenta en que Francia naufragó. Lejos de parecerse al capricho que no ha menester explicación, ni la tuviera —el naturalismo, con sus excesos, con su brutalidad, con su complacencia en la descripción de la miseria humana, con sus pretensiones de laboratorio y de clínica, con su fisiología y su patología, con su nihilismo y hasta con sus tentativas de regeneración por la ciencia y la salud—, era la forma literaria que podía sobrevenir de un modo fatal casi, al día siguiente de las catástrofes sangrientas y los incendios bíblicos. Yo he visitado a París cuando aun negreaban las ruinas de los soberbios edificios quemados, cuando no se veían por las calles sino mujeres vestidas de luto, y comprendí la amargura y no extrañé después que rebosase. Lo que hubo de singular en el naturalismo, fue acaso fruto del modo de ser de su jefe: Zola procedía del romanticismo, estaba todo imbuido de devociones románticas, y por eso el naturalismo, en cuanto escuela, se mostró como algo híbrido, mezcla de positivismo y de idealización, torcida y falsa, pero al cabo idealización. Con el naturalismo, llegará a su cima la hegemonía de la novela, no tanto por lo que a la perfección artística se refiere (esta será la obra de Flaubert), sino por la influencia social, el carácter de acontecimiento, al nivel de los más importantes, y el influjo y difusión en todos los países civilizados. Cuando decline el naturalismo, todavía será la novela la que descuelle y se imponga con el vigor de las pinturas y la profunda impresión en la sensibilidad; pero y a no habrá que buscar en Francia, sino en Rusia, a los maestros del género.

II

La novela. El realismo como escuela: Champfleury, Duranty. El naturalismo psicológico: «Fanny», de Feydeau. La sociedad y las letras. Sainte Beuve. Flaubert: el hombre. No quiere ser jefe de escuela. Una obra maestra: «*Madame Bovary*». Su significación. La figura de Emma. Homais. El aspecto romántico de Flaubert: «*Salambó*». Influencia de «*Salambó*» más allá del naturalismo. «*La Tentación de San Antonio*». Su sentido. El pesimismo de Flaubert. Inferioridad de sus demás libros. Imitadores peninsulares

Siendo el realismo, como queda dicho, una tendencia general, llegó el instante, hacia 1848, de que diese nombre a una escuela, y el corifeo fue Champfleury. De este movimiento habla Zola, como protesta temprana contra el romanticismo. Según algunos críticos, hay que ver en Champfleury al verdadero fundador del naturalismo; lo indudable es que debemos contar al autor de las Aventuras de la señorita Marieta entre los escritores menos populares, y no ahora, sino en su misma época. Lo peculiar de su figura literaria, es que, amigo de todos los románticos, íntimamente unido a Mürger, con quien vivía, habiendo empezado a figurar como adepto de la escuela—, de pronto, y de propósito, hizo lo que no hicieron ni Stendhal, ni Mérimée, ni Balzac: se declaró jefe de una escuela adversa en todo al sistema romántico, y el intento ha salvado del olvido, si no sus obras, que nadie lee y de las cuales el alta crítica habla con desdén, al menos su nombre, puesto que, de vez en cuando, se discute hasta qué punto fue o no fue legítimo padre del movimiento naturalista.

Hay algo innegable: cualquiera de los caudillos naturalistas de los tiempos de lucha está más embebido de romanticismo que este burgués que observó y escribió a la sordina, allá entre el 50 y el 60. A su tiempo veremos la levadura romántica que existe en todos, lo mismo en Flaubert que en Zola, mientras Champfleury no desmiente ni en un ápice la ortodoxia de la doctrina. Sin embargo, no puede librarse de declinar hacia la sátira, sobre todo en la pintura de pueblos pequeños y costumbres y manías provincianas. La sátira se funda estrictamente en lo real, como la caricatura, solo que, por su esencia, ha de deformarlo algún tanto. Es decir que la pureza realista de Champfleury consistió en algo negativo: en no ser romántico por ningún concepto. La tentativa no careció ni de originalidad ni de osadía.

Champfleury fue hombre de vida pacífica, aficionadísimo a porcelanas, y que llegó, andando el tiempo (pues vivió hasta presenciar, no ya la insuficiencia de su propia escuela, sino la caída ruidosa del no menos ruidoso naturalismo militante), a regentar la manufactura de Sévres. De sus libros (exceptuando algunos cuentos muy gentiles, como el famoso Chien Caillou, acaso su obra maestra), el más digno de mención y el que se presenta como tipo de la doctrina, es Los burgueses de Molinchart. Champfleury es un observador minucioso, como los pintores holandeses, y se ciñe al detalle menudo de la vida vulgar y cuotidiana.

Hay, sin embargo, quien disputa a Champfleury el título de portaestandarte del realismo; y es aquel hijo natural y hurtado de Mérimée, que tanto se asemejaba a su padre en lo físico y en las maneras y carácter reservado, pero que se quedó muy lejos de él en arte. Duranty, que nació en 1833 y contaba veinte años cuando se alzó la enseña realista en las letras francesas, fue en 1856 redactor del periódico El Realismo, donde hizo cruda guerra a los románticos, y no a los románticos solo, pues se ensañaba también con los que hoy incluimos entre los maestros del naturalismo, Flaubert, Balzac, Stendhal, librándose de la degollina Mérimée, supongo que por imposición de la naturaleza. El público no hizo caso del periódico, que se extinguió al cabo de medio año de su nacimiento. Este aborto, sin embargo, se cuenta como una efeméride literaria: Duranty, en sus hojas, señaló el camino de la literatura venidera, «reproducción exacta, completa, sincera, del medio social, de la época en que se vive, porque la razón justifica esta tendencia y estos estudios, y porque también los recomiendan las necesidades de la inteligencia y el interés del público, que no sufre mentira ni trampa... Y esta reproducción debe ser todo lo sencilla posible, para que la comprenda todo el mundo». Ya veremos cómo infringieron los naturalistas venideros este precepto de la sencillez, el menos compatible, por ejemplo, con la manera de ser de los Goncourt. No va la literatura hacia lo sencillo, sino hacia lo complicado y conceptuoso.

Como escritor, Duranty, no menos premioso que su padre, produjo una novela digna de mención, La desdicha de Enriqueta Gerard, escrita bajo la influencia de *Madame Bovary*, cosa rara en quien estaba tan a mal con su autor. Ni esta obra, ni las restantes de Duranty, se salvaron de la indiferencia de los lectores. Lo único por lo cual el bastardo de Mérimée no yace envuelto en total olvido, es ese periodiquito sin fortuna, que anunció lo que despuntaba en el horizonte.

Cuando el periódico antirromántico brotaba y caía como las hojas de otoño, aun no se había publicado Fanny, de Feydeau. De esta sensacional novela agotáronse, en pocos días, ediciones numerosas. Era en 1858. Sainte Beuve le consagró un lunes llamándole «libro imprevisto», en el cual hay «más talento del necesario»; y, realmente, hasta entonces, Feydeau, ya de edad de treinta y siete años, no había publicado sino un tomo de versos, consagrando su vida a estudiar arqueología y jugar a la Bolsa. Fanny —dice con precisión Sainte Beuve— palpita y vive: de punta a cabo del libro, un hálito ardiente corre y le anima con ese misterioso soplo inquietador que poseen las obras maestras. Llevando como subtítulo la palabra «estudio», Fanny tiene ya el carácter de disección de las pasiones, operación que tentó después la codicia de tantos novelistas, y que solo realizaron magistralmente muy pocos. El asunto, el eterno tema del adulterio, y los personajes, los tres de rigor, mujer, marido y amante; y, sin embargo, vibrante de originalidad la fábula, porque los celos, que no siente el esposo, los siente Rogerio, el enamorado, y con tan intensa vehemencia los siente, que le envenenan el corazón. No transige con un hecho que suele no preocupar mucho a los que están en su mismo caso: y es admirable realmente el análisis del rabioso mal, análisis que sirvió de modelo a Bourget, sin que lograse sobrepujar la triste intensidad del estudio de Feydeau. Cuando Rogerio conoce a Fanny, casada y madre de tres niños, no piensa en que aquella mujer tiene dueño. Poco a poco, la idea del reparto empieza a torturarle: desea conocer al marido, y al conseguirlo, se siente humillado se juzga inferior a él, más débil, más mísero... Se reprochó a Feydeau el que los celos de Rogerio sean principalmente materiales. Y es el caso que los celos violentos, como ha observado Benito de Espinosa y comentado Bourget en nuestros días, son hijos de la sensualidad, y no desmienten su carnal origen. Hay, pues, algo de tartufismo en reprochar al novelista que acepte tan conocida verdad. Rogerio, martirizado, se calma cuando Fanny, engañándole piadosamente, le hace creer que no hay intimidad entre ella y su esposo; pero, renovada instintivamente la inquietud, resuelve acechar y salir de dudas, y de aquí la archifamosa escena «del balcón» que tanta tinta hizo gastar. Oculto en un balcón de la casa de Fanny, Rogerio ve... No solo ve, sino que oye; y su desesperación es tal, tal su quemante vergüenza y dolor, que le llevan a confinarse en una casa solitaria, en ignorado lugar, donde, lejos de sus semejantes, espera la muerte.

He aquí el argumento de la célebre novela. Tal vez hubiese debido hablar antes de *Madame Bovary*, pues cronológicamente la precede; pero, a mi ver, el carácter especial de Fanny hace que por ella deba empezar la serie de modelos del realismo naturalista. En efecto, Fanny es una novela cruda y terrible, y llega hasta la medula; pero (y acaso sea esta una de las razones que la han colocado en primera línea, aunque el público no se diese cuenta de ello y buscase la lectura de Fanny por estímulos malsanos), es a la vez el poema lírico y enfermizo de una pasión —como el Adolfo, de Benjamín Constant, con el cual largamente la compara Sainte Beuve, que observó esta analogía, y como Werther, y otras novelas románticas— y un estudio del natural, así es que representa la fusión del romanticismo tal cual podía sobrevivir y del naturalismo naciente, sin que faltase el elemento de la psicología.

Con motivo de la Fanny de Ernesto Feydeau, cabe recordar un episodio de historia literaria, que para este pleito del naturalismo es un documento. No ha existido ninguna nueva escuela literaria que no haya sido declarada inmoral; la acusación se había dirigido al romanticismo, se fulminó contra varios escritores del período de transición, pero arreció contra el naturalismo, y cuando le suceda el decadentismo, llegará a no haber más que una voz para condenarlo, en nombre de la moral también. Si saliendo de lo trillado de la rutina queremos ir al fondo de esta imputación, y si recordamos que los dos géneros sobre los cuales ha recaído, la novela y el teatro, son los que por su índole se consagran particularmente a la imitación de la vida, y no pueden prescindir de ella, tenemos que deducir que no son las letras, es la vida misma, es la sociedad civilizada la que se ha hecho inmoral, y con la peor de las inmoralidades, que no es la de carácter sexual (como se aparenta creer), sino la que origina la disminución y abatimiento de los grandes ideales colectivos. Habrá que confesarlo: el caso de una sociedad que retratada en sus múltiples aspectos por las letras, con alarde de fidelidad y exactitud, estigmatiza a las letras por corruptoras, se parece al de aquel soneto que tanto nos divirtió, y en el cual un personaje nota un hedor horrible, lo deplora, se pregunta con ansiedad de dónde procede tal pestilencia, hasta que se hace cargo, y exclama atónito:

«¡Sí soy yo; que me encuentro putrefacto!».

He dicho, al estudiar el romanticismo, que la literatura francesa, desde fines del siglo XVIII al XX, era un bello caso clínico. Mal pudiera querer significar que existiese en las letras algo perturbador que en la sociedad no se encontrase. El germen morboso ha ido evolucionando, desde el lirismo romántico, autocéntrico, hasta el naturalismo; y encontró su campo de cultivo la infección en una sociedad minada por codicias y apetitos que se desarrollaron voraces al desaparecer las fes —empleo atrevidamente el plural, porque la sociedad tiene varias creencias que le son indispensables para existir—. Cuando la presentan su retrato, hecho con esa energía que en las obras maestras resplandece, la sociedad protesta y persigue. Persiguió a *Madame Bovary* y a *Fanny*.

Conserva el recuerdo de este incidente una carta de Sainte Beuve al Director gerente del Monitor, en la cual explica —con intención confesada de armar ruido— el por qué no se atreve a hablar de Catalina de Overmeyre, otra novela de Feydeau, posterior a Fanny. Sainte Beuve declara que no se resuelve a juzgar esta novela nueva (y, por lo demás, la juzga cuanto le place) a causa de la impresión que produjo su artículo acerca de Fanny, acogido con indignación por los defensores de la moral, entre los cuales figuraba, en primer término, uno de los colegas de Sainte Beuve en la Academia. «No me hable usted del éxito de Fanny», gritaba este alzando los brazos al cielo. «Pero —observa Sainte Beuve, con su malicioso donaire habitual— como este elocuente colega es el mismo que nos propone admirar, en 1860, las novelas de la señorita de Scudéry, no debe sorprenderse si el público opone, a tales caprichos retrospectivos, sus caprichos actuales, y prefiere, a las insulseces quintaesenciadas, las realidades, por fuertes que sean».

«La moral —añade el maestro— que siempre sacan a relucir en contra del arte, no debe presentarse de tal modo en oposición con él. En Francia, la idea de moral es un canto que lanzan sin cesar a la cabeza del que sale con bríos, y el caso no deja de ser curioso, si pensamos quienes disparan esa primera piedra».

Sainte Beuve supone que a Feydeau le hicieron pagar caro, en los libros que después dio a luz, la prodigiosa fortuna de Fanny. Mas debió de ser esa combinación de los astros de que hablaba Valera, para explicar la dificultad que encontraría si tratase de escribir otra novela que gustase tanto al público como *Pepita Jiménez*. Acaso, como pensaba Flaubert, cada hombre no lleva en sí más que un libro.

Gustavo Flaubert nació el mismo año que el autor de Fanny, en 1821, en Rouen. Era do familia de médicos, pero no quiso seguir la profesión. Como es de rigor, empezó por hacer versos. No se contó, sin embargo, entre los que se ensayan en periódicos. Cabe afirmar que no tuvo juventud literaria: sus primeras armas —¡*Madame Bovary*!— las hizo a los treinta y seis años.

Antes viajó largamente en compañía de Máximo Ducamp, no solo por Europa, sino por países cuyo nombre halaga la fantasía del artista: Palestina, Turquía, Grecia. Esto y el viaje a Túnez, a fin de reunir los datos necesarios para *Salambó*, es quizás lo único saliente de la biografía de Flaubert, de quien pudo decirse que su vida está en sus libros, con ser estos pocos y venir tarde. No se le conocieron más aficiones que la literaria; ni aun cachivaches artísticos quiso coleccionar, a la manera de Balzac y de los Goncourt. Sorprendería que habiendo producido tan poco, bastase eso poco para llenar su vida y dar empleo a sus horas, si no supiésemos que cada capítulo y cada página y cada párrafo le costaba una ímproba labor, y sufría una refundición escrupulosa y obstinada, reiterada mil veces con esmero rayano en manía, comprobados y consultados los más mínimos detalles. Así su estilo, no siempre, a pesar de todo, intachable y puro, tiene ese no sé qué de metálico, que le encontraba Sainte Beuve: algo de duro e incorruptible, materia firme que resiste al tiempo.

Si caracterizamos a Flaubert por su cualidad esencial, será la consistencia, la densidad del tronco de cedro flotado en la amargura de los mares, y preservado de los agentes de destrucción, que no pueden disgregar sus partículas.

Las circunstancias permitieron a Flaubert seguir la corriente de sus aficiones. Heredó una modesta holgura y se dedicó a acariciar su quimera. Su mayor amigo fue el mediano poeta Luis Bouillhet. Extractando los recuerdos que sobre Flaubert encuentro en Zola, en el Diario de los Goncourt y en Máximo du Camp, saco en limpio que Flaubert era un desequilibrado romántico, que su modo de discurrir tenía mucho de paradojal, y para decirlo todo, en opinión de sus mayores apasionados, carecía Flaubert de sentido común. Gustábale desarrollar, en voz estentórea (gueulant), tesis exageradas y hasta hay quien escribe absurdas; le encantaba vestirse con ropajes estrambóticos, de turco, mameluco y calabrés, y Zola refiere que, en Rouen, las mamás ofrecían a sus niños, si eran buenos, enseñarles el domingo al señor de Flaubert al través de la verja de su quinta, luciendo alguno de esos atavíos extraños, en que sobrevivía la tradición de Hernani, y se demostraba el propósito —como él decía— de epalar a los burgueses. En pleno naturalismo, yo he visto a Richepin vestido de colorado, como un verdugo de la Edad Media; pero se me figura que en el caso de Richepin había más reclamismo, y que las rarezas de Flaubert no obedecían a cálculo, sino a caprichos de su genio, por otra parte según dicen, muy sencillo y bondadoso, a pesar de la amargura de sus obras.

 Se inclinan sus biógrafos a que Flaubert no sintió hondamente el amor, y él mismo nos dice que, al ver una mujer bella e incentiva, pensaba en su esqueleto —ni más ni menos que aconseja Fray Luis de Granada. Sin embargo, registra la historia literaria su pasioncilla por la escritora Luisa Colet, figura de segunda fila, con más pretensiones que originalidad, y a quién Barbey d'Aurevilly llamó «horrible gárgola, por cuya boca escupía la Revolución». Si hemos de estar a lo que la misma Luisa Colet refiere en la novela Lui, donde retrata a su amigo bajo el nombre de Leoncio, no era Flaubert un enamorado asiduo, al contrario, y ella se queja siempre de su tardanza en trasladarse desde Rouen a París para verla, como también lamenta que no realice Flaubert el tipo del amante liberal, y no adquiera en secreto un álbum muy notable que le confió para venderlo en Inglaterra, y que no debió consentir que pasase a extrañas manos. Sin embargo, sábese que Flaubert, por aquella mujer que contaba trece años más que él, anduvo tan exaltado, que un día quiso matarla, y se contuvo a tiempo, porque «creyó sentir crujir, bajo su cuerpo, el banquillo de los criminales». La Colet no intentó matarle a él, pero quizás la salve del olvido la célebre puñalada a Alfonso Karr. El romanticismo hacía de estas diabluras; Flaubert refiere que, en el colegio, dormía con un puñal bajo la almohada.

Pasado el tormentoso episodio, Flaubert, sin duda, renunció a los sentimentalismos. La Colet, en Lui, nos le muestra ya embebido en su trabajo, indiferente, o poco menos, a lo demás; y toda su vida transcurre así, pendiente de un capítulo en que invierte dos o tres meses, perfeccionando desesperadamente el estilo, evitando las asonancias, y no pudiendo consolarse de haber puesto dos genitivos en una misma frase.

Tuvo Flaubert un apeadero en París, y alternaba temporadas en la capital con retraimientos en su quinta de Croisset, cerca de Rouen, sin que nunca esta ciudad pareciese informada de que contaba en su vecindario a un hombre tan ilustre, y se enterase siquiera de su muerte —sobre lo cual escribe Zola una página bien bochornosa para los rueneses, al referir el entierro casi solitario del autor de *Madame Bovary*—. Los domingos, en París, recibía Flaubert una tertulia de amigos literarios, entre los cuales se contaban Edmundo y Julio de Goncourt, Gautier, Feydeau y Taine. Como Flaubert, aunque tan maravilloso descriptor de objetos, no cuidaba de adornar su casa artísticamente, el telón de fondo eran estantes con libros en desorden. En el pequeño cenáculo, que más tarde se aumentó con Daudet, Turguenef y Emilio Zola, desenvolvía a gusto sus ideas paradojales, y se hartaba de repetir que fuera del arte no hay en el mundo sino ignorancia; que Nerón era el hombre culminante del mundo antiguo; que el artista no ha de tener patria ni religión, y que el trabajo artístico —en esto no se engañaba— es el mejor medio de escamotear la vida. En política era conservador, enemigo del jacobinismo, que tan donosamente retrató en el boticario Homais, y la caída del Imperio —nos dice uno de sus biógrafos— le pareció el fin del mundo.

A su alrededor iban agrupándose las grandes figuras del naturalismo, teniéndole por maestro y guía, aunque nunca pretendió serlo, y hasta lo rehusó terminantemente. Parece que por entonces, después de la guerra, le atacó el tedio de los solterones, y echaba de menos el calor del hogar, una esposa, hijos. En sus últimos años, sufrió quebrantos económicos, por haber venido en ayuda, generosamente, al marido de su sobrina. Para remediarle, le dieron un empleíllo en una Biblioteca, fue cuanto debió al Estado. No quiso ser de la Academia; apenas le condecoraron con una cruz sencilla, de la cual acabó por renegar. Todavía hay que añadir a estas sucintas noticias, que padeció tremendos accesos nerviosos acompañados[4] de síncope, y que murió, según unos, de epilepsia, y según otros, de apoplejía, cuando se disponía a venir a París para dar a las prensas *Bouvard y Pécuchet*, su obra póstuma.

Hay que considerar en Flaubert una dualidad, persistente toda la vida, y que él reconoció; el romántico por naturaleza, y el naturalista, sin estrechez de escuela, con el prurito incesante de llegar al fondo sombrío de la observación. Sus obras corresponden, mitad por mitad, a las dos tendencias opuestas que en él luchaban. *La Tentación de San Antonio*, *La Leyenda de San Julián el Hospitalario*, *Herodías*, *Salambó*, pertenecen al lirismo y a los «vuelos de águila»; *Madame Bovary*, *La Educación Sentimental*, *Bouvard y Pécuchet*, al realismo. Cuando murió Flaubert, proyectaba dos libros más, uno sobre Leónidas, otro que fuese retrato del vicio burgués actual, en París. La dualidad persistía; pero, en los libros de inspiración romántica de Flaubert, hay algo que rebosa del romanticismo: el esmero, la perfección, la exactitud —por eso *Salambó* vive, y *Atala* ha muerto...

Y si hay una obra que pueda mitigar la calentura romántica, es seguramente *Madame Bovary*, fue a los lirismos lo que el *Quijote* a las novelas de caballería. Considero este libro uno de los más vivideros que ha producido literatura alguna. Poco nos importa que, en opinión de los que conocían perfectamente al autor, represente o no su verdadera personalidad; que el hombre real, en Flaubert, sea el romántico autor de *Salambó*, ni quita ni pone; *Madame Bovary* es la fecha memorable, la obra decisiva de una nueva orientación.

Aun cuando Flaubert no solo se negaba a admitir escuelas, a que se le proclamase jefe de ninguna, sino que mostraba hasta desprecio hacia las filiaciones, protestando de que únicamente aspiraba a su independencia, a la libertad de su labor tenaz y personalísima, ello es que desde la publicación de *Madame Bovary* (que fue un acontecimiento ruidoso) la escuela naturalista existió. En *Madame Bovary* se reunieron, más aún que en Fanny, elementos y fuerzas. «Llevó el hacha y la luz a la intrincada selva de Balzac», dice expresivamente Zola. No hubiesen bastado los años que mediaron entre

---

4   [«acompados» en el original. (N. del E.)]

la muerte del autor de *Eugenia Grandet* y la aparición de *Madame Bovary* para explicar que ésta realizase de golpe cuanto pretendió y nunca obtuvo enteramente el titán de la *Comedia humana*; es cierto que un día más puede sazonar la fruta; pero, en literatura, la cronología rigurosa no suele dar explicación suficiente de los fenómenos. Sin duda, la clave de este la hallaríamos en la intensidad del arte. No es que Balzac no tuviese condiciones de artista; sin embargo, no pudiéramos comparar con él a Flaubert en este respecto. Flaubert trabajó con ahínco infinitamente mayor, sin complicaciones aparentes, con una precisión, un método, un sentido del valor de las figuras, del reparto de la luz, que pertenecen, más que a un romántico o a un naturalista, a un clásico. En este terreno, ninguno de los que le siguen puede comparársele; y Balzac, menos. No debemos extrañar que, habiendo desfilado por las páginas de Balzac tantas mujeres «incomprendidas», tantas líricas heroínas, que se desesperan en su rincón y sufren con la vulgaridad y el achatamiento de la existencia y aspiran a lo bello pasional, al volver a estudiar Flaubert este tipo, haciendo de él un símbolo de la fiebre romántica, ideal de Francia por algunos años, haya parecido que era una revelación, y se condensase en la admirable figura de la mujer del médico de Yonville todo el mal de una época, transportado, desde las almas orgullosas de los Renés y los Manfredos, las Lelias e Indianas, al alma de una pueblerina, que vive en el medio ambiente más prosaico, pero que está envenenada (antes de llegar a comer a puñados arsénico) por un perturbador ideal.

    Emma, la heroína de Flaubert, ha sido muy discutida, y, generalmente, maltratada, desde el punto de vista moral. No han faltado, sin embargo, críticos que ven en ella algo superior a los demás personajes de la novela, y, por consiguiente, al medio en que se mueve y respira, teniendo que nacer, de esta diferencia esencial, el tedio, las decepciones y la desesperación, que al fin la empujan al suicidio. Emma Bovary es una señorita de las últimas filas de la clase media, que ha recibido educación algo escogida en un colegio y se ha casado con un médico de partido, viudo ya, todavía joven. Emma se ha afinado, y además es, por naturaleza, mujer de gustos delicados y de sentidos muy vibrantes, soñadora y de impresionable y plástica fantasía, que aspira, dice Sainte Beuve, a una existencia más elevada, más escogida, más engalanada de la que le ha tocado en suerte. La virtud que le falta, es saber que para vivir bien hay que soportar el fastidio y la privación, y buscar empleo a nuestras actividades, llenando el vacío con algo que esté a nuestro alcance y no sobresalga de nuestros medios. Reconoce el sagaz crítico —que ha sido tan motejado de dureza con Flaubert, y hasta de incomprensión— que Emma no sucumbe a su tedio, sin haberlo combatido día por día. Confiesa que, en análisis finísimo, «con la misma delicadeza que en la novela más íntima de antaño»; estudia Flaubert la lenta invasión del mal en el alma de la romántica, bajo la desorganizadora acción del aburrimiento y de la prosa que la abruma por todas partes. Pero, si Emma se parece, en sus ensueños, a las hembras líricas que se quejan de «vaguedades», hay, en el terrible estudio de Flaubert, un aspecto que, sin duda Balzac, se adelantó a ver —¿qué no se habrá adelantado a ver Balzac?—, pero que Flaubert fijó en un episodio de los más felices: el de la invitación que Emma recibe y acepta para una fiesta del gran mundo, la comida y baile en el castillo de la Vaubyessard, fecha que cava en su vida como un gran hoyo, de los que abre el rayo en una sola noche. Respira Emma, en el fatal sarao, las emanaciones del lujo y de la vida elegante, y se verifica en su espíritu un cambio profundo. No conozco, en novela alguna, páginas que denoten más penetración del alma de la mujer, en las sociedades civilizadas y corrompidas, que la excitan a la vanidad, al lujo y al mundanismo. En efecto, y si consideramos bien el giro que ya adopta la sociedad plenamente en los tiempos de talco del segundo Imperio, veremos que exaltó en la mujer las necesidades artificiales, y puso el ideal femenino en el lujo y el goce. En épocas más austeras, pudo bastar a la mujer la maternidad, y la disciplina social la sujetó a la esfera en que había nacido, cortando las alas a la aspiración de igualarse con las grandes señoras las burguesas: desde la Revolución, cada etapa borra las vallas sociales, desestanca la elegancia y la exquisitez, calienta las cabezas femeniles, y así como el hombre pretende los altos puestos, las riquezas y los honores, la mujer siente el afán de reinar femeninamente, de emparejar con lo más copetudo de su sexo, afán que todavía crece hoy, y se ha comunicado a los países más distantes. En el lenguaje actual, la enfermedad determinada en Emma por la fiesta a que en mal hora la invitan, se nombraría un acceso agudo de esnobismo, que ataca a una cursi de aldea, guapa y con disposiciones para lucir. No es el lirismo de la pasión, el mal romántico, lo que desde aquel día agita a la consorte del pobre galeno. Es —el autor lo ha visto y lo ha definido con una superioridad analítica que nadie eclipsará— el lirismo de lo que entonces no sé si ya empezaría a llamarse el chic.

Para los lectores superficiales, Emma Bovary es sencillamente una adúltera más; para los inteligentes, es una humillada por la posición social que ocupa, y que trata de salir de ella por cuantas puertas ve. A esto responden sus planes de fuga, sus anhelos de silla de posta y ciudades lejanas. Su marido, que la adora, es hombre de gustos ordinarios, a la pata la llana y sin méritos ni capacidad para descollar en su profesión. Con tal compañero, Emma está condenada a no salir de un lugar, a vegetar siempre ante la botica del grotesco Homais, entre la gente simplona de Ionville. Esto es lo que ulcera su corazón y la empuja a los azares de la aventura amorosa. Un idilio tímido e inocente, con un pasante de notaría, la prepara a la caída con Rodolfo Boulanger, que la conquista fácilmente, porque es un señorito, un noble, que alardea de distinción mundana, y porque la lleva a pasear a caballo, con su traje de amazona, elevándola así, en un instante, sobre las madres de familia de Ionville, que la ven pasar escandalizadas y acaso secretamente envidiosas. El traje de amazona, y no el amor, ni estímulos físicos mucho menos, es la causa determinante de la falta de Emma.

Desde este momento, la enfermedad de Emma se desenvuelve como otro «bello caso clínico», y el novelista recoge los síntomas con científica exactitud. Avivado por la exaltación de los sentidos y las fantasmagorías románticas de la imaginación, el instinto del lujo y del derroche se despierta. Emma no es mujer interesada; al contrario; pero como ha menester dinero para satisfacer caprichos desordenados, se entrampa, y llega un momento en que no puede hacer frente a la situación. Las últimas nociones morales se borran; sería capaz hasta de robar para desembarazarse de los acreedores; pero no lo sería del rasgo de avaricia de sus dos amantes, que rehúsan salvarla con unas monedas... Fracasado todo, en ridículo el ideal, infamado el ensueño, resuelve morir, se envenena con arsénico, y sucumbe con cierto bastardo heroísmo, despreciando la vida mezquina y en prosa. Si buscamos en tan perfecta obra de arte como es *Madame Bovary* una lección de moral, la encontraremos, y muy severa. La vida de Emma, narrada así, claro es que tiene moraleja, y de las más ortodoxas: sin orden en los gastos y sin conciencia tranquila, no hay más porvenir que la desesperación final.

Lo que pierde a Emma, no es el pecado, es el lujo; un lujo bien humilde, cuatro trapos, cuatro viajes a Rouen —superiores a sus medios—. Al romperse el freno moral se rompió también el económico. Por eso, Emma representa tan perfectamente la sociedad en que se producen estos tipos. Indiferente al dinero en sí, el dinero es el aceite de su lámpara, porque necesita el refinamiento y la expansión pasional para no aburrirse, y a aburrirse prefiere morir. Si la figura de Emma es magistral, los personajes secundarios y los lugares y el aspecto de las cosas no le van en zaga. No puedo asentir a la opinión de Mauricio Spronck, cuando, ante los personajes de Flaubert, echa de menos a Fausto, a Otelo, a Ricardo III, «seres ficticios, dotados de una potencia de vida y de pasión a que la realidad no llega». La realidad llega a todo, y si hubiese un ser absolutamente fuera de la realidad, no nos interesaría. Lo que hay de real en Otelo y en Ricardo III es lo que de ellos nos importa; y no puede decirse que entre Tartufo y Ricardo III sea inferior Tartufo, ni que el Rogerio de Fanny nos conmueva menos que Otelo.

Alrededor de Emma aparecen tipos inolvidables, y entre ellos se destaca el universalmente célebre del boticario Homais, que representa la pretenciosa simpleza de la burguesía imbuida de los principios del 93. Homais es, no una caricatura, como se ha dicho, sino un retrato; y no lo hay más fiel, y si hace reír, es de puro parecido. Todos conocemos a varios Homais. Las pretensiones científicas del divertido farmacéutico, su mezcla de enanas ambiciones y enconada pedantería, son deliciosas. Quizás la figura de Homais debe algo a la de aquel José Prudhomme, el que decía «el carro del Estado navega sobre un volcán», y en el cual su creador, Enrique Monnier, había satirizado a los burgueses con la pluma, con el lápiz y después en la escena, haciéndose actor para interpretar acertadamente la majestuosa y grave estolidez del personaje, mucho más popular que Homais, con una popularidad semejante a la de Gedeón y el bobo de Coria.

En Homais se revela la antipatía de Flaubert hacia lo que se llama progreso, su aversión a la vida actual, al mundo que le rodeaba, a la Francia de su época, a la humanidad tal vez, pues solo se sentía atraído por el pasado, en el cual la imaginación, aun sobre la base del documento, puede volar más libre.

No concebía el romántico impenitente que pudiese existir elemento alguno de belleza en lo contemporáneo, lo cual sorprende a Zola, a quien todo lo contrario ocurre. Sí, como quería Sainte Beuve, Flaubert hubiese retratado la provincia francesa con cierto sentido idílico, a lo Trueba, dejaría de ser Flaubert —lástima grande.

El carácter, sin duda, menos humano de la novela, es el del marido. Presentándole toda la vida como hombre vulgar y tosco, y extremando su ceguera conyugal hasta límites increíbles, al final aparece hecho un Marsilla, muriendo sin enfermedad, de amor y pena.

Aveces, los libros que ejercieron acción muy principal en una época nos parecen, a distancia y en frío, indignos de tal fortuna, pero *Madame Bovary*, aun hoy, no nos sorprende que inspire la frase de Anatolio France, al llamar a Flaubert el San Cristóbal gigante de las letras francesas, que las pasó de una orilla a otra, del romanticismo al naturalismo. La imagen es tanto más exacta, cuanto que, lo sabemos, Flaubert tiene un pie en lo romántico y otro en lo positivo y experimental, por lo cual Sainte Beuve exclamaba hablando de él: «Anatómicos y fisiólogos, en todas partes os voy encontrando!».

Brunetière, crítico en extremo severo con Flaubert, y en general con la escuela que de él procede, reconoce, sin embargo, las singulares cualidades del libro, y aun proclama que, en la historia de la novela francesa, señala el fin de un período y el nacimiento de otro. Con su habitual claridad de juicio, distingue Brunetière (siendo poco afortunado el ejemplo que pone) entre la oportunidad que consiste en aprovechar los caprichos de la moda, y la que estriba en «reconocer por instinto el estado actual del arte, y satisfacer sus legítimas exigencias». El romanticismo había muerto, y el realismo de Mürger y de Champfleury, que mejor debiera llamarse el vulgarismo, no bastaba. «Se esperaba algo, y lo que apareció, fue *Madame Bovary*». Y agrega el mismo eminente crítico, cuyo testimonio prefiero porque nadie le considerará sospechoso de blandura con Flaubert, ni de indulgencia con las ideas positivistas, que *Madame Bovary* contenía, en justa proporción, lo que hubiese sido lástima perder del romanticismo, y lo que debía concederse al realismo. «Si es cierto— dice— que ha existido, desde hace algún tiempo, un constante esfuerzo en la literatura de imaginación, y hasta en la poesía, para adaptar más estrictamente la invención literaria a lo vivo de la realidad, a *Madame Bovary*, en gran parte, hay que referir este movimiento».

Cuéntase, no obstante, que Flaubert escribió *Madame Bovary* violentando sus naturales inclinaciones, que le llevaban hacia *La Tentación de San Antonio* y *Salambó*. Muchos críticos se preguntan por qué, si Flaubert detestaba lo moderno, no solo escribió *Madame Bovary*, sino *La Educación Sentimental* y *Bouvard y Pécuchet*. La explicación está en esa misma antipatía hacia lo actual, y el propósito de satirizarlo, no para corregirlo, pues no es Flaubert un moralista, y considera irremediable la necedad, miseria y ridiculez humanas, y en comprobarlas se recrea con goce acerbo. El moralista, al fustigar, pretende enmienda; Flaubert, no. En su pesimismo, no sin razón calificado de nihilista, el descanso y el triunfo están en las concepciones imaginativas, como *Salambó*, donde hay más grandeza. No solo prefería esta novela a *Madame Bovary*, sino que a *Madame Bovary*, harto de que se la elogiasen, le aplicaba, en sus diatribas contra todo, el pestífero vocablo atribuido a Cambonne.

Algo semejante sucedía a otro epiléptico genial, nuestro don José Zorrilla, con el Tenorio, que le enfurecía ver antepuesto a sus demás obras. Solo que el enojo de Zorrilla contra su gallardo Burlador, se fundaba en que un editor lo había comprado muy barato y sacaba de él millones. No sucedía lo mismo a Flaubert, asaz indiferente al dinero. Lo que le enojaba era que en *Salambó* tenía cifrada una ilusión de poesía romántica, y que en el fondo (igual que Zola) romántico fue la vida entera.

Salambó, como dijo Saint René Taillandier, es una epopeya realista. El asunto, la guerra de los mercenarios contra la república de Cartago, que les había negado su paga con mala fe púnica. El jefe de los mercenarios, un libio llamado Mato, se ha prendado, el día en que los mercenarios destruyen los jardines de Amílcar, de su hija la virgen *Salambó*, sacerdotisa de Tanit, o sea la Luna. Por acercarse a *Salambó*, penetra de noche en Cartago, y arrostrando peligros sin cuento, se apodera del velo de la Diosa, el famoso zainfo, de misteriosa esencia, talismán o paladio que asegura los destinos de la ciudad y de la república. Para recobrarlo, *Salambó* va a la tienda de Mato, y el soldado rompe la cadena de oro que sujeta los tobillos y simboliza la integridad de la doncella. Recobrado el zainfo a tanta costa, hecho un sacrificio al negro

Dios Moloch, que es de las escenas más bárbaramente hermosas del libro, habiendo regresado Amílcar a Cartago y puéstose al frente de la defensa de su patria, los mercenarios son derrotados, y Mato, paseado en escarnio por las calles de la ciudad, muere a fuerza de golpes y ultrajes al pie de la terraza del palacio de *Salambó*, mientras esta solemniza sus bodas con el príncipe númida Narr'Havas. La sacerdotisa ve cómo el corazón sangriento y palpitante aún del mercenario es alzado en ofrenda al Sol por el sacrificador, y, de súbito, cae muerta «por haber tocado al velo de Tanit».

Si es cierto que Flaubert, aun después de haber demostrado, con copia de citas de autores griegos y latinos, la exactitud documental de *Salambó*, y de prepararse a escribirla por medio de viajes y exploraciones, encontraría dificultades para demostrar que Cartago era así en tiempo de Amílcar Barca, tampoco lograrían los impugnadores de esta novela, desde el punto de vista arqueológico, demostrar que no pudieron suceder las cosas como Flaubert las describe, con una fuerza de sugestión y una riqueza de tonos insuperables. Eternamente ignoraremos los detalles de la guerra de los mercenarios, pues solo conocemos lo externo de los hechos históricos y algo de lo que revelan las ruinas; pero no atino qué puede tener de inverosímil la expedición de *Salambó* a la tienda de Mato, si nos hemos familiarizado con la de Judit a la del general asirio. En cuanto al sacrificio a Moloch, a las crucifixiones, que son históricas, y a la escena final, con el sacrificio de Mato, tampoco son cosa que haya de asombrar a quienes lean las crónicas que refieren los ritos mejicanos, el culto de la sangre y del corazón arrancado y ofrecido temblando aún a los Dioses. La «noche triste», vista al través de un temperamento tan artístico como el de Flaubert, pudiera inspirar algo semejante a *Salambó*.

Injustamente amenguada por la crítica, puesta en solfa por Sainte Beuve, calificada de fracaso, *Salambó*, con el tiempo, llega a ser la primer novela histórica moderna de Francia, muy superior a Los Mártires, en la cual suponían que estaba inspirada, y a la cual, a decir verdad, no se parece, aun cuando sea innegable la gran influencia de Chateaubriand sobre Flaubert, y comparta Chateaubriand con Víctor Hugo la admiración y la devoción del autor de *Madame Bovary*. *Salambó*, además de su mérito como reconstrucción sugestiva de edades que no hay medio de conocer, ejerce —y comparte esta gloria con La tentación— influencia poderosa más allá del período naturalista. Por no citar muchos ejemplos, me contentaré con el excepcional de la Salomé, de Óscar Wilde. Quien lea la *Herodías*, de Flaubert, se sorprenderá de las afinidades, y también de que Flaubert dejase tan magnífico asunto solo esbozado, teniendo en él un filón artístico nada inferior a *Salambó*. En la Salomé, de Wilde, encontramos mucho de *Salambó*, y casi todo de *Herodías*. Y así Flaubert rebasa de la escuela, y alargando sus zancas de San Cristóbal gigante, llega a las últimas manifestaciones de la sensibilidad artística actual.

La acción de *Salambó* no se concreta al arte literario: es extensiva a la pintura y a la escultura, no siendo maravilla, pues en *Salambó* hay una excitación plástica continua, y los cuadros están hechos —como el de las nupcias con el Pitón, a la luz de la Luna, y tantos otros que son milagros de terrible poesía y colorido ardiente—. Por supuesto, *Salambó* también fue perseguida como inmoral, aunque no llegase Flaubert a sentir crujir el banquillo por ella, como por *Madame Bovary*; y a este propósito, Goncourt hace notar que los tres escritores más desinteresados de la época, los que comulgan en el amor de la belleza, y no conceden importancia al lucro y viven en el culto puro del arte —Flaubert, Baudelaire y ellos mismos— son los que comparecieron ante la justicia por ultraje a las costumbres... La reacción contra el naturalismo —la reacción moral de que hablábamos— se revela en estos síntomas.

Salambó no tenía que temer del porvenir. Cuando escribo estos renglones, leo que se va a celebrar en Francia, como fecha solemne, el cincuentenario de *Salambó*, y que un duplicado del monumento ya erigido a Flaubert en su patria, se alzará sobre las playas de Túnez, donde se elevó la orgullosa ciudad de Cartago, y donde recientes excavaciones han venido a comprobar parte de lo descrito por Flaubert, lo acertado de su topografía y lo enorme de la ciudad, que encerraba en su seno cerca de setecientos mil habitantes. Este monumento es honra de la cultura francesa.

La Tentación de San Antonio, que vio la luz en 1870, y en la cual trabajó Flaubert veinte años, tomándola y dejándola, nunca contento, en incesante retoque y refundición, es, en su género, otra obra imperecedera. En ella como en *Salambó*, quiso el autor aplicar a la resurrección del mundo antiguo los procedimientos de la novela moderna. El método ha sido imitadísimo, y no solo en la novela, sino en la historia, en la cual, por otra parte, habían precedido a Flaubert, Thierry y Michelet.

Pero si *Salambó* pertenece a la historia propiamente dicha por el argumento y los sucesos, La tentación es del dominio de la historia del pensamiento, y son las herejías, las sugestiones diabólicas, las creencias exaltadas por el ascetismo, lo que presta alma a tan singular creación, que acaso, más que novela, debiera llamarse poema.

El asunto de las Tentaciones había sido ampliamente usufructuado por los pintores —y recordemos tan solo a Tintoretto, Veroneso, Cranach, Brueghei, el Bosco y Patinir—. Es de los más propios para desatar la fantasía e irritar la curiosidad mental, y es, como el de Salomé, artístico de suyo. El San Antonio de Flaubert parece haber adoptado por divisa: ¿Qué sabe quien no ha sido tentado? Todas las insidias luciferinas rodean al viejo eremita; primero, y menos peligrosas, las de la concupiscencia de los sentidos, el oro, el poder, la materia, la animalidad, con la aparición seductora de la reina de Saba, la que un día se brindó a Salomón, y ahora se aparece al solitario, rodeada de gracias y esplendores. Cuando Antonio resiste a estas tentaciones, llega la más terrible, la, concupiscencia del espíritu: su discípulo Hilarión se le presenta; es el diablo, que ha tomado su forma para encarnar la ciencia humana. Muéstrale la variedad infinita de las creencias, los delirios de las extrañísimas herejías, la muerte de los dioses que adoró la humanidad; tomándole a cuestas, le lleva al través de los espacios, y después de hacerle oír el diálogo de la Quimera y la Esfinge, una de las maravillas de la prosa y el simbolismo de Flaubert, le conduce como a disolverse en las fuerzas elementales, en el fondo de la materia. Pero Antonio, apenas despierto, mira al cielo, y en el disco solar ve, despidiendo rayos, la cara de Cristo Nuestro Señor... Se persigna, y empieza otra vez sus rezos.

—¡El diablo ha sido vencido!

Una vez más, la fe ha salvado a la humanidad, sumida en un caos de dudas, entre el vértigo de ilusiones e ideas contradictorias... Yo, por lo menos, entiendo así el sentido del poema, en el cual otros han visto la negación más absoluta, el nihilismo trascendental. Creo mi interpretación más conforme con el texto mismo, ya que no es fácil alegar pruebas de la intención del autor. Muchas almas grandes, y baste para ejemplo la de San Agustín, verificaron el espantoso periplo de la tentación, y, al amanecer en su espíritu, vieron en el Sol la faz de Jesús.

La gran influencia que sufrió Flaubert (aparte de Hugo y de Chateaubriand), es la de un hombre que, al igual de Flaubert, procediendo del romanticismo, trajo consigo lo que había de darle el golpe mortal: me refiero a Teófilo Gautier, el fundador de la doctrina del «arte por el arte». La identificación del modo de pensar de Gautier y Flaubert era tal, que pudo decirse que las teorías y paradojas del uno y del otro eran las mismas, solo que Gautier las emitía en tono suave, y Flaubert las rugía. Como Gautier, Flaubert renegaba del burgués y del filisteo, y tenía el culto del color y del sonido; como él, sintió el atractivo de la poesía de las tierras orientales, de las grandes civilizaciones muertas, desaparecidas, que, por lo mismo, encienden más la imaginación; y, desde este punto de vista, acaso *Salambó* proceda de La novela de una momia, de Gautier —en quien el enamoramiento del pasado tomaba formas materiales, llegando al extremo de decir que nada como una momia para ilusionarle de amor—. El exotismo romántico sobrevive en estas formas de novela, pero el realismo ha exigido ya la documentación, el estudio de los medios, una especie de alucinatoria verdad en el color y hasta en la psicología.

Bourget atribuye a la bancarrota de un romanticismo para el cual había nacido, la fatiga y el cansancio de Flaubert, su repulsión hacia el mundo moderno. No hay que creer sino a medias en estas sutilezas de la crítica, siempre aventuradas, como aquella de las gotas de sangre de la raza roja que se mezclaban con la normanda de Flaubert, y que influían en su exaltación continua, volcánica, desbordante en rugidos y en retahílas teóricas. Los pieles rojas son, al contrario, silenciosos y fríos de apariencia, como todo indio americano. Que el espíritu de Flaubert estuviese minado por gérmenes de tristeza y desencanto absoluto; que fuese un nihilista y un pesimista, no es cosa discutible, y estas condiciones resaltan mejor en sus novelas contemporáneas. Esencialmente es Flaubert un fanático de arte, que ve en él —como su maestro e iniciador Teo—, no solo lo primero, sino lo único, y que daría todo por un período bien rimado, por un adjetivo feliz. Naturalmente, los que así sienten y así piensan, están en desacuerdo con el medio ambiente. Tenía Flaubert que inclinarse a la sátira, ante las minucias provincianas, el beocismo de sus contemporáneos y compatriotas, la indiferencia de su propia familia hacia las letras; y, notable singularidad, estos fenómenos de estolidez le atraían, como atraían a Velázquez los bobos, los mendigos harapientos y las sabandijas de enanos y bufones. De este modo de ser nació la figura inmortal de Homais, y las muy características de los dos imbéciles ensayadores *Bouvard y Pécuchet*. Lo que no cabe dudar es que Flaubert no encontró que solo fuese malo el mundo contemporáneo; la misma incurable desilusión le perseguía en el antiguo; pero, a lo menos, en este discernía elementos de sublime belleza que faltan en el actual. Y la belleza lo suplía todo para él, convicto de la estética, penetrado de las doctrinas del autor de Mademoiselle de Maupin. No existió escritor que así desdeñase la moralidad, la acción social del arte, lo útil; y las lamentaciones de Zola, que hubiese querido encontrar en el gran Flaubert un apóstol de la humanidad, un amigo del pueblo, hacen sonreír. Solo le faltaría a Flaubert ir por los caminos de Julio Simón, (a quien tenía por un Bouvard de las letras).

Por la misma dualidad de Flaubert —que es juntamente el que aprendió de Hugo y Teo la fuerza plástica de las palabras y la sugestión de lo verbal, y el escritor impregnado de positivismo, que estudia las almas al microscopio— el naturalismo que viene detrás, no irá más allá en el terreno del arte; no tendrá artista tan fuerte, tan intenso.

En vano Zola agotará los recursos de la descripción y los Goncourt llegarán a destilar la quintaesencia alambicada del estilo, rivalizando con las artes plásticas; en vano Daudet hará al naturalismo amable y pintoresco. La hondura psicológica a que llega Flaubert por los caminos de la fisiología y del ironismo, ninguno, seguramente, habrá de igualarla. Solo podríamos vacilar pensando en Maupassant —pero de Maupassant, excepto en los cuentos, género menor, no ha quedado una obra maestra definitiva comparable a *Madame Bovary*.

Clasifico como inferiores a esta las otras ya citadas, *La Educación Sentimental* y *Bouvard y Pécuchet*, y hasta las tengo por de difícil y fatigosa lectura, aunque abunden en páginas y párrafos llenos de observaciones hondas y contengan mucho acíbar y ajenjo de sátira. Flaubert trabajaba muy lentamente, y era premioso en extremo, lo mismo en recoger y clasificar materiales, que en redactar. Lo presentan como un mérito, o al menos como demostración de lo concienzudo de su labor. Yo creo que Flaubert era un enfermo, y que su mentalidad se resentía de la epilepsia latente o patente que sufrió. Poco a poco el cruel mal fue apoderándose de sus facultades para amenguarlas, dificultando la creación y la invención. En esta etapa literaria nos vemos rodeados de gente más o menos anormal: no son normales los Goncourt, ni Huysmanns; Maupassant muere loco...

Del desequilibrio de Flaubert no hay que deducir nada contrario al valor de sus obras maestras, La tentación, *Salambó* y *Madame Bovary*. Muchas veces, el exceso de equilibrio ahoga la creación. No hay en esto regla fija, y el catálogo, no diré de los epilépticos, pero hasta de los insanos geniales, es numeroso, sin que por eso haya que suscribir a la famosa tesis de Lombroso, a la cual hace tiempo me opuse; la identificación del genio con la locura.

Dada la enorme influencia de Flaubert sobre las letras y su fama fulminante al aparecer *Madame Bovary*, tuvo que discutírsele, y hasta le negaron el don de la impersonalidad, valla que puso entre su inspiración y el lirismo romántico. El principio profesado por Flaubert, era condenar toda obra que deja adivinar al autor. En virtud de este principio se le exigió una impersonalidad igual a la de la naturaleza. Se le pidieron imposibles. «Nunca referimos —dice a este propósito Pablo Bourget— sino nuestro sueño personal de la vida humana»... Y es muy cierto, pero habrá que distinguir entre el «sueño personal» de Víctor Hugo en Los miserables, y el de Flaubert en *Madame Bovary*.

Que Flaubert, enemigo jurado de los burgueses, cultivase la sátira de la clase media, no ha de extrañar, pues seguía un instinto de romántico, semejante al que había guiado a Enrique Heine al burlarse sin cesar de «los filisteos». No por eso pierde la impersonalidad, que consiste en prescindir del lirismo individual, partiendo de la observación de lo real, hecha del modo más implacable y agudo. Tampoco sabemos que Flaubert eligiese entre sus personajes, como han solido hacer los románticos, uno predilecto para hablar por su boca, a estilo de Jorge Sand, que ponía sus reivindicaciones y quejas en labios de sus heroínas. La impersonalidad que exigían de Flaubert no cabe en lo humano; equivaldría a la negación de sí mismo.

Vivirá Flaubert, por la violenta labor de su estilo, que a veces hasta remeda y finge ideas muy profundas y convierte en acto cada frase. Ya sé que en Flaubert se han podido descubrir defectos. Acaso, como cuantos buscan la perfección, Flaubert desechó párrafos más felices y los reemplazó con otros inferiores. Él creía que, para saber si las frases están bien hechas, hay que declamarlas en alto, pues cuando una frase es defectuosa, se nota al leerla, «porque oprime el pecho y dificulta la función del corazón».

Hay un juicio sobre Flaubert que me parece justo: el de Mauricio Spronck, en el interesante libro Los Artistas literarios. Flaubert— dice— «atacado en vida, tuvo, muerto, la singular fortuna de ser endosado por dos escuelas rivales, que le reclaman con admiración exclusiva sin advertir que es de todos. Le faltó, sin duda, la serena fecundidad de los espíritus soberanos, que se sobrepone al instinto crítico; pero, por la seguridad de su golpe de vista, tuvo, en cambio, el incomparable mérito de no haber producido página que no sea casi perfecta. Su exuberancia de imaginación y su temperamento científico; su poesía ideal y su realismo vulgar; tantas mezclas y contradicciones, dieron por resultado obras de suprema armonía».

Insistiendo en el nihilismo de Flaubert, diré que fue del número de esas almas áridas y desiertas que nuestra época ha engendrado a millares, que existen entre las más altas, y que si no poseen la fe, saben que serían felices con poseerla. Dichoso Flaubert, si, como San Antonio, pudiese persignarse, y, pasado el huracán de la tentación, ver en el firmamento el resplandor de la Faz divina.

De la influencia de Flaubert, hemos tenido en España testimonios, y no ha faltado quien, como Leopoldo Alas, haya hecho, con talento, su *Madame Bovary*, envuelta en el estudio irónico de un ambiente provinciano. Peninsular, portugués, y no francés, es el novelista que más de cerca ha seguido a Flaubert, aquel Eça de Queiroz, también fino ironista, también copista satírico de las costumbres de provincia, y también estudiador de los estragos del esnobismo en un alma femenina, mucho menos estética, pero no menos real, que la de *Madame Bovary*. Por seguir fielmente las huellas de su modelo, Eça de Queiroz tuvo su correspondiente visión de la antigüedad y de los países orientales en La reliquia, y acaso en el Mandarín, donde el pesimismo es, si cabe, más amargo que en ninguna página del maestro.

III

La novela. Los Goncourt. Incerteza de la vocación. La vida. Obras en colaboración. La lucha. Muerte de Julio. Edmundo solo. La labor de Edmundo. Significación de los hermanos

Dice terminantemente Pablo Bourget: «Nadie, desde Balzac hasta nuestros días, modificó en tanto grado el arte de novelar como los Goncourt: de ellos se deriva el autor del Asommoir y de ellos también el del Nabab». Pudo añadir muchos nombres ilustres —no solo de novelistas.

He querido anteponer la cita a lo que voy a decir de estos autores, de los cuales conocí a uno, Edmundo, asistiendo a su cenáculo, que sustituyó al de Flaubert: el famoso grenier de Goncourt, lleno de obras de arte exquisitas. Edmundo fue sin duda el más distinguido, en trato y modales, de los literatos de su generación; nada poseur o afectado (aunque otra cosa pudiese deducirse acaso de la lectura de sus libros) y sensible a la inocente adulación del afecto, en medio de su soledad de viejo celibatario, que conllevaba cultivando las inofensivas manías de coleccionista, tan influyentes en su literatura.

Edmundo y Julio de Goncourt pertenecían a lo que en Francia se llama nobleza de toga; su padre militó en los ejércitos del gran Capitán del siglo. Un ascendiente suyo obtuvo el señorío de Goncourt; desde entonces usó tal nombre la familia, y es curioso cómo los hermanos lo reivindicaron con energía ante los Tribunales y en la prensa, cuando se lo quisieron negar. Por lo que hace a Edmundo, diré que tenía aire militar y aristocrático. Su padre se había portado como un valiente en la Moskova y en otros hechos de armas; después de Waterlóo, retirado, se casó, y nacieron Edmundo en 1822 y Julio en 1830. Siendo niño aún, un profesor de Edmundo le pronosticó que «escandalizaría».

¿Cómo se formó entre los dos hermanos el tiernísimo cariño que distingue su biografía entre las literarias contemporáneas? Hay un documento autobiográfico, *Los hermanos Zemganno*, y hay infinitas referencias en el Diario. Muerto el padre no llegando Julio a un lustro de edad, la protección del mayor se afirma y se redobla, viendo al niño siempre endeble y a la madre siempre inquieta por él. Al quedarse ya dos veces huérfanos, Julio es el mozo fogoso y amante del placer —el Nelo de la novela— y Edmundo el grave compañero, el Juan, jefe nato de la fraternal asociación.

Edmundo asegura que «lazos psíquicos, misteriosos, les unían... Sus primeros movimientos instintivos eran los mismos exactamente... Hasta las ideas, creaciones del cerebro que surgen a capricho, les nacían comunes...». Su madre, al morir, les unió las manos.

No queriendo carrera, destino ni plaza, pensaron dedicarse a la pintura. De niño, a Edmundo le llevaba una tía suya por las tiendas de anticuarios y chamarileros, y el arte le era familiar. Hicieron un viaje a pie por Francia, y se consagraron a la acuarela. Pasaron a Argelia después. Allí ya escribieron algunas impresiones que tenían carácter literario. Argelia les gustaba tanto, que hasta pensaron quedarse allí para toda la vida. De vuelta a Francia, y suspensos entre el pincel y la pluma, borronearon obras teatrales que no fueron admitidas, y escribieron una novela en el género de las de Julio Janin, que vio la luz el mismo día del golpe de Estado. Julio Janin les consagró un artículo en que, adelantándose a todas las críticas que de los Goncourt se han hecho, les llama «maestros del estilo rococó rabioso»... Vendieron como sesenta ejemplares. Quemaron la edición. Hicieron nuevas tentativas teatrales; fundaron un periódico semanal, intervinieron y colaboraron después en un diario, y a causa de un artículo en él, fueron llevados a los Tribunales, ante la policía correccional. Salieron absueltos.

Un año después seguían con la vocación indecisa, escribiendo acerca de la Exposición, grabando Julio agua-fuertes para los dibujos de Gavarni, haciendo crítica dramática. En 54, publican la Historia de la sociedad francesa durante el Directorio y la Revolución, y en 55 vuelven a estudiar la Exposición de pinturas. Hasta 1856 no empieza a definirse la dirección que han de seguir con la publicación de Un coche de máscaras, reimpreso después bajo otro título. Vuelven, con Sofía Arnould, a las biografías de actrices, luego a los Retratos íntimos, estudios sobre el siglo XVIII, sobre el arte en él, sobre las queridas de Luis XV, la Pompadour, la Dubarry. Por fin, el año 60, dan a luz una novela, titulada Carlos Demailly, con el subtítulo Los literatos.

Antes de ver qué suerte corren las novelas de los Goncourt, hay que decir que guardan estrecha relación con sus trabajos históricos, explicando los acontecimientos por los objetos, por los hechos menudos, por las pequeñas realidades cuotidianas, documentos hasta entonces desdeñados. Son estos libros algo análogo al Museo Carnavalet, en que la Revolución y el Directorio nos envuelven en su ambiente, nos entran por los sentidos, en significativos trastos y despojos del ayer.

Menos conocidas sus obras históricas que las novelescas, son fruto de un mismo temperamento artístico. Los Goncourt, los «maestros del rococó rabioso», de Janin, no estudiaron sino el siglo que podemos llamar suyo, el siglo XVIII; y con tal afán se chapuzaron en la lectura de papelotes, que regalaron sus fraques, y no se encargaron otros, para que no les acometiese la tentación de salir de noche y perder tiempo. Los historiógrafos de entonces o escribían sonoras generalidades, o sostenían tesis políticas. Los hermanos, absolutamente imparciales, huyeron como del fuego de los alegatos, y si no les ayudase su intuición de artistas, hubiesen producido un seco centón. Así y todo, a veces se les enreda la pluma en el detalle. No son filósofos de la historia, sino rebuscadores y coleccionistas.

La Historia de María Antonieta, sin embargo, sentida como una novela, merece la calurosa alabanza de Michelet. El Arte en el siglo XVIII quedó sin terminar por la muerte de Julio. Nótese que fueron los Goncourt quienes pusieron de moda este arte y esta época; los primeros a desenterrar los deliciosos grabados y estampas antes de la letra y a toda margen, los agua-fuertes de Cochin, Boucher y Fragonard, las sanguinas y pasteles de finos tonos, y en aquilatar los méritos de Vatteau, el mago de los jardines de ensueño. Por esta revelación de elegantes nostalgias y musicales poesías, influyen en las tendencias que aparecen al disolverse el naturalismo.

El japonismo nació también de los Goncourt. ¡Apenas traen cola artística estas novedades! Sabemos que en 1860, después de bastantes años de oscuridad, publican su primer novela propiamente dicha los dos hermanos —Carlos Demailly—. La concibieron en forma dramática, pero la rechazó el director del Vaudeville, y los hermanos, siempre fluctuantes, la convirtieron en novela. Era de las llamadas de clave, pues retrataba a literatos conocidísimos, desde Teófilo Gautier y Pablo de San Víctor, hasta Flaubert y Champfleury. Los retrataba; pero sin denigrarlos, a pesar de lo cual, el estudio les valió enemistades y el enfriamiento completo de relaciones con Julio Janin. La sátira del periodismo y de los medios literarios les puso enfrente a la prensa. La tesis de la obra, es el escritor inutilizado y destruido intelectualmente por la mujer: en otra novela posterior, Manette Salomón, sucede lo propio al artista.

Esto de la misoginia de los Goncourt merece párrafo aparte. Sábese —hasta donde cabe saber cosas tan peliagudas— que a los dos hermanos no les tiranizó el niño de las alas y las flechas. Ningún nombre de mujer se destaca sobre las páginas de su biografía. Una noble amistad, la princesa Matilde; un cariño paternal de Edmundo, la señora de Daudet... y nada más, y confesemos que no pudo ser menos. De esto no se desprende, sin embargo, que debiesen ser misóginos. Misógino fue Salomón, y las mujeres le gustaron infinito.

Por una o por otra causa, los Goncourt desprecian a la mujer. Puede ser la mitad de un burgués, pero de un intelectual, nunca. La que les complazca a ellos, no ha de pasar de agradable animal (sic). Y como si la providencia quisiese castigarles por estas enormes, y después de todo, vulgares herejías, lo femenino les domina y envuelve, no solo en la novela, sino en la investigación histórica, y el siglo predilecto de los Goncourt es aquel en que la mujer impera, cabalmente por su perversión inteligentísima, saturada de arte, y en que las manos blancas e impuras de las favoritas, que llevan las riendas del Estado, protegen a los Vatteau, Boucher y Fragonard. Los Goncourt, que escribían la historia tomando por documentos retales de raso chiné y minutas de convite, y desfilachando la tela de las costumbres, no pueden menos de inclinarse ante la mujer y reconocer lo hondo de su influjo, no siempre dañino ni antiestético.

Más lógico sería en los ilustres autores enamorarse fantástica y quijotescamente de alguna dama o reina, como le pasó a Cousin, loco por la duquesa de Longueville (amor que Sainte Beuve calificó de ex cathedra). La mujer del sido XVIII es la más seductora entre las del pasado, y ni aun parece muerta, porque se conservan de ella cachivaches graciosos y atractivos, blondas, hebillas, chapines, abanicos, naderías encantadoras. Tal género de enamoramiento sentía por la momia de una princesa egipcia (como él mismo confesaba) Teófilo Gautier; y si una momia es cecina o bacalao femenino, las damas dieciochenas no se han amojamado. En ellas se desmiente la teoría de Goncourt sobre la incapacidad artística e intelectual de la mujer.

Cualquiera que fuese en este punto el criterio de los hermanos, ello es que la mayor parte de sus novelas son estudios de mujer, y no siempre severos; al contrario, como se verá.

Carlos Demailly se vendió poquísimo. No corrió mejor suerte Sor Filomena. La novela tenía por asunto el platónico, involuntario enamoramiento de una Hermana de la Caridad, figura casta y dulce, más bien mística, que se prenda de un interno o practicante del hospital donde ambos asisten. Está retratada con respeto y casi veneración; no hay impureza en la hermanita. Este libro inicia las novelas escritas «con sufrimiento», los estudios en que el escritor «padece un asunto», en vez de entregarse a la alegría sublime de la creación. Los Goncourt, que se llamaron a sí mismos «desollados» por que la menor impresión los martirizaba, tuvieron que pasarlo mal al moverse en el medio ambiente de su novela clínica.

En Sor Filomena habían querido pintar a una religiosa, sin canonizarla, pero sin manchar la blancura de sus tocas; en Renata Mauperín, la muchacha soltera moderna, según la ha condicionado la educación artística y un poco amarimachada de los últimos treinta años. Renata Mauperín vio la luz en 1864, ¡y hay un abismo desde ella a las semivírgenes de Prévost! Renata, reproducción del carácter de una amiga de Julio, puede definirse así: «Atrevimiento en la boca, pureza en el corazón». Su hermano Enrique Mauperín, en el cual quisieron los autores personificar al joven burgués moderno, ha nacido con espíritu práctico y sabe calcular y prepararse el porvenir. Que transcurran algunos años y veremos otro salto tremendo, hasta el «arrivista» del Inmortal, de Alfonso Daudet.

Y todavía los Goncourt no salen de su penumbra discreta. El alboroto, sordo aún, empieza con Germinia Lacerteux.

El medio ambiente de Sor Filomena, no mirándolo desde un punto de vista cristiano, era repulsivo; la protagonista no. En Germinia Lacerteux, el naturalismo lleva a la práctica, por primera vez, uno de sus principios; da entrada en el arte a la enfermedad y a la vergüenza humana. La heroína no es solo una mujer de bajísima estofa, sino una infeliz histérica de clínica, y a poco más, de manicomio. Atrás las incomprendidas, de tirabuzones y talle fino, las Bovary que, histéricas o no, son seres de naturaleza delicada, de exigencias de un determinado ideal. Germinia es una criada, fea, semi-vieja, víctima de su temperamento; un tipo que rebosa verdad, pero verdad, sin duda, muy antipática. Compárese el tipo de Germinia con el de la Benina de Galdós, en Misericordia. Son dos servidoras, adictas a sus arias hasta la abnegación, y dominadas por una fatalidad: la de Germinia se llama, crudamente, furor uterino; la de Benina es compasión exaltada, piedad de los miserables. Benina también tiene una existencia doble, también sisa a su ama; pero esta contradicción de su carácter no quita nada a su bondad, a su heroísmo. Pide limosna para mantener a su señora, enferma y pobre; cuando esta hereda dinero, la deja y se consagra al ciego moro, curando, como una santa medioeval, su lepra horrible. Y a mí me parece tan verdadera, si no más, Benina que Germinia, aunque Germinia existió y fue una criada de los Goncourt. He conocido en el servicio doméstico algún ejemplar así, y con frecuencia oímos su historia humilde, en las sesiones de reparto de premios a la virtud.

Otra particularidad observamos en Germinia: es también de la serie de los libros paridos con gran dolor. Los autores declaran que les produjo un estado de nerviosidad y de tristeza, y que no descansaron mientras no lo soltaron; y obras tan torturantes, que inducen a abochornarse de pertenecer a la humanidad, difícilmente pueden ser bellas, aunque sean notabilísimas. Lo confiesan los autores. «La enfermedad contribuye mucho al valor de nuestro trabajo». Así hay que mirar a los Goncourt: pomo testimonio del carácter morboso y triste de las corrientes literarias en su patria y en su época.

La batalla, con motivo de una obra teatral de los Goncourt, Enriqueta Marechal; los aplausos gritados y la silba estrepitosa, impulsada por manejos políticos contra los tertulianos de la Princesa Matilde, a quienes juzgaban bonapartistas rabiosos (siendo así que a los Goncourt nunca se les dio un comino de la política), les acrecentó la notoriedad, y, sin haber logrado de una vez lo que Flaubert con *Madame Bovary*, ya se les veía descollar al aparecer Manette Salomón. Esta novela, mal compuesta, casi sin asunto, o al menos sin asunto que interese, es la exposición de las ideas de los autores sobre la pintura. Siempre la misma incertidumbre de vocación, la inclinación a otras formas de arte. El medio de taller y los tipos de pintores son estudios hechos a lo vivo, y está bien estudiada la crisis de la pintura al disgregarse el romanticismo y esbozarse confusamente lo venidero. En las paradojas de los rapins, irrespetuosas con lo consagrado, se reflejan las ideas de los autores, que en arte como en literatura se sentían enemigos de las tradiciones, y lamentaban no haber publicado el «Catecismo revolucionario del arte», examinando críticamente las obras maestras, por ejemplo, las de Rafael, y echando abajo dogmas y opiniones admitidas. No tuvo tampoco lo que se llama éxito Manette. La crítica fue con ella severa, quisquillosa, cuando no desdeñosa.

Sin desalentarse, publicaron entonces Madama Gervaisais. En este libro se acentúa el carácter de «retrato de cuerpo y alma» de las novelas de los Goncourt. No hay en ella intriga, ni apenas argumento; no hay sino la historia, dice Alfonso Daudet, de un espíritu de mujer, convertida del racionalismo al catolicismo, y que muere en Roma al ver al Papa. La novela psicológica estaba fundada con tal modelo, complicado y hondo, desarrollado intensamente en páginas llenas de sensibilidad. Para describir la ciudad de Roma, donde se exalta la religiosidad de la convertida, los Goncourt pasaron allí seis meses. Cifraban ilusión en su obra, que les parecía, y con razón, más intensa que las anteriores. Pero, según los lectores, era una novela aburrida; no se vendió. Esperaban los Goncourt que la crítica despertase al público; les habían ofrecido artículos Sainte Beuve y Renan; ninguno de los dos llegó a escribirlos. Ni aun llamó la atención acerca del libro la granizada de tajos y mandobles que contra él descargó Barbey d'Aurevilly, acusándole de impiedad latente y fría, y comparándole a un cuchillo de los que se usaban en las comidas oficialmente ateas del restaurant Magny. Una edición más, que quedó entera en casa de los libreros. Hay que entrar en estos detalles, porque, si pensamos en las enormes ediciones que veremos despachar a Zola, comprenderemos que los Goncourt eran autores muy alambicados, y que su estilo «artístico y revolucionario» les impidió ser populares. La prosa clara, corriente y sin estilo es lo que prefiere la multitud. Acaso Zola escribe con algún exceso de colorido para la generalidad, pero sabe estar muy frecuentemente al nivel. Los Goncourt, nunca.

La persistente lucha de los Goncourt con el indiferentismo del público en masa y con la tardía y distraída atención de la crítica y el continuo fracaso, no contribuyó poco, según fama, a la muerte del menor, Julio, el cual, a partir de este último libro en colaboración, se agravó en su padecimiento nervioso, y, poco después, sucumbía a una lesión en la base del cerebro, que determinó una tisis galopante. La historia sentimental de las letras francesas, en la segunda mitad del siglo, no tiene página más elegíaca que la que comprende la muerte de Julio y la soledad de Edmundo.

Es lo único dramático de su biografía, que está, sin embargo, saturada de una tristeza morbosa, a pesar de no haberles faltado nunca lo necesario para una existencia desahogada y consagrada a sus aficiones predilectas. Si hemos de dar crédito a referencias, Julio de Goncourt se suicidó una miaja todos los días. Un biógrafo de los dos hermanos dice textualmente: «De 1867 a 1870, arrastraron los Goncourt miserable vida. Enfermos ambos, proseguían su tarea de escritores con tenacidad y fuerza de voluntad admirables». En uno de sus libros, La casa de un artista, narra Edmundo la agonía de su hermano con detalles desgarradores. «Apenas expiró la pobre criatura, ascendió a su rostro una tristeza terrenal que jamás he observado en la faz de ningún muerto. Sobre su juvenil fisonomía parecía leerse, más allá de la vida, el desesperado dolor de la interrumpida obra». Y la cruel observación la confirma Teófilo Gautier, que en un artículo necrológico escribía: «La muerte, que suele aplicar una máscara de severa hermosura a los semblantes, no pudo borrar de las facciones de Julio, tan correctas y finas, una expresión de honda pena e incurable nostalgia». Gautier cuenta asimismo que mientras Edmundo, según la costumbre francesa, seguía a pie el féretro de su hermano, sus cabellos, poco a poco y visiblemente, iban descolorándose, palideciendo, blanqueando. «No era ilusión mía —afirma—; muchos de los que formaban el duelo lo notaban». No hay que maravillarse si Flaubert, en el estilo familiarísimo que gastaba para cartearse con Jorge Sand, exclamaba: «El entierro de Julio de Goncourt fue un lloradero. Teo lloraba a cántaros».

Hay en el episodio algo más que un sentimentalismo familiar: hay revelación de como se identificó la vida de ambos artistas con la esencia dolorosa, torturada, de su trabajo. Este se cuenta entre los más ahincados y perseverantes, y si es difícil explicarse, a no ser por premiosidad natural, que tan pocos libros llenasen a colmo la vida de Flaubert, se comprende, en cambio, que la faena de los Goncourt no les diese espacio ni para vivir, entendida la palabra en el sentido de disfrutar. Una incesante angustia, una preocupación ansiosa de originalidad en la pluma, la rebusca de los documentos para la historia, la recolección de notas para la novela, aun repartida la tarea entre dos, sin hablar de los estudios de arte, agobiaron sus días y desvelaron sus noches, y pudo decir Edmundo, en carta a Emilio Zola: «Mi hermano ha muerto del trabajo, y sobre todo, de la elaboración de la forma, del cuidado del estilo. Cuando componíamos, nos encerrábamos tres o cuatro días, sin ver alma viviente. Las pinturas de la enfermedad nerviosa, en las cuales consiste nuestra originalidad, las hemos sacado de nosotros mismos, y hemos llegado a una sensibilidad sobreaguda». Después reconoce que si al menos él, Edmundo, se distraía coleccionando, Julio ni aun eso, y añade: «Cuando la literatura se adueña tan exclusivamente de un cerebro, triste es decirlo, la medicina ve en esta preocupación única y fija un comienzo de monomanía».

Obsérvese la constancia del fenómeno, la tortura y desolación de las almas de los grandes escritores en este período. Es el «mal del siglo» de los románticos, que evoluciona. Alma desolada, Teófilo Gautier; alma irónica y pesimista, Flaubert; cerebros enfermos, los Goncourt... Y cuando hablemos de los poetas, aparecerán más devastadas aún las almas, tan diferentes, de Leconte de Lisle y Baudelaire. Son comparables estas afecciones a las de la bilis, que forman un producto, la colesterina, cuyas reacciones son de preciosos colores, como los de la esmeralda.

En este período de la literatura francesa existe algo que puede explicar la singularidad de tantos afanes. En la agitación y transformación profunda de la sociedad, al desaparecer las jerarquías, quedó franco el paso a las ilimitadas ambiciones. Un teniente de Artillería había llegado a Emperador; un poeta anduvo muy cerca de la dictadura. Si bajo Luis XIV un dramaturgo, un orador (fuese Corneille, Racine o Bossuet), quisiesen ponerse al frente de su época, serían tenidos por insensatos. Tal ensueño, sin embargo, antes de que la revolución descendiese a los hechos, lo realizaron en gran parte Voltaire y Rousseau, y toda su vida lo acarició, en medio de las apoteosis, Víctor Hugo. Ya veremos a Zola preocupado por la misma aspiración, en su última etapa, y acaso antes. La aspiración tiene dos aspectos: el puramente intelectual de dirigirá su época por el pensamiento y la ejecución artística, y el político, en que los merecimientos literarios sirven de base para influir en las muchedumbres. Es evidente que la ambición de los Goncourt no fue nunca más allá de la esfera artística; pero, en ella, no conoció valla. Y es evidente para mí también, habiendo tratado a Edmundo, que no había pose alguna en esa actitud como de mártires del arte, sujetos a su dorada cadena, coronados con su regia diadema de espinas. El gran intento se había malogrado; de sus deseos fallidos, una infinita amargura brotaba incesantemente. Por eso Julio; ya sentenciado, dijo a su hermano, en cierta avenida del Bosque de Bolonia: «Que nos nieguen como quieran: un día reconocerán que hicimos Germinia Lacerteux, y que este es el libro-modelo de cuanto se fabricó después, con el rótulo de realismo y naturalismo. ¡Una! Y ¿quién impuso el gusto del siglo XVIII, de su arte? ¡Nosotros! ¡Dos! Y ¿quién habló primero de arte japonés, arte que está ya causando una revolución en la óptica de los pueblos occidentales? ¡Tres! ¡Cuando se es iniciador de los tres grandes movimientos literarios y artísticos de la segunda mitad del siglo... no hay manera de no ser alguien el día de mañana!».

Apenas enterrado Julio, se declaró la guerra.

El sacudimiento del cataclismo, el espectáculo del sitio de París, aquel trágico final del Imperio que sugería a Pablo de San Víctor una exclamación: «¡Apocalipsis!», hizo que Edmundo, para anotar en el Diario sus impresiones, volviese a coger la pluma. A esta resolución debemos muy curiosos detalles sobre la alimentación y la actitud de los literatos durante el sitio, cuando París, dicho sea en honra suya, comía ratas. Goncourt, en Auteuil, vivía entre el huracán de las bombas, y el estruendo del cañón le impedía conciliar el sueño. Hubo de mudarse esquina a la calle Vivienne, llevándose, como los troyanos sus penates, lo mejor de sus colecciones. Allí pasó los últimos tiempos del sitio, y la Commune. Cuando entraron los versalleses, Edmundo se volvió a la casita de Auteuil, que encontró llena de fragmentos de granadas, y la arregló para terminar allí en silencio sus días, creyendo imposible trabajar sin Julio.

Todo había perdido su atractivo: las letras no le ilusionaban entonces. Poco a poco renacieron las aficiones inveteradas. Julio había muerto en 1870; hasta el 75 no publicó Edmundo dos estudios de arte sobre Vatteau y Prudhon y hasta el 78 no vio la luz La moza Elisa.

Los tiempos habían cambiado. Tanto habían cambiado, que Zola era célebre, el eslavo Turguenef se parisianizaba, Daudet había publicado no pocas de sus mejores novelas y, para decirlo de una vez, el naturalismo de escuela triunfaba en toda la línea. Y Edmundo escribía en su Diario que se había alzado, en la novela, una generación imitadora suya, añadiendo que él y su hermano eran los Bautistas de la nerviosidad moderna, «digan lo que quieran los críticos».

La idea de La moza Elisa la habían concebido ya en vida de Julio, y juntos la estudiaron en la penitenciaria de Clermont. El argumento es la historia, la psicología, el crimen y el castigo de una meretriz. Edmundo declara que sufrió mucho (como de costumbre, como al escribir Germinia), cuando reunía semejantes notas. «Nadie comprenderá lo que me cuesta recoger tan fea y antipática documentación». Más de una vez pudiera repetir el autor, repelido y fascinado a la vez por el espectáculo de la miseria humana.

«Je bois avec horreur le vin dont je m'enivre».

En La moza Elisa pudo verse que la desaparición del hermano menor no perjudicaba al mayor, en el sentido del trabajo. Esta verdad, demostrada también en los libros sucesivos, plantea un problema sobre el cual se ha escrito mucho: el de la estrecha colaboración fraternal de los Goncourt.

Un crítico, Mauricio Spronck, analiza esa colaboración rigurosamente, y llega a sostener que, a pesar de las afirmaciones de Edmundo, no existió tal gemelismo de almas: que eran, al contrario, distintos en gustos y carácter (la lectura de los Zemganno realmente lo confirma), y que mientras el menor sería siempre escritor de imágenes, el mayor lo sería de ideas. Entiende que las cualidades especiales de cada uno se mezclaban sin armonizarse; que existía un perpetuo tanteo, y que por eso no acertamos a decir si sus novelas son series de cuadros plásticos, pinturas de costumbres u obras sociales. Así, la labor de los Goncourt carece de unidad y de personalidad; les falta carácter propio; son flotantes, inconsistentes, modificados por las sensaciones exteriores que les dominan.

Desmiente este juicio, en parte, el trabajo aislado de Edmundo, igual, si no superior, al de los dos reunidos. Fuera más cierto decir con Gautier, que es error suponer que el ingenio de un hombre puede acrecentarse con el ingenio de otro. Al hablar de la colaboración de los Goncourt como de un sindicato de dos incapaces para componer obra sólida y metódica, como la de Flaubert, y que se apoyan el uno en el otro para que no se note su flaqueza, debiera reconocer el autor de Los artistas literarios, que, sin ayuda, Edmundo continuó exactamente por la misma senda, produjo libros de igual valor y hasta escribió una novela tan sentida como *Los hermanos Zemganno*. Por esta íntima y humana emoción que la vivifica, ha podido llamarse a los Zemganno el poema del amor fraternal. Está el libro lleno de recuerdos, de ternuras, de efusiones contenidas y de simbólicas transposiciones, que representan, en el esfuerzo muscular, la labor literaria. Fácil es establecer relación entre la infancia de los acróbatas y la de los escritores; la muerte de la madre, la juventud estrechamente unida, y, por último,[5] la sugestión ejercida por el mayor sobre el menor, aquel empujarle a que realice algo nunca visto, algo que sea la cima del arte; el salto peligrosísimo que le obliga a ensayar, y en el cual, una asechanza le rompe las piernas, y le obliga a renunciar a la profesión y a la gloria... La caída del acróbata, es la muerte de Julio, rendido y desorganizado por el afán de conquistar renombre, de producir la obra artística que los había de sacar a luz. Los Zemganno, es la novela autobiográfica, que se escribe con sangre del corazón.

Cierran la serie novelesca La Faustin y Querida. La Faustin es la novela de Goncourt que hizo más ruido, por la «deshonrosa publicidad» que le dieron los directores del Voltaire, al lanzarla poniendo carteles chillones en las esquinas. Este modo de proceder molestó a Edmundo, aristócrata en todo, enemigo de las murgas callejeras; pero no le desagradó que acerca de la historia de la actriz se derramase un océano de tinta. La Faustin es una trágica: su arte la domina hasta tal punto, que al morir el amante adorado, se distrae del dolor verdadero que siente; imitando y aprendiendo, acaso con impulso de reproducirlas en la escena, las fases de la agonía sardónica de aquel Lord Annandale, tipo convencional del inglés enamorado y generoso. Hay mucho de común entre los Goncourt y su heroína. El arte, en ellos también, se ha sobrepuesto al vivir.

Querida es un estudio de «señorita», para el cual Edmundo pidió confidencias y revelaciones a las muchachas finas, que probablemente, o no le contestaron, o le escribieron cosas asaz simples. En cambio, cuando el libro vio la luz, María Bashkirtseff, la originalísima y elegante pintora rusa, le envió

---

5 [«por por último» en el original. (N. del E.)]

una de sus más francas epístolas, en que le decía: «He leído Querida, y, acá para internós, el libro está lleno de inocentadas. Si quiere usted un documento serio, le confiaré mi Diario». Y en efecto, este Diario, del cual tendremos ocasión de hablar, es un documento en toda regla... pero hay poquísimas muchachas como la Bashkirtseff, a quien Alejandro Dumas hijo dio el consejo de que «se acostase temprano».

Para emitir una apreciación de conjunto sobre los Goncourt con imparcialidad absoluta, es preciso hacer infinitas reservas. Hay que explicar, ante todo, por qué, hablando de Flaubert, solo he tomado en cuenta dos a tres creaciones, y en cambio cito todas las de los hermanos. Es que, entre estas, me sería difícil elegir alguna sobre la cual inscribiese, sin recelo, el dictado de obra maestra. Sus novelas tienen iguales defectos e idénticas cualidades, títulos muy parecidos a la admiración y a la censura. Y los defectos se confunden con la originalidad. El ánimo está en suspenso. Así como ellos titubearon siempre en la vocación, la crítica vacila al juzgarlos.

Al hacerlo, hay que partir de un dato: esa misma incertidumbre nos guía y nos enseña cuál es el rasgo característico de los Goncourt. Habiendo ganado su nombradía con la pluma, en realidad son pintores, pero pintores refinadísimos en la sensación de arte.

Desde niños, los Goncourt la cultivan, entre cachivaches y antiguallas, grabados, porcelanas y miniaturas. Como historiadores, no salen de este terreno; como novelistas, tampoco. Poseen una competencia innegable, dominan la técnica de taller; pero reúnen, a la familiaridad con las formas de arte de determinada época, a la ciencia del coleccionista más inteligente, el don de percibir la belleza sufriéndola, enfermando de ella, hasta el martirio.

Avanzando por los caminos de la literatura, realizan el prodigio, de ser más pintores a medida que son más literatos. Hay coleccionistas fríos, que reúnen por reunir, cuya alma no vibra. Los Goncourt vibraron incesantemente, y, además, no omitieron medio de exagerar la vibración. Lo hicieron sin cuidar de la salud, del equilibrio mental, de la felicidad ni del reposo. Neuróticos, acaso por temperamento, en vez de querer curarse, cultivaron la neuropatía. Así llegaron a ser «los desollados», y a refinar de tal suerte la percepción de las sensaciones —entendida la palabra en su sentido cerebral—, que goces y dolores desconocidos, incomprensibles para la mayoría de los mortales, formaron el tejido de su vivir. Yo recuerdo un episodio del famoso grenier, que da idea de la ilusión de coleccionista de Edmundo. Uno de los tertulianos, arrimándose demasiado a una chimenea, estuvo a pique de hacer caer al suelo un azucarero de Sévres, blanco, pieza rara. El grito que exhaló Edmundo fue como el que lanza quien ve caer a un niño bajo las ruedas de un coche. Todo el cenáculo se alborotó. Por fortuna, quedó el azucarero intacto. Y me decía Edmundo, al recordarle después el incidente: «¡He pasado un día tan feliz cuando descubrí ese azucarero, y tiene una inflexión de lineas tan encantadora!».

No soy yo excesivamente nerviosa, pero, al fin, algo tengo de artista, y sin incurrir en extremos, según se ha ido refinando un poco mi estética, he llegado a encontrar placer o mortificación muy reales en la forma de los objetos. Los hay que positivamente me hacen daño. Así es que pude comprender el terror de Edmundo, al creer que perdía su lindo azucarero. Y comprendo también que esta quintaesenciada vibración nerviosa, haya sido condición necesaria del arte de los Goncourt, y les haya hecho «los Bautistas de la nerviosidad», además de los padres del impresionismo, pues su labor es una serie de impresioncitas, que trasladan al papel, con profundo desdén de la composición. Para traducirlas y comunicarlas, se sirven de un estilo peculiar suyo, que, deliberadamente, rompe con los modelos clásicos, inventa expresiones «pintadas» y me recuerda algunas veces a nuestro gran Churriguera, o a Góngora, el de los «relámpagos de risa carmesíes». Hay que reconocer la exactitud conque Spronck, severo para los hermanos, juzga este estilo peculiar, al cual faltan la espontaneidad y la sencillez, la sanidad y la frescura, y que semeja un bordado japonés minucioso, sobre un fondo endeble. Y creo, con el mismo crítico, que, por la índole del trabajo de los Goncourt, lo que con más gusto se lee es lo suelto y no compuesto: el Diario y un tomito que titularon Ideas y sensaciones, y en el cual hay páginas soberanas.

Los Goncourt, que dejaron fundada una Academia literaria para, reparar las injusticias de la otra, quisieron consumar la revolución en la lengua, anunciada y proclamada por Víctor Hugo, y al tipo del clásico que «escribe bien» sustituyeron el del escritor anárquico y original, que escribe a su manera. Se les arguyó, y con razón, que tanto da sacrificar a la retórica, como a efectos de colorismo, y que, en su método literario, la forma se sobrepone al fondo, y convierte la labor en uno de esos trabajos de presidiarios o monjas, cuyo mérito consiste en la paciencia. Y Brunetière, muy poco apreciador de los Goncourt, alega la impropiedad de los términos, las construcciones bárbaras, los solecismos, y declara que esta rebusca voluntaria de sensaciones morbosas o artificiosas, lejos de ser naturalismo, no es sino romanticismo japonés.

Los que hemos saboreado tantos aspectos artísticos de la obra de los Goncourt; los que hemos tenido, hasta por obligación de amistad, que penetrarnos del alma de su estilo, no podemos rebatir esas críticas: las hallamos exactas. Sin duda nadie menos a propósito que los Goncourt para representar el naturalismo. Su ideal es diametralmente opuesto al de Emilio Zola, que les reconoce, sin embargo, por precursores. Es un ideal altanero, distanciado, a cien leguas de las muchedumbres, que, o tirando piedras o dando vivas estruendosos, siguieron al pontífice de Medan y armaron ruido en torno de él. Creían los Goncourt que el arte no debe existir sino para una aristocracia estética, y que lo hermoso es aquello «que nuestra criada y nuestra querida hallan, por instinto, abominable». No comparten las ilusiones humanitarias: miran con el más gentil desdén los socialismos y los colectivismos; creen que los socialistas de hoy equivalen a los bárbaros de la Edad antigua, cuya misión era desbaratar lo envejecido, y, como a Flaubert, no les seduce lo útil de las civilizaciones. Lo que les agrada, en arte, es lo que más difícilmente se asimila la masa: los pintores primitivos, los artistas melindrosos del siglo XVIII, y el amaneramiento del realismo nipón.

Y, sin embargo, el naturalismo ha continuado arrancando de Germinia, a pesar suyo, Nordau, que tanto maltrata a Edmundo, y le da por olvidado, no puede menos de confesar que «los decadentes continúan apreciando en él a un ortodoxo de la sensación singular»; y si hoy pudiese volver Julio, arrastrándose por el bosque de Bolonia, a hacer el recuento de los derechos a la inmortalidad que reúne su nombre, no debiera limitarse a tres, porque son más, y de alta importancia todos. No hay tendencia ni escuela que no deba algo a los hermanos; no hay escritor que no estudie ese estilo extraño, en perpetua rebeldía contra la gramática, lleno de rarezas de sintaxis y vocabulario, desmenuzado en diminutos efectismos, que subvierte la frase para darle color y sabor, que ve en las cosas sus aspectos sutiles, invisibles para el profano. Cuando un escritor que empezó naturalista de escuela, como por ejemplo Huysmanns, evoluciona hacia mayor complicación artística, emancipándose de Zola, tiene que renovarse en esos escritos, cuyo estilo calificó de «atigrado».

Completemos, pues, la lista del moribundo Julio, y veremos que se le quedaron olvidados muchos blasones. De los Goncourt procede el naturalismo, el impresionismo, la transposición de los procedimientos de un arte a otro, de la pintura y la música a la literatura; la transformación de la prosa, y la enfermedad nerviosa como tema de arte. Todos estos elementos compusieron una originalidad que no hay medio de negar, un modo de ser influyentísimo, con influencia duradera. Fueron iniciadores estéticos y punto de partida de no pocas direcciones de su edad, maestros de varias generaciones, y además —debe añadirse— uno de los testimonios más claros, de los casos más típicos de la insania del arte y de la sociedad, en esa edad misma. Se parecieron, si es lícita la comparación, a esas sortijas antiguas que, en aro curiosa y prolijamente cincelado, engastaban una piedra hueca, que encerraba algo letal. El veneno era fino, insinuante y lento, de los que matan con apariencias de languidez; y los cinceladores de la sortija eran perdonables... porque fueron los primeros envenenados.

IV

La novela. El naturalismo de escuela. Zola. Los comienzos. Los Rougon Macquart. La ley de la herencia. La serie de novelas. Las primeras. El «Assommoir»: Zola «cerdo». El período militante de la escuela. Cansancio del público. «Germinal». «La Tierra». Manifiesto de los «cinco». El ocaso. «El desastre». El simbolismo. La imaginación. El fracaso del método

Yo le conocí en el «grenier» de Edmundo de Goncourt. Emilio Zola nació el año 40, en París. Su cuerpo era robusto, mediana su estatura, su cara más bien vulgar, la nariz remangada, miopes los ojos. Gastaba quevedos. Dicen que la única singularidad de su organismo fue la finura del olfato. En sus novelas, los olores desempeñan gran papel. Su padre, veneciano, de profesión ingeniero, después de azarosa vida, murió joven, y dejó a su mujer y a su hijo en una estrechez pronto convertida en miseria. Emilio no descolló en los estudios; le desagradaban las humanidades; se jactaba de no haber leído nunca a Virgilio; y en 1860 se alababa todavía de no conocer la gramática ni la historia. Sus devociones literarias eran Montaigne, Rabelais, Diderot, Víctor Hugo, Musset. A los dieciocho años, reprobado en los exámenes, en la mayor necesidad su madre y él, cayó en la bohemia y escribió versos. Adoraba en Jorge Sand, y soñaba con lo que Musset había satirizado:

«J'accouchai lentement d'un poème effroyable.
La lune et le soleil se battaient dans mes vers...».

Zola escribió un poema así, revelador de su inclinación a las cosas vastas y seriales.

No tardó en renunciar a los versos, y decidido a trabajar, por no ser gravoso a su madre, logró al fin colocarse en casa de Hachette, el librero editor, ganando muy modesto sueldo. Con tal ocasión, empezó a conocer escritores. Todavía soñaba que Hachette le publicase el poema: Hachette le aconsejó que se dejase de rimar y escribiese cuentos en prosa. ¡Y hablarán de la falta de olfato de los editores!

Verdad que después, los cuentos le parecieron muy fuertes a Hachette, y los publicó Lacroix. Desde entonces, Zola escribió en diarios artículos de crítica artística y literaria, hasta que dejó su empleo para dedicarse por completo a las letras. Entró en el Fígaro, donde trabajó también en crítica de arte y libros, y donde el famoso Villemessant, el director, comenzó a distinguirle, a pesar de que iba «trajeado como un zapatero». Sus artículos eran ya manifiestos naturalistas; llamaban la atención demasiado; escandalizaban. Alarmado, Villemessant le obligó a mudar de estilo, y las críticas de Zola, suavizadas, pasaron inadvertidas. Al comprender que ya no le leían, rogó a Villemessant que le dejase ensayar la novela, y escribió El deseo de una muerta, obrita azul, que pasó sin pena ni gloria. Y ya tenía Zola veintiséis años; y solo se le conocía como periodista —un poco—. En vista de la inocencia e insignificancia de la novela. Villemessant, que era expeditivo, le dio el canuto. He aquí como nadie, por ducho que sea, debe aconsejar a un principiante, y por qué yo devuelvo, sin leerlos, los manuscritos que me envían, con la ansiosa interrogación del autor, que pregunta si creo que «puede dedicarse a la carrera literaria».

Con algunas economías, trabajando a salto de mata, realizando tentativas teatrales y efímeras colaboraciones en la prensa, luchó algún tiempo, sin desalentarse, Emilio Zola. Pudo al fin relacionarse con un grupo de literatos que pensaban fundar un periódico atacando al Imperio y defendiendo a Víctor Hugo, y que al fin apareció, titulándose Le Rappel. Se le admitió en él, pero, en el Rappel, el Dios era Hugo, y Zola se permitía elogiar a otros escritores, especialmente a Balzac. No solamente salió botado de la redacción, sino que, en treinta años, cuando atronaba su fama, no volvió a nombrarle el periódico.

Poco después publicó Zola Teresa Raquin. En esta obra ya profesa su doctrina literaria, y se precia de escribir libros científicos, de ser un clínico de la novela. La caída del Imperio se acercaba. Zola vivía en el barrio latino. En 1870 se casó, y se llevó consigo a su madre. Durante el sitio de París, que cogió dentro a tantos escritores señalados, Zola no estaba en la ciudad; hallábase en Marsella con su familia. No produciendo nada en aquellas críticas circunstancias la literatura propiamente dicha, Zola solicitó un empleo, y le nombró subprefecto de Castel Sarrazin el Gobierno de la República. No llegó a desempeñar sus funciones. Terminada la guerra, la literatura renacería sin duda, y renació, y Zola, después de varios incidentes del orden editorial, entre los cuales descuella la generosidad del editor Charpentier, su honradez, que puso a Zola en condiciones de vivir anchamente, empezó la publicación de los Rougon Macquart.

Lo que Zola retrató, más o menos fielmente, en esa serie de novelas, fue la sociedad y sus clases, en el período que media entre el golpe de Estado y el desastre; de 51 a 71. La idea, sin embargo, y parte de la ejecución de estas novelas tan contrarias al Imperio (aunque no faltas de rasgos de imparcialidad al estudiar la figura del Emperador), fueron anteriores a su caída. Los acontecimientos dieron mayor libertad a la pluma de Zola. Y con el Assommoir (La Taberna) comenzó el estrépito. Desde entonces cosechó el maestro de Medan admiración, curiosidad, insultos a carretadas. Para unos fue el revelador, para otros el cerdo.

No me pararé a estudiar una por una las novelas de Zola. Solo de algunas hablará. De la mayor parte de ellas se ha escrito hasta la saturación: más conocidas son, como suele decirse, que la ruda. De las últimas, las evangelistas, poco trató la crítica seria, e hizo perfectamente. Apenas pertenecen al arte.

Lo que descuella en la labor de Zola, es principalmente el estudio de costumbres populares, La Taberna; el de la vida minera, Germinal; el de historia contemporánea, El desastre. Lo demás, aunque merezca atención, es, a mi ver, inferior a estas obras, sobre todo considerándolas como documentos. Y esto me obliga a exponer rápidamente el plan que guió la pluma de Zola.

La idea de los Rougon Macquart procede, no cabe duda, de la *Comedia humana* de Balzac. La diferencia consiste en que Zola, dominado por una intención científica y prendado de las teorías de Darwin, hizo del principio de la transmisión hereditaria el eje de su vasto proyecto. De un antecesor loco y de otro alcohólico, descienden gran parte de los personajes de sus novelas, y en ellos mostró las neurosis, las inclinaciones funestas y los estigmas degenerativos que llevaban en la sangre. Borrachos, asesinos, meretrices, desequilibrados geniales, agitadores políticos, negociantes defraudadores, son las ramificaciones del famoso árbol genealógico.

No cabe negar la fuerza de la transmisión hereditaria. Todos la comprobamos a cada momento, y la Escritura, en su enérgico lenguaje, nos dice que los padres comieron el agraz y a los hijos les rechinaron los dientes. Sin embargo, muchas influencias naturales y educativas contrastan las fatalidades. Cuando de herencias morbosas se habla, yo recuerdo el caso de los Borgias, familia criminal en Italia, familia santa en España, y toda de la misma sangre. Exagerando el fatalismo de la herencia, Zola cayó —de fijo sin saberlo— en la encerrona teológica de la predestinación. Los Rougon Macquart; queriendo probar demasiado, nada prueban.

Si hubiese conseguido su objeto, demostrando algo por medio de tantas páginas impresa, los Rougon serían verdaderamente, como quiso su autor, documentos históricos, en que un Tácito o un Suetonio moderno estudia a una sociedad corrompida y decadente. No diré que no haya algo de esto en los Rougon, y que no sean un testimonio, pero la observación, en Zola, es demasiado sistemática para que convenza; y, además, del tronco de la loca y el alcoholizado brotan ramas tan diferentes, que ningún principio cabe establecer, dentro del rigor científico a que Zola aspira y no puede alcanzar.

El propósito de Zola —que no quería fiar nada al capricho, y preparó reflexivamente el plan, asunto y sentido de cada novela de la serie— fue, como sabemos, estudiar el estado de Francia bajo el segundo Imperio, principalmente en las clases populares, por medio de la historia «natural y social» de una familia. El primer tomo de los Rougon lo escribió antes de la caída del régimen, en los momentos favorables, para él, del plebiscito. La tragedia nacional dio libertad a su pluma, y le entregó redondo el brillante y efectista desenlace. «Necesitaba yo —dice— la caída de los Bonapartes, como artista». Así tenía hasta moraleja el cuadro «de un reino muerto, de una época extraña de vergüenza y locura».

Deliberadamente, se circunscribió a los veinte años del reinado, trazándose la tarea por medio del conocido «árbol», curioso pergamino de genealogía novelesca, donde en lugar de la sangre azul, se prueba la sangre viciada. La neurosis corre con la savia de ese árbol maldito, engendrando abyecciones, ignominias, crímenes y torpezas sin número. Pero también aparecen, entre la misma casta, gentes normales y buenas, individuos geniales y sabios, y no hay consecuencias que sacar, al menos con fundamento. Cada novela de la serie, si algo probase, probaría, demostraría una cosa diferente; pero el aspecto de científico y pensador de que anheló revestirse Zola, queda eclipsado por el de artista y poeta (entendida esta última palabra de otro modo que suele entenderse, y fijándose en que, por ejemplo, el Dante, poeta altísimo, no ha omitido el horror, ni aun la escatología, en su Infierno, lo mejor de la *Divina Comedia*).

En la primer novela de la serie, La fortuna de los Rougon, el golpe de Estado se prepara, con hilos que parten de París, en un medio provinciano, la ciudad de Plassans, que no es sino Aix, en Provenza. Hay una Rougon ambiciosa y solapada que se propone medrar, y encuentra ocasión favorable en la conjura, y otro Rougon, entusiasta republicano, que hasta el último instante defiende la libertad; hay un bonito idilio, muy idealista, entre dos casi niños, Silverio y Miette, y hay un levantamiento popular grandiosamente tratado. Es una sinfonía que contiene parte de los motivos de la ópera.

En La ralea, el régimen aparece triunfante, el agio desatado, y la corrupción gangrenando a una sociedad, no diré elegante, ni menos aristocrática, pero si refinada y pervertida; los personajes pertenecen al alta burguesía y a la banca.

Se destacan en La ralea trozos de magnífica intensidad, justamente con aquellos en que el autor se abandona a la fantasía —como las páginas que describen la estufa, nido del incestuoso amor de Renata y Máximo—. No importa que las plantas lleven nombres botánicos exactos, ni que, con fuerza plástica inaudita, Zola nos haga ver de bulto sus velludas hojas y respirar sus ponzoñosas emanaciones. Lo mismo hará años después Mirabeau en el visionario Jardín de los Suplicios, y no por eso sentiremos la impresión de lo verdadero natural. En La ralea puede notarse ya el predominio de la imaginación sobre los elementos reales. En otras novelas, llegará a imponerse por completo.

También se inicia, en La ralea, la absorción y anulación de los seres humanos por los objetos y el medio. Plenamente se mostrará en El vientre de París. No hay allí más héroe que el Mercado (Halles centrales), y así como en La ralea cantan en coro estrofas de perversidad los vegetales raros, en Al vientre lo hacen los olores de las vituallas, dominando los quesos. Aparece el procedimiento favorito del novelista: sacar de lo repugnante y trivial lo hermoso, mediante el relieve y energía de la descripción. Este mérito lo reconoció Sarcey, que con Zola no fue blando. El caso de una novela en que los personajes interesan menos que el fondo, no era nuevo, por otra parte: recuérdese Nuestra Señora, de Víctor Hugo, donde la heroína no es Esmeralda, sino la Catedral. La nueva estética difiere en que reemplaza a la Catedral el Mercado, o el gran Almacén de novedades, o la mina, o la red de caminos de hierro, o la Bolsa.

En La conquista de Plassans, Zola rivaliza con Balzac en certera observación de costumbres de provincia. Hay figuras trazadas con energía singular, también balzaciana, como la de la vieja labriega, madre del cura ambicioso, y la del pacífico burgués, transformado por el ultraje y la desgracia en loco incendiario.

En El pecado del cura Mouret, da Zola rienda suelta a una imaginación calenturienta y hasta visionaria. Los amores de Sergio y Albina, el género de muerte de esta, el cuadro del Paradou, son la negación de la ciencia, del método experimental y de la fisiología. No es el naturalismo, sino la Escritura, quien inspiró la leyenda simbólica del árbol enorme, en el centro de una naturaleza paradisíaca, y bajo el cual la humanidad conoce el pecado.

Las cinco o seis novelas primeras de la serie de los Rougon Macquart, poseían originalidad y vigor más que suficientes para que el público se hubiese fijado en ellas. No fue así, sin embargo, y un biógrafo de Zola nos dice que, si no publica el Assommoir, literariamente estaba perdido; que no se le compraba, ni se le leía, y se le hubiese olvidado del todo. Desde el Assommoir, recibió Zola las andanadas de injurias y el epíteto de «pornógrafo», y cuando se le clasificó como puerco, los lectores, en masa, vinieron a él.

No sería justo desconocer que entre las novelas de Zola, y a pesar de crudezas y brutalidades, el Assommoir es, en su género, una obra maestra. Pudo deberse su extraordinaria resonancia, en gran parte, a causas distintas de su valer: así y todo, no cabe negarlo. Acaso el asunto estaba en armonía con las facultades especiales del autor; acaso encontró, en la psicología elemental del pueblo, mayor campo al dominio de los instintos, a la pintura violenta de la fatalidad del vicio. Sea lo que fuere, en el Assommoir —mal llamado así, se ha repetido, pues las tabernas se nombran de otros modos en francés— dio Zola la nota sobreaguda de su originalidad, se mantuvo en los límites de la verdad y de la verosimilitud (muy repugnantes, convenido), equilibrando bien el elemento descriptivo y el narrativo, cuya medida ha solido perder en otras obras. El Teniers, el Rubens y el Rabelais de que hay rasgos en Zola, se unieron en el Asommoir.

Notemos que, en el Asommoir, Zola retrata al pueblo (y, para no generalizar, digamos al pueblo de los arrabales parisienses) de un modo imparcial, que se aproxima al estudio científico. Cuando, años después, extraviado por la política, quiera halagará la muchedumbre, escribirá la rapsodia de Trabajo... sentenciada a los limbos de las obras falsas y mediocres. La suma de verdad posible en novela, está en el Asommoir. Sin pretender que haya reproducido exactamente el caló o jerga de los obreros, cosa que se discutió mucho y no tiene gran importancia, las ideas, sentimientos y mentalidad de sus personajes sangran de puro reales y causan la impresión, ya cómica, ya dramática y a veces trágica, de lo que cabe en tal vivir. Lo cómico —sin ingenio, cómico amargo y pesimista— abunda más en el Asommoir que en ninguna otra novela de Zola. Son modelos acabados las escenas del lavadero, las bodas de Gervasia y Coupeau, el banquete en el taller de planchado, el entierro de la vieja. Lo cómico no es igual en todos los escritores, ni en todos los artistas plásticos. Hay caricaturas que provocan a risa indulgente, y otras que desuellan y queman el alma.

Nótese el influjo de esta obra en el destino de su autor. Clasificado, después del Asommoir, como reaccionario y enemigo del obrero (más adelante se le declarará enemigo del hogar y de la clase media por Pot Bouille), la enorme resonancia y venta insólita del libro fue unida a la impopularidad y la odiosidad furiosa.

Ningún otro autor sufrió tal desate de ignominia y escarnio. Rey de la basura; emperador de los gorrinos; autor que huele a bestia; literato pútrido; insultador de obreros; pocero del alcantarillado; esto y cosas peores le llamaron a gritos, y si es cierto que le hicieron el reclamo, fue a costa de un paseo semejante al que dio el César Aulo Vitelio hacia las Gemonías, entre oleadas de gente que le cubría de dicterios, y no de dicterios tan solo. Y el ultraje infunde sed de honor. Zola, en apariencia impávido, quedó sediento.

Al Asommoir sigue Una página de amor, obra sin crudezas, que parece iniciar el sistema de las concesiones, ofreciendo al público cuadros apacibles, en un ambiente honrado. En Una página de amor fue donde vio la luz el tan comentado árbol genealógico, que Pompeyo Gener trata de pueril. Ha sido para Zola esto de la pretensión científica, en el arte, el talón de Aquiles. La ciencia y el arte coinciden muchas veces, pero no hay medio de uncirlos al mismo yugo, porque la ciencia es, o debe ser, bovina, y el arte, aguileño.

Mientras el naturalismo de escuela, discutido, puesto en la picota, era un ruidoso y clamoroso acontecimiento —los años de 78 a 88— Zola publica sucesivamente Nana, Pot Bouille, Au bonheur des dames, Germinal y La alegría de vivir. Traduzco los títulos que puedo, pero algunos me parecen intraducibles. Nana es la novela de la cocotte parisiense, que realmente ejerció supremacía, como las héteras en Atenas, durante el segundo Imperio, cuando se modelaban copas de la forma del seno de Cora Pearl. Hay que reconocer que Zola no poetizó a su impura, al contrario: separándose de la tradición de las Margaritas Gautier y otras traviatas románticas y sensibles, prestó a Nana la vulgaridad, la ignorancia y la ordinariez habituales en sus congéneres. Representa Nana, en la serie de los Rougon Macquart, la herencia de vicio y lujuria, como el Claudio Lantier de La obra la transformación de la neurosis en genio, y Sergio Mouret en misticismo— pues la neurosis es, a decir verdad, un comodín.

En Pot Bouille, Zola, como si quisiese demostrar que no solo en la esfera en que revolotea Nana, la «mosca de oro», fermentan las infecciones, diseca la clase media, cobijada en una de esas casas de vecindad, de aspecto respetable, de portero digno y escalera decorada con lujo falso. Detrás de aquellas paredes, suceden tantas indecencias, o más, que en el taller de planchado de Gervasia. La inmundicia se acumula en proporción superior a la realidad, que no reúne tantos tipos de bajeza morad en un inmueble. Esta novela, sin ser en conjunto de lo mejor de Zola, tiene páginas de extraordinaria fuerza cómico-triste, como aquella en que madre e hijas vuelven de un sarao, a pie y perdiendo los zapatos en el lodo, y no encuentran en el aparador con qué calmar su hambre, mientras el padre vela, a la luz de un quinqué, haciendo fajas para periódicos, ganando así los guantes y las flores artificiales que han de lucir sus niñas. La vida cursi, el quiero y no puedo, las combinaciones de miseria y vanidad, son estudios magistrales, pero la obra peca, por el procedimiento tan característico en Zola, de condensar y hacer comprimidos de cuanto de vil, mezquino y miserable existe en un medio ambiente, eliminando lo que puede producir la sensación compleja de la vida. Olvidar que también existe lo bueno, y en especial lo indiferente, es grave error de perspectiva. En el Assommoir, había algunos obreros honrados, y hasta excelentes, como Gola de oro; la heroína era, en el fondo, una bondadosa mujer, y lo propio su marido, y lo serían siempre, a no mediar el alcohol; Pot Bouille, en puridad, no presenta un solo ejemplar humano que no merezca, ir a presidio, excepto aquel novelista, en que Zola se representa a sí propio.

Igual método de acumulación encontramos en La alegría de vivir. Todos son dolores, sufrimientos, patología, y aunque por desgracia esto suceda a veces, causa depresión. A partir de Pot Bouille, el público empieza a dar señales de fatiga, a girar en otras direcciones; su curiosidad, exige nuevos excitantes, de más poder; las ediciones no se agotan tan rápidamente. Ni el reporterismo, nota que domina en Au bonheur des dames, estimula ya los gastados paladares. La prolija descripción de esos grandes almacenes, que han puesto la tentación del lujo al alcance de las bolsas flacas; el desbordamiento de gasas, rasos y encajes, el ir y venir de vendedoras por las galerías del palacio de la Moda, parecieron, y lo son, algo muy lento y de una documentación sobrado visible. Entonces, Zola, alejándose del brillante y frívolo bazar, bajó a las entrañas de la tierra y publicó Germinal, su novela de mineros.

Es Germinal obra poderosísima, por momentos miguelangelesca, distante, sin embargo, del robusto equilibrio que se advierte en el Assommoir. Hay trozos soberbios en Germinal, y otros que más parecen obra de Víctor Hugo que de un pontífice naturalista. La crítica que hizo Valera de algún detalle de Germinal es justa, y por mucho que Zola haya, estudiado de cerca las costumbres de los mineros, sin duda en el coron no existía tanta suciedad moral y física, ni era fácil que ocurriese lo que ocurre entre Esteban y Catalina en el fondo de la galería inundada, después de tales horrores y abstinencias, y que el ilustre escritor califica de «Pafos y Amatunte en ayunas y en pocilga». El romanticismo, el temperamento poético (poeta de la miseria humana, pero poeta al fin) de Zola, brotan en Germinal como el fuego grisú de las fisuras de la cueva, y lucen que, si la mitad de Germinal es de verdadera y tremenda observación, la otra mitad sea de una fantasía épica, desatada. Con todo eso, parcialmente, es la obra de Zola donde sus facultades peculiares se desarrollan más impetuosas, se afirman con mayor potencia creatriz, en descripciones magníficas, en trozos de factura magistrales, como el del paso de la horda que pide pan. El asunto de la novela es un acierto, desde el punto de vista del interés: de los obreros, son los mineros los más desgraciados, o por mejor decir, son los únicos necesariamente desgraciados, por la índole de su trabajo mismo; y la marea de las reivindicaciones socialistas tiene que alzar más irritada espuma, y las huelgas presentar cuadros más lastimosos y terroríficos en el ambiente minero; los hechos reales lo han demostrado. Un tema de importancia mundial, tan actual, tan extenso, en que se pueden mover tan grandes masas y remover tanto instinto, fue, sin duda, hallazgo para el novelista. El primero lo tuvo con el Assommoir, el tercero con El desastre (La debâcle). Claro es que la obra no redunda en pacificación social; claro es que no contribuye a calmarlas pasiones ni los odios. De sus efectos hemos tenido aquí siniestro testimonio, si es cierto que el anarquista de la tragedia de Santa Águeda murió pronunciando ¡Germinal! Sin embargo, no es una novela de tesis; no es una novela a lo Eugenio Sue; no son Los miserables, de Víctor Hugo.

A Germinal sigue La obra. Es la novela de un pintor genial, de un degenerado superior, que no acierta a producir la obra maestra soñada; de quien el público hace befa en la Exposición, comentando con carcajadas mofadoras su envío, y que, desesperado de su impotencia, se ahorca. Hay en la lucha del pintor algo de simbólico; Zola asoma en aquellas páginas, defendiendo su propio litigio. Después aparece La Tierra, novela de costumbres labriegas, que merece párrafo aparte.

La Tierra señala el ocaso del naturalismo de escuela, reprobado y detestado en general, en sus principios y en las obras que produce, aunque se lean con avidez y se traduzcan a todos los idiomas.

La protesta, desde la publicación del Assommoir, se repite frecuentemente, muchas veces sin examen, otras fundada en censuras razonadas y serias. Los raudales de la sensibilidad, que volvían a manar, eran contrarios a Zola, a quien yo había oído exclamar, paseándose arriba y abajo por el grenier de Goncourt: «¡Cuánto misticismo en este fin de siglo!». Los autores rusos se habían hecho populares en París, y eu naturalismo, impregnado de ese orden de sentimientos que el cristianismo ha madurado en los pueblos y en las razas, era más sincero, completo y humano. La literatura rusa, en este período, es más que una influencia: es una conquista. La literatura inglesa había influido, sin duda, con Dickens y Thackeray, dados a conocer por Taine, con Emerson traducido, con el «naturalismo moral» de Jorge Elliot, y con las doctrinas de Darwin; la mentalidad alemana, con la difusión de las enseñanzas de Hégel, Shopenhauer y Strauss, con el culto de Goethe, de Schiller y de Enrique Heine, y con la irrupción batalladora del vagnerismo. Pero todas estas corrientes de pensamiento y de arte, en su mayoría contrarias al naturalismo de escuela, no precipitaron su fin como lo precipitó el descubrimiento del nuevo mundo de la novela rusa, con su pléyade de talentos y de genios: Gogol, Tolstoy, Turguenef, Dostoyevsky, Gontcharof. Eran naturalistas tan crudos en lo formal, como podía serlo Zola; eran, en política, más revolucionarios; sus cuadros no cedían en vigor a los del hierofante; solo que se diferenciaban de él en una cosa sencillísima: para los novelistas eslavos, Cristo había venido al mundo.

De esta fe, de esta convicción, ardiente y difusa, estaba impregnado el naturalismo de aquellos escritores, acaso nihilistas, pero empapados de una invencible piedad religiosa. De esta convicción se derivan páginas que conmueven, que infunden el sentimiento conocido por «religión del sufrimiento humano». Es el naturalismo del pintor español, que hizo vagar las blancas manos de Santa Isabel sobre la tiña y las costras de la cabeza de un mísero, y no infundió repugnancia. Porque no repugna lo material, sino la idea que despierta, y la caridad y el amor pueden sumergirse en el fango y tocar a la podre y salir limpios. Escribir como si Cristo no hubiese existido, ni su doctrina hubiese sido promulgada jamás, fue el error capital de la escuela, que procedía directamente del modo de ser de Zola, cuya escasa disposición para estudiar la psiquis de la fe y del misticismo se demostró sobradamente en la figura de Sergio Mouret y en la artificiosa construcción de El ensueño (Le rêve). Y el misticismo eslavo le derrotó, prolongando al mismo tiempo la era del naturalismo en la novela, pero naturalismo con ventanas y respiración, sin pseudo-ciencia y sin positivismo barato.

Ello fue que Zola, en 1887, dio a luz La Tierra. Sobre venir el libro en mal momento, pasaba de la raya, llegando a lo que no es fácil tolerar.

No serán los labriegos modelos de pulcritud, mas, si juzgo por los que conozco —y son de un país menos adelantado—, ni hablan ni proceden como quiere Zola. Sin duda les domina la codicia del terruño; sin duda practican, acaso forzadamente, una economía sórdida; pero es gente que, hasta por instinto de prudencia defensiva, no suelta atrocidades; la plebe urbana es más desvergonzada en esto. Y lo que colmó la medida fue la escatología, personificada en un aldeano que lleva un mote divino; todo lo cual tenía que causar náusea. Lo único que se vio, en la larga novela, fue una figura tan apestosa. Los que habíamos reclamado equidad para Zola, justicia para su talento, retrocedimos y echamos mano al pañuelo, rociado de colonia, o más bien de mentol. No cabía ya defensa. Y lo que nosotros callamos, lo gritaron los «cinco» del manifiesto célebre. Este documento se publicó en El Fígaro, y lo firmaron Pablo Bonnetain, Rosny, Luciano Descaves, Pablo Margueritte y Gustavo Guiches. La arremetida hervía en juvenil furor. Salía a relucir la falta de experimentación personal, la niñera del árbol genealógico, la ignorancia médica y científica del maestro, la obscenidad de propósito, el descenso a lo más hondo de la grosería y la suciedad. Y se alejaban del maestro «resueltamente, pero no sin tristeza», rehusando el título de naturalistas, para sí y para sus obras.

En vano se pudo objetar a esta protesta que Bonnetain hizo cosas incalificables, como el horrible Charlot s'ámuse, y que los «cinco» no eran discípulos de Zola, monaguillos de la iglesia de Medan. (Estos se llamaban Maupassant, Hennique, Huysmanns, Céard y Alexis). Aunque Zola dijese, al enterarse del manifiesto, «no conozco a esos muchachos», esos muchachos eran eco de muchas voces y reflejo de innumerables impresiones, y cualquiera que fuese el móvil que les impulsaba al acto agresivo, no cabe decir que navegasen contra la corriente. La idea del discípulo, como Zola la entendía, era material y casera. Discípulos de un artista son los que de él reciben impulso, y desde lejos y sin que les conociese, pudieron los del manifiesto haberle considerado maestro hasta entonces.

El ensueño, que sigue a La Tierra, dícese que obedeció, más que al deseo de darse un baño de luz, al de entrar en la Academia, cosa que Zola ansiaba mucho. Peor el tema de El ensueño no cuadraba con sus aptitudes. Mejor pudo desenvolverlas en la «novela de los caminos de hierro», inferior, sin embargo, a su modelo Crimen y castigo, de Dostoyevsky, y hasta con resabios de folletín.

Luego viene El desastre, última obra de Zola en que aún no se advierte marcada decadencia. Como en Germinal, en El desastre el asunto era de grandiosas proporciones y adecuado a la amplitud épica que ostenta Zola. Debe añadirse que no es fundada la acusación de mal patriota y antimilitarista que con motivo de este libro cayó sobre el autor. Se ve, al contrario, que sentía la indignación y el dolor de la derrota y la mutilación del territorio. Releyendo Las tardes de Medan, se nota que lo mismo les sucedía a sus discípulos oficiales, que se propusieron escribir cada cual un cuento «antipatriótico», y solo dieron la nota del patriotismo herido, de la sátira contra los culpables del desastre, pero no contra Francia. Y el cuento que correspondió a Zola, en esta coleccioncita, es francamente chauvin.

Cierto que en El desastre Zola nada omite, nada oculta. Los soldados, arrojando el fusil antes de haber disparado un tiro, o desertando para emborracharse mientras dura la batalla; el aldeano negándose a dar de comer a la hambrienta tropa, defensora de la patria común, y rechazando a los heridos, por miedo a «líos con los prusianos»; la servidumbre del Emperador, sin pensar más que en su comodidad, en beber y regalarse, y en desear la retirada hacia París, para disfrutar al fin «camas limpias»; los generales y los coroneles, indiferentes a las privaciones del ejército, con tal que a ellos no les falte buen alojamiento y abundante manutención; los cultivadores traficando en víveres para el invasor, mientras los franceses sucumben de miseria, y deseando ver fusilados a los franco-tiradores, que pudieran llamarse franco-malhechores; la dama liviana que pasa indiferente y jovial de los brazos de un oficial compatriota a los del enemigo, haciendo escarnio de esa exaltación del amor por el patriotismo, que inspira toda abnegación a la mujer; la otra hembra que lleva la economía doméstica al extremo de lamentarse porque la cogen un mantel para izar bandera blanca; el fabricante ricachón, que ante la derrota del ejército solo piensa en su fábrica, no se la vaya a demoler o a incendiar alguna bomba; el egoísmo, la pequeñez, el raquitismo de alguna parte de la nación, lo pone Zola de manifiesto fríamente, con serenidad de médico que refiere los síntomas de una enfermedad vergonzosa. Entre las observaciones más curiosas y certeras que sugiere la lectura de El desastre, incluyo la de la inmensa importancia que Zola atribuye al estómago de los asuntos bélicos.

Así como el que lee las relaciones de guerras y hazañas españolas encuentra inagotable motivo de asombro en nuestra espantosa sobriedad, el que recorre las páginas del libro de Zola se convence de que el francés es una máquina que no funciona sin aceite. Las mayores tribulaciones, penas y clamores del ejército, son por la bucólica. Si engullen, todo marcha a las mil maravillas; si ayunan, todo se lo lleva pateta. Semejante ejército demuestra plenamente la exactitud de nuestro viejo refrán: «Tripas llevan pies, que no pies tripas». Por lo mismo, la falta de víveres por imprevisiones de una Administración militar lamentable, explica desfallecimientos que a cobardía no pueden atribuirse.

Con igual precisión que los desfallecimientos, Zola narra los heroísmos, la defensa de Bazeilles, digna de todo lauro, las impaciencias de los cuerpos del ejército por encontrar al invisible enemigo y batirse al fin; y la idea que sugiere El desastre es que el ejército y la nación francesa fueron víctimas de una serie de fatalidades que se unieron en su daño. Se ve perfectamente en las páginas del libro la falta de plan, el abandono administrativo, la inepcia de los jefes, el desacierto en iniciar y dirigir la campaña. Errores estratégicos, deficiencias de organización incomprensibles, inutilizan el valor, por grande que sea. Y los errores podrán perder y hasta aniquilar a las naciones, pero no las deshonran, y acaso vale más proclamarlos para que no se repitan. Si comparo la opinión que refleja El desastre con otras de historiadores de aquel doloroso momento, no hallo tan severo a Zola.

Reconociendo los rasgos gloriosos y los sacrificios individuales, son escritores franceses los que afirman que Francia sufrió la invasión de un modo pasivo, fatalista, porque le faltaba fe. Traslado las palabras de Edmundo Lepelletier: «Es muy difícil conquistar a país que no acepte de antemano la conquista. Napoleón, con todo el genio y con sus invencibles gruñones, lo aprendió ante Zaragoza». No podemos considerar antimilitarista un libro que viene a demostrar que un ejército sucumbe, más aún que por falta de armamento y víveres, por falta de subordinación y disciplina; que la guerra es una necesidad, y la obediencia y respeto a los jefes y el entusiasmo patriótico primeros elementos de victoria.

En medio de fragmentos que impresionan, el libro es frío; a trechos no sabe disimular la documentación, fundirla armoniosamente y hacerla invisible al relato. El antiguo vigor se va, y queda la armazón de notas y apuntes, mostrando el esqueleto del árbol, ya quemado, de fuegos artificiales.

Varias debieron de ser las causas de la decadencia. Los escritos polémicos de Zola, de los cuales trataré al llegar a la crítica, contribuyeron a fijar la atención del público, hasta del más indiferente, en sus novelas; pero el programa era inaplicable, y su mismo autor no pudo atenerse a él, ni casi a los principios fundamentales naturalistas. La ciencia moderna especializa: Zola, al pretender abarcar el conjunto social, se vio obligado a vulgarizar ideas generales. La tendencia hacia el clasicismo, expresión del genio nacional de Francia, era, sin duda, sana y feliz; pero Zola procedía de la generación romántica, y al aspirar a la suma sencillez y la «lógica» hasta en el lenguaje, solo consiguió ir perdiendo sus brillantes condiciones de sinfonista y colorista, y condenarse a un estilo mate, sordo, lento y apagado; trocar las joyas de la de Magdala por una cueva y una estera parduzca. Al profesar el determinismo como consecuencia del método experimental, se confinó en una psicología mecánica, quitándole a la lira infinitas y vibrantes cuerdas. Los caracteres en Zola tienen algo de elemental y rudimentario; no profundizó los arcanos del pensar y del sentir; tomó el instinto, no por raíz honda, sino por ley constante, prestando a la mayoría de sus personajes una vida entre automática y —fuerza es estampar esta palabra, empleada por muy certeros críticos— bestial. A consecuencia de este procedimiento, Zola ha solido caracterizar a sus héroes con un gesto, un ademán, una particularidad externa, que graba en nuestra mente la significación que el autor quiere atribuirles: así, el viejo minero de Germinal, escupiendo negro; la Dionisia de Au Bonheur des dames, con sus bandós alisados; la frente «en forma de torre» de los Froments. Tiene el recurso algo pueril, y descubriríamos sus precedentes en el arte primitivo, en la Ilíada, con Juno la de los ojos de buey y Aquiles el de los pies veloces; encontraríamos analogías entre este recurso artístico y la costumbre popular de los motes y apodos; y, sin embargo, la insistencia de Zola en la pincelada llega a prestar vida a las figuras. Agradaríame comparar detenidamente a Homero y a Zola: tal vez no falte quien lo haya hecho, pues existen ciertas similitudes entre el aedo de Esmirna y el burgués de París; son ambos poetas épicos, y poseen, en grado sumo, el don de mover las colectividades, de recoger y transmitir con grandiosas resonancias el confuso rumor de las muchedumbres. En la obra de ambos oímos estrellarse y mugir el «Ponto estrepitoso» de la masa humana, arrastrada por el instinto ciego.

Por el camino de la psicología mecánica y de los signos externos que la descubren, fue Zola derivando a mil leguas de su punto de partida, lejos de la observación y de las intenciones experimentales —si es que las tuvo alguna vez en el terreno de la posibilidad—; fue a incidir en el simbolismo. No cabe nada más opuesto a la estética naturalista; y los novelistas que realmente la practicaron (Flaubert, Maupassant, Daudet), si percibieron y expresaron a veces relaciones misteriosas de los objetos entre sí, recónditas afinidades, las tradujeron con la misma sobriedad y recato con que cruzaban por su espíritu, batiendo apenas las alas y envueltas en mil velos sutiles. En Zola el simbolismo, según va decayendo su arte, se presenta claro como las figuras decorativas de los frescos. Los simbolistas de escuela embozaron a propósito la idea en la oscuridad del lenguaje: Zola, al contrario, se afana por comunicarse a todos; el símbolo en él fue democrático, ni breve ni sugestivo, ni gracioso, como los adorables mitos helénicos, sino porfiado, lento, traducido al lenguaje vulgar.

Nana es de las novelas más simbólicas de Zola; y a propósito de este simbolismo, de la consabida mosca de oro, nacida de la corrupción social, no quiero omitir con cuánta sorpresa me di cuenta de las singulares semejanzas que existen entre Nana y un libro español raro y curioso, cuya existencia Zola ni sospecharía: La lozana andaluza. Ambos estudios y narraciones de la vida de una famosa cortesana coinciden —amén de otras analogías que no caben aquí— en hacer de la cortesana signo del rebajamiento de una época y la perversión de una gran capital; en retratar a los altos personajes, obligados a dar ejemplo de dignidad, prosternándose a los pies de la meretriz; en pintar cómo ella los escarnece; y para mayor similitud, si Nana termina con el anuncio del castigo providencial de la invasión germánica, La lozana andaluza acaba con el del saco de Roma.

El simbolismo de Zola es más utilitario y docente que artístico; y, en efecto, ese escritor, a quien se ha llamado cerdo, fue un porfiado moralista, un satírico melancólico —pecando en esto también contra los mandamientos del naturalismo, que no se cuida de enseñar ni de corregir. Si supusiésemos el novelista experimental soñado por Zola, uno que experimenta sobre el alma humana como el químico o el fisiólogo en su laboratorio sobre la materia, lo primero que le atribuiremos es la indiferencia moral del sabio, el cual ciertamente no pretende desarraigar las viciosas inclinaciones de una sal de cobre, ni modificar la censurable conducta de un conejo de Indias. La pasión de moralista, tan dominante en Zola, es inconciliable con sus teorías estéticas. Comparadle, por ejemplo, a Maupassant —que si figuró algún tiempo entre los discípulos de Zola, va poco a poco, ante el juicio gradualmente sereno de la posteridad, hombreándose con su maestro—. Maupassant tiene el sentimiento hondo, tranquilo, de la fatalidad natural, y lo tiene como un griego, como un clásico; Maupassant no es únicamente los ojos que miran y saben ver y la mano que sabe transcribir; algo recóndito nos insinúa Maupassant, porque algo recóndito e inefable nos insinúan también las estatuas helenas y los bronces del Renacimiento... pero no consintiera Maupassant, por todo el oro del mundo, en deformar la realidad a fin de que las muchedumbres recuerden ciertas verdades o reciban ciertas enseñanzas provechosas.

Las de Zola son trilladas. ¿Qué nos predica Nana con su simbolismo de la mosca de oro? Que la sensualidad enflaquece y degrada, no solo al individuo, sino a los pueblos. ¿Y El desastre? Que los ejércitos solo vencen cuando están bien organizados y cuando se mantiene en ellos la fe en sus jefes y el espíritu de disciplina. ¿Y el Assommoir? Que los obreros se pierden si no trabajan y que el alcoholismo hace estragos en las clases laboriosas. ¿Y La ralea? Que el agio y los chanchullos desprestigian a un régimen y preparan su caída. Son temas de prensa, de conferencia dominical, al alcance de cualquiera; pero Zola los trató del modo intensivo, pintoresco, aumentativo y sugestivo que le pertenecía; los desarrolló con energía brutal; acumuló cuantos rasgos y pinceladas, episodios y pormenores podían concurrir al fin propuesto; apartó sistemáticamente la parte de realidad que no se relacionaba con el tema, y llegó, merced a facultades singularísimas, a una verdadera originalidad, hasta donde nadie ignora; pero llegó, no sujetándose a sus propias teorías, sino prescindiendo de ellas.

No es que Zola no procurase documentarse: al contrario. Hay exceso de documentación en Zola; y andan, sembradas por las páginas del libro, otras hojas secas del árbol de la vida, que no son como la hoja verde nutrida por la savia del tronco. Los expertos en el vivir, los Cervantes, los Tolstoy, cuando narran, hácenlo sin que les estorbe la documentación reflexiva, cuyo indigesto peso, cuya inasimilación, se advierte en Zola. Los momentos realmente felices de Zola son aquellos en que, dominando al documento, hierve su imaginación.

Mientras Zola, teórico, reniega de la imaginación, la proscribe como a un duende maligno, pide verdad y solo verdad, Zola, artista, vive de la imaginación —de la suya, entendámonos—, que no identificaré (a pesar de los envenenamientos y las fúnebres nupcias de Roma, el suicidio floreal de Albina, las truculencias de la Bestia humana y otros recursos tales) con la imaginación de un Eugenio Sue o un Alejandro Dumas—. Si en todo novelista, por más idealista que sea, hay buena parte de realidad, y por realista que se profese, buena parte de imaginación —en Zola quizás predomina este último elemento—. La imaginación del artista, en efecto, no es sino su modo peculiar de representarse las imágenes y de proyectarlas al exterior, transformadas con arreglo a ese modo peculiar. Nadie dudará que en Zola revista caracteres marcadísimos e inconfundibles la transformación, y se afirme a cada momento una visión propia, aun cuando para confirmar nuestro aserto no recordemos, ni siquiera en el idioma que desafía al pudor, la célebre frase latina en la cual Zola encierra su concepto del mundo.

Del espectáculo de las fuerzas naturales y las instituciones sociales; de los mil aspectos de la realidad, Zola, como todo artista, siente especialmente algunos, que impresionan su imaginación. La imaginación en Zola carece de magia y de encanto: es una cámara negra, es un espejo de metal trágicamente iluminado por relámpagos de pesimismo. No el pesimismo alto y desdeñoso de un Leopardi, sino otro pesimismo clínico, en su tenaz insistencia al mostrarnos el dolor de la carne, la miseria material del hombre. La imaginación de Zola, en cierto respecto (y por más que se refugie en el sensualismo), está muy impregnada de algunos dogmas del ascetismo cristiano. En este sentido, no pudo escamotear lo religioso, como probablemente creyó hacerlo. Su hombre es el de la naturaleza pervertida y viciada por el pecado original; su humanidad, una humanidad doliente, enferma, siempre aguijoneada por la concupiscencia y los apetitos corporales. Difícilmente concibo cómo pudiera Zola, que en sus últimas novelas manifiesta tanta fe en la redención y glorificación futura de la grey humana, y canta himnos a la vida, conciliar este optimismo con la noción del instinto del mal, sombrío y profundo, invencible, que late en otras obras suyas (por ejemplo, La Bestia humana).

Con todas sus negruras, la imaginación de Zola es su facultad maestra, el fondo temperamental por donde un escritor se diferencia y se afirma. Busco en Zola otra cualidad equivalente y no la encuentro. En sensibilidad, en equilibrio, en penetración, en observación, en composición, en estilo, en habla, ¡le son superiores tantos artistas contemporáneos suyos! No citaré sino a Daudet —que fue muchísimo más fiel que Zola en la transcripción de la realidad y pesó con balanza más justa la proporción de males y de bienes que nos rodean—, y se comprenderá, pensando en el autor del Nabab, que en cuanto a imaginación, con ser la de Daudet risueña, serena, fértil, florida, no puede compararse a la de Zola, cuyo vigor tuvo, en momentos dados, algo de hercúleo.

Situad a cualquiera que no sea Zola ante un mercado, una taberna, una mina, un almacén de novedades, un huerto abandonado, una casa de vecindad, y no verá allí más que lo inanimado, lo insignificante, la prosa llana, la ganancia, la pérdida, la conveniencia de arrancar las ortigas o lo abundante del marisco. A lo sumo, un artista verá colores, formas, líneas, efectos de luz, fondo para escenas. Zola verá vivir con extraña vida, con vida imaginaria, con vuelo y resuello de dragón o de grifo, con serpenteos de melusina, al mercado, al almacén, al huerto, y les prestará una personalidad simbólica, que ya, para nosotros, han de conservar siempre. He aquí la obra de la creadora fantasía, la obra propia de Zola. Como Homero daba voz y pasiones a los ríos, Zola presta amor al huerto abandonado, misterio maléfico a la mina, fatalidad atrayente a la taberna...

He notado, en Zola, las contradicciones entre el teórico y el artista; no debo omitir que, aun al tratar de aplicar sus teorías, cayó en errores análogos a los que pudieran reprocharse a cualquier autor que no predicase la ciencia experimental, ni el documento exacto. En sus polémicas con Sarcey, este sacó a relucir anacronismos de Zola, tan graciosos como hacer ver a Elena, la heroína de Una página de amor, desde lo alto del Trocadero, el año de 1853, la mole de la Ópera, edificio que por entonces no existía, y desatinos tan divertidos como el que otra heroína pesque quisquillas rosa, cuando las quisquillas no son color de rosa sino en aquellos mares donde la langosta viste cardenalicia púrpura... Y, emitiendo un juicio que la posteridad ha confirmado, añade Sarcey: «A Zola no se le cae de la boca la verdad, y vuelta con la verdad, pero es sencillamente un imaginativo, que toma por verdad las alucinaciones de su cerebro siempre activo y fecundo...». De ese cerebro, de esa imaginación que trabaja sobre datos de la realidad, aunque los aumente, apiñe, altere y desfigure, han salido chispazos de prodigiosas creaciones, entre escorias y cieno candente, como en los volcanes. Y los chispazos pertenecen a la época que queda reseñada aquí; ya veremos, a su tiempo, el enfriamiento y extinción del volcán, y el fin de la carrera, fin que contrasta de extraño modo con sus comienzos, aun cuando de ellos se derive, en la unidad lógica y secreta que existe, analizando bien, en el conjunto de toda vida humana.

V

La novela. El naturalismo mitigado: Alfonso Daudet. Carácter regional. El moralista. El artista. Daudet y la Academia. El cenáculo romántico y las tertulias naturalistas. Los eslavos. Alcance de Daudet. Su obra maestra

Decíame en cierta ocasión Edmundo de Goncourt, al correr de una cháchara acerca de sus rivales en la novela: «No sé cómo creen que Zola pinta la realidad. No conoce la sociedad, no conoce la vida, y mal la puede describir. Ha vivido siempre dentro de un baúl. El mejor documentado de todos, es Daudet».

No negaré que pudo influir en esta opinión del maestro el cariño al gentil ménage, como solía llamar a Daudet y su esposa; no obstante, hay mucho de exacto en su parecer. Daudet era un novelista más documentado, y por mejor procedimiento, que Zola.

Cuando conocí a Daudet, también en el desván de Goncourt, ocho o nueve años antes del de su muerte, estaba ya tan decaído, que justificaba la frase sangrienta y repulsiva en que le compararon a «una rata muerta en el cesto de un trapero». Con todo, destrozado por la morfina, y por sufrimientos que la morfina y el cloral atenuaban, con la cara gris y sumida, la melena ya tocada de plomo —a poco que se animase charlando, volvía a parecer el «guapo rey sarraceno», el brillante meridional, no solo en lo físico, sino en la chispeadora conversación. El aire de Edmundo de Goncourt era más aristocrático, su hablar más escogido, pero Daudet poseía ese encanto capcioso de las imaginaciones que todo lo enflorecen. Por estas cualidades, que son las mismas de sus libros, Daudet reconcilió con el naturalismo a buena parte del público; y, no obstante, nadie podrá decir que falsificase la vida; al hermosearla. Se contentó con transigir un poco, velar crudezas o mostrarlas al través del arte; elegir con tino, entre el haz de sus notas y apuntes. La amargura que cupiese en Daudet, había que buscarla en el fondo de la copa. En la superficie, las, doradas burbujas del champagne.

Alfonso Daudet nació en Nimes el año 40. Adolescente aún se trasladó a París, donde se hallaba ya su hermano Ernesto, también novelista, pero asaz mediocre. Alfonso llegó a la gran capital muerto de frío, en vagón de tercera, con una moneda de plata por todo capital. «Nadie empezó su carrera más menesteroso...» –leemos en Treinta años de París...–. Lanzó el inevitable tomo de poesías, estreno, juvenil, tan en armonía con la condición del que dijo de sí mismo: «Llevo en el corazón un pajarito azul, y por pitanza exige sangre». Sin que desde el primer momento alcanzase lo que se llama celebridad, tuvo éxito; sus versos agradaron. Si obtuvo Daudet en la prensa y la escena triunfos lisonjeros, del 60 al 66 comenzó la fama extensa, con la publicación de las Cartas de mi molino. Desde entonces puede decirse que creció siempre la popularidad del simpático nombre, y cada libro le hizo ascender un escalón, aunque no todos sean de valor igual, y el mejor, en mi concepto, Tartarín de Tarascón, lleve la fecha de 1872 y sea la primer sonrisa humorística de las letras francesas después de la catástrofe nacional.

De sus novelas, la crítica superficial ha solido preferir La razón social Fromont y Risler. En mi opinión es de lo más flojo, y, a no ser por el fondo real que trasluce, dijéramos que hay algo de Feuillet, y sin la elegancia de Feuillet, en esa novela, que el mismo autor declara romancesca y convencional, aunque hayan existido los personajes.

Aparte del gran acierto del primer Tartarín, siempre sobresale Daudet en el estudio del carácter meridional. También domina las escenas de la vida política y mundana, habiéndose penetrado de ese ambiente antes de la caída del Imperio, cuando fue secretario del duque de Morny, y pudo codearse con la gente que pone en escena. Así, las novelas superiores de Daudet, aquellas en que hay sal fina de sátira envuelta en la gracia de la forma, son, sin duda, Nabab, Numa Roumestán, Los Reyes en el destierro, la recia diatriba de El Inmortal y el hondo estudio de Safo. Si añadimos algunos cuentos de primera línea, tendremos lo selecto de la producción de Daudet.

El caso de Daudet con sus paisanos los meridionales, demuestra que los pueblos, lo mismo que los Reyes, buscan que se les adule, halague y mienta. No pueden sufrir los pueblos la verdad, aun embellecida por el hechizo del arte. La pintura del Mediodía que hizo Daudet, no tiene gran dosis de hiel satírica. Ni pudiera, ya que en ella se trasluce a cada paso el invencible enamoramiento, la nostalgia, de aquella comarca inundada de Sol y perfumada de tomillo y adelfa, abrasada por la caricia ardiente del mistral, donde la mentira no es mentira, sino espejismo, gasconada y poesía hiperbólica. Alfonso Daudet fue provinciano de su provincia, hombre de su raza, meridional hasta la medula; lo fue con fervor, no gustándole otro campo sino el de su tierra, tostado, reseco y rojo, y confesando la singular melancolía que le causaba el verde paisaje del Norte. Se ha dicho, y con razón, de Alfonso Daudet, que en sus obras existe mucha emoción personal, y que el precepto de la impersonalidad, impuesto por la escuela, no lo siguió al pie de la letra nunca, pues su sentir palpita en sus novelas y las impregna del todo. Y su sentir, es el amor al país natal, la continuación de Provenza sobre su sensibilidad artística.

Un día, en el desván, irguiéndose en el sillón donde antes yacía desplomado, Daudet nos hizo fijarnos en lo irónico del hecho.

«Ha habido —dijo— un instante en que si caigo en Tarascón, no sé qué sería de mí. Maldita la gana que tengo de aparecer por allí nunca. Hasta prohibieron que mis libros se vendiesen en la estación. Hablaban de arrastrarme por las calles, con una soga atada a los pies. Hay que tener en cuenta, sin embargo, la óptica meridional. La soga sería bramantillo, y todo pararía en ¡ah! ¡ah!, fén de brut. Sin embargo, varios tarasconeses se han venido a París a retarme. ¿Dónde anda ese señor Daudet? A ver, que se presente... Fue preciso distraerles con diversiones, para que no se precipitasen en mi casa y me escabechasen...».

El que los tarasconeses querían linchar, era el poeta de su región, prendado del carácter de un paisaje, de la originalidad pintoresca de tipos y costumbres, de ese espíritu de una comarca, que la diferencia de las otras. Revelar la belleza propia de las regiones ha correspondido, en la segunda mitad del siglo XIX, a la novela, no a la poesía, y si tuviésemos que elegir, como significación del alma de Provenza, entre Mistral y Daudet, yo antepondría al último, a gran distancia.

Es uno de los rasgos de la figura literaria de Daudet esta incesante presencia de la región natal; y, sin encerrarse (como un tiempo dije de Pereda) en su huerto (pues nadie retrató mejor que Daudet los aspectos del mundo cosmopolita), lo cultivó asiduamente. Ni Zola, ni el propio Flaubert, que tan admirable disección de la vida provinciana hizo en *Madame Bovary*, tuvieron el sentimiento regional que en Daudet rebosa. Balzac, con sus cualidades de vidente, reveló de un modo admirable varias regiones de Francia; pero en Daudet hay otra cosa: la intimidad de la tierra con el artista, la sugestión de una comarca, que no puede ser sino aquella donde los ojos bebieron la primer luz y los pulmones respiraron el primer soplo de aire. Y yo diría que esta identificación del escritor con un país, es un elemento de fuerza y sinceridad, es algo más humano que el arte de los que no tienen solar ni terruño.

He calificado de mitigado el naturalismo de Daudet, porque elimina lo soez, lo grosero, lo crudo, aunque no lo fuerte, ni lo escabroso. No es nunca brutal Daudet en la forma, sin que retroceda ante las verdades necesarias y los detalles de prosa más vil (recuérdese el modo de destruir los papeles que pueden comprometer, a la muerte del Duque de Mora, en El Nabab). No falta quien afirme que Daudet anduvo sumamente hábil al unir su causa y su nombre a la escuela naturalista, cuando esta se encontraba en su mayor apogeo, acertando al mismo tiempo a no escandalizar, y recogiendo las flores de la popularidad, mientras Zola recibía los pellones de cieno y los Goncourt se sentían cercados del hielo de la indiferencia. No supongo tanta astucia en Daudet. Cualesquiera que sean los dogmas de una escuela literaria, está por cima de ellos la individualidad, lo que la misma escuela llamó, sin completa exactitud, «el temperamento». Nadie cumplió mejor que Alfonso Daudet el precepto escolástico-naturalista de la rebusca del documento humano; pero al servirse de ese documento, lo adaptaba a su fantasía, tan distinta de la de Emilio Zola. Al imaginar sobre la base del documento, Daudet envolvía en mieles de abeja poética el acíbar de las realidades crueles y horribles, y además, no rechazaba, sistemático, la parte de documentación en que la naturaleza humana aparece ennoblecida, porque esto también es real, y todos lo sabemos, no ya solo por lo que en los demás hayamos observado, sino por aquella otra observación irrefragable que realizamos sobre nosotros mismos. La antipática acumulación de hechos análogos y degradantes que se nota en La Tierra o en Pot Bouille, no cabe en el procedimiento de Daudet, más vario, más matizado, más aireado, por decirlo así. Y lo que le agradeció la muchedumbre de lectores, fue esa especie de indulgencia hacia la pobre humanidad; esa equidad, no envuelta en gasas de mentira, apoyada en un sinnúmero de notas vividas, d'aprés nature, como él se complacía en repetir, y que presentaba al hombre tal cual es, unas veces sublime, otras abyecto, casi siempre mediano, movido y solicitado, no solo por los estímulos materiales, sino por infinitos que se derivan de su vida moral, de su vida social, de afectos, ideales e ilusiones. Y es el caso que el mundo financiero que aparece en El Nabab no es un punto más honrado que el de La ralea; pero el arte del novelista consiste en patentizar las codicias, las miserias, las concupiscencias, los fermentos de corrupción, la decadencia histórica, en suma, sin recargar, no obstante, el ya sombrío cuadro.

Hay que distinguir, en Daudet, al satírico del novelista. A la corriente satírica pertenecen los tres Tartarines, El Inmortal, bastantes páginas de El Nabab y de Numa Rumestán; a la novela propiamente dicha (además de las confesiones, autobiográficas de Poquita cosa y la triste biografía de Jack), La razón social, Fromont y Risler, Los Reyes en el destierro, La Evangelista, Safo. Sin embargo, conviene añadir que en toda novela de Daudet asoma el satírico, y a veces el moralista.

La sátira y la moraleja de Daudet, pueden dividirse en regionales, sociales y políticas. Tartarín de Tarascón, lo sabemos, ni con la política ni con la sociedad se relaciona: estudia una región, y dentro de esa región, una localidad. En Numa Rumestán, al contrario, son las costumbres políticas lo satirizado, pero sin indignación: hasta se trasluce la benevolencia involuntaria hacia Numa, que personifica la falta de seriedad, lealtad y veracidad del meridional, y aprovecha un alta situación política para satisfacer pasiones caprichosas, mientras prodiga verbalismos y promete lo que está cansado de saber que no ha de cumplir. En El Nabab, la sátira es social, y muy cruel para el segundo Imperio.

He leído en recientes trabajos sobre Daudet que este no acertaba a diseñar caracteres. Hay caracteres individuales y caracteres genéricos, y me explicaré por medio de ejemplos. Tartufo, Harpagón, son caracteres generales; son el hipócrita, el avaro; sus rasgos convienen a muchos. Y, en cambio, Ricardo III es un carácter individual; hay en él señales que no vemos ni en otros monarcas, ni en otros ambiciosos, ni en otros hombres de su época.

Daudet dibujó ambas categorías de caracteres; y lo tenía a orgullo, y declaraba lo profundo de su emoción cuando oía decir: «Ese es un Tartarín... un Monpavon... un Delobelle...». Sin que Tartarín de Tarascón pueda hombrearse con su modelo, Don *Quijote* de la Mancha, reconozcámosle por bello ejemplar de la humana ilusión, personaje de heroi-comedia, vivo, efectivo, dotado de esa atracción que lo verdadero ejerce. Por las confesiones de Daudet, sabemos que existió Tartarín o Barbarín, como las indagaciones parecen demostrar que existió Alonso Quijada. Pero ¡cuántas cosas existieron, a que solo el arte prestó vida!

Sin el amazacotamiento de Zola, sin esa monotonía de la repetición de un rasgo descriptivo, como el del carbón que escupe el minero de Germinal, o la cojera de Gervasia, Daudet sabe sorprender las particularidades, el gesto y el movimiento, las frases y las ideas que diferencian a los individuos. Y esta manera es peculiar suya, y mana simpatía, por ahincada y minuciosa que sea la observación. El feroz egoísmo de Delobelle, las ligerezas de Numa, la fría dureza de la Evangelista, la criminal osadía del envenenador Jenkins, la depravación inconsciente de Cristián de Iliria, no nos producen ese asco penoso, esa especie de vergüenza de existir y de pertenecer a la raza humana, que causan, por ejemplo, Lantier en La Taberna, o algunos personajes de La Tierra. Hay que llamar a Daudet el reconciliador.

Otra excelencia que no podemos negar a Daudet, y que faltó, sin duda, a sus gloriosos émulos, es el arte de componer. Sus novelas tienen una estructura artística, y además, sin pagar tributo al folletín, inspiran interés, porque no se encierran en aspectos triviales de la vida. Este equilibrio de elementos descubre la riqueza de la organización del artista, y lo armónico de sus facultades. Y no se opone lo que acabo de escribir respecto al arte de la composición de Daudet, a otra afirmación también exacta: la de que las novelas de Daudet son realmente una serie de cuadritos que, sueltos, viven con vida independiente. «No puedo inventar», decía él. Y, en efecto, en todas sus novelas hay algo que es un recuerdo, un episodio vivido. Una de ellas, Poquita cosa, escrita en Provenza al correr de la pluma, figura como «eco de juventud», evocación de las gratas y tristes memorias de la primera edad. También el tamborilero de Numa Rumestán existió... ¡pero qué distinto! Y existió y brilló y fue protector y patrono de Daudet el duque de Mora; y no menos real fue Jansoulet, el nabab, y cien personajes más de las novelas, de fisonomía inconfundible. Recuerdo personal es asimismo el bueno de Tartarín, con el cual Daudet confiesa haber ido a Argelia, en las graciosas excusas que da a los tarasconeses. Él mismo se declara Tartarín y reconoce que soñó matar leones y otras fantasías heroicas. No inventado tampoco, es el héroe de Jack, el pobre niño asesinado por la locura de su madre, y verdad los ratés o fracasados literarios, de quienes hace tan donoso estudio. Inútil parece añadir que el mundo político, elegante y financiero que estudia en El Nabab y en Los Reyes en el destierro, es el que frecuentó, y el puesto que ocupaba al lado del duque de Morny, a la vez importante y secundario, le permitió conocer muchas cosas que la multitud, y hasta los curiosos del periodismo, ignoran siempre. La sátira de El Inmortal, responde también a impresiones propias: Daudet detestaba a la Academia (y no porque hubiese rehusado admitirle en su seno, pues dado el carácter de la obra de Daudet, es seguro que no encontraría obstáculos, como Zola, para llegar al sillón). Abominaba de ella, igual que Goncourt, por parecerle que era el sarcófago donde se momificaba el idioma. «Siento el idioma», decía Daudet «estremecido de vida, tempestuoso, con resaca y marejada, o como hermoso río que pasa raudaloso y caudaloso. El río recoge muchas escorias, porque se lo echan todo, pero déjenle correr, que él se purificará». Esta antipatía a[6] la decrépita institución, le inspiró la sátira terrible, rebosante de realidad, fundada en hechos que se susurraban, aunque nunca parezca fácil comprobarlos (ni haya para qué, como suele suceder en este género de cuestiones). Opinan los críticos que El Inmortal fue la última obra notable de Daudet. Su salud, tan quebrantada —«¡ah, me está bien empleado!» suspiraba, refiriéndose a lo mucho que había abusado de su sistema nervioso—, decaía a cada instante, y su fuerza creadora disminuía a proporción. Acometíale un extraño desorden, un fenómeno que él llamaba diplopia: tenía, sobre todos los asuntos y temas artísticos, dos o tres ideas, entre las cuales permanecía indeciso, sin acertar a elegir —lo cual dificultaba enormemente su trabajo.

Fueron tres lustros de sufrimiento lo que soportó Daudet, y no es mucho que de ello se resintiesen sus últimas producciones. Cuando, en la paz de la muerte, recobró lo que France llama su «belleza bucólica», por haber desaparecido del rostro las huellas de las torturas, hacía nueve o diez años —era en 1897— que el naturalismo de escuela declinaba; pero Daudet no había modificado sus procedimientos en lo más mínimo, y el favor del público, no tan ruidoso como el dispensado a Zola, pero intenso y constante, persistía. Su vida de escritor y de artista ostentaba, la más bella unidad, describiendo

---

6 [«a a la» en el original. (N. del E.)]

igual armoniosa curva que su arte; la evolución del jefe de la escuela, convertido de la noche a la mañana en apóstol humanitario, no le había tentado nunca al meridional «de imaginación de trovero», que así se calificaba él mismo; y como escribió el primer día, hollando la menta de las colinas tostadas por el Sol, siguió escribiendo en el ambiente parisiense, que poco influyó en su sensibilidad nativa, aunque le había enseñado tantas y tantas cosas, e inspirádole tanta sátira jamás acerba (excepto cuando pinta a los académicos confitados en pedantería y representados por aquel ineptissimus vir Astier Réhu, del cual conocemos por acá algunos congéneres).

Hay que observar esta particularidad moral de Daudet: no es un escritor en guerra con la sociedad: no tiene que vengar agravios; aparte de su enfermedad pecosa, ha sido un hombre feliz. Si satiriza a la Academia no es por rencor; si su lápiz maestro dibuja al agua fuerte las interioridades políticas, no es que la política le haya costado decepciones; si insiste en pintar hogares deshechos, costumbres livianas, no es que en su casa no haya reinado la paz, y aun más que la paz, el amor. Hasta, si hemos de creerle, la mujer de Daudet colaboró en sus obras, y él la califica de artista, y afirma que fueron las manos de la esposa lo que espolvoreó de oro y de azul su trabajo. Habiendo conocido en casa de Goncourt a la señora de Daudet, debo decir que me pareció una mujer culta, excelente, amable, pero no tan artista, seamos sinceros. Yo la hubiese tomado por una de tantas burguesitas francesas, afinadas y con opinión sobre la última comedia que se ha estrenado y el último libro que se publica. Las obras de la señora de Daudet que he leído son agradables e impersonales. Pero sin duda hay un modo de colaborar con un escritor, que no siempre ejercitan las personas allegadas, y que tiene su mérito, su poesía y su grandeza; y es el hacerles la vida dulce, desviando los obstáculos materiales y mulléndoles la cama. Este género de colaboración entre Daudet y su esposa es innegable.

Los escritores naturalistas, como los del romanticismo, tuvieron sus tertulias, que se diferencian de los dos cenáculos románticos, el de Víctor Hugo y el de Sainte Beuve, en que, lejos de ser como aquel, una vega abierta, donde entraba todo afiliado y todo admirador, rutilante la melena y en motinesca actitud, eran un círculo algo cerrado, compuesto en su mayor parte de escogidos, de eminencias, la nata de la intelectualidad francesa, y aun de la extranjería. No así la fanática corte de Víctor Hugo, que vi con mis ojos, y se reducía a una hilera de devotos arrodillados ante un altar. Al contrario; en estas tertulias, que primero se reunieron en casa de Flaubert, y, muerto Flaubert, en casa de Goncourt, se discutía acaloradamente, se disertaba a perte de vue, se comentaba todo; no había exclusivismos admirativos, y nadie era ni vidente, ni profeta, ni semidiós.

Daudet fue siempre asiduo concurrente, no solo a estas tertulias, sino a salones literarios, y los describió a veces con deliciosa pluma, dejando un retrato de aquella madama Ancelot, arrugadita y vestida de blanco, infantilmente, envejeciendo cien años seguidos todos los días, sin abandonar nunca su disfraz juvenil, como las hadas. En esta clase de salones pudo estudiar de cerca los tipos de su ratés o fracasados, las acrimonias, los despechos, la hiel que se estanca en el hígado de los que no llegaron a realizar un sueño o una ambición de gloria, y causa las ictericias de la envidia; pero las tertulias de Flaubert y Goncourt, apenas conocieron el triste tipo del literato frustrado. Los hombres que en ellas se destacan son ilustres, son casi los mismos que estudio aquí. Si algunos no llegaron a gran notoriedad, todos ocupan un lugar distinguido en la historia literaria. Y en esta intimidad entran también los extranjeros, como Ivan Turguenef, del cual y de sus compañeros, los novelistas rusos, pudieren decir los naturalistas de escuela: «Yo disminuiré y ellos crecerán».

Con aquel gigantazo eslavo, de barbas fluviales, del cual Daudet habla larga y cariñosamente —¡eironeia!—, vino la caída de la escuela de Médan. Tiene algo de simbólico el incidente que el mismo Daudet relata, al hablar de la publicación de unas páginas de Turguenef, en las cuales, el extranjero que se había sentado a su mesa, que había acariciado a sus niños, que le había cubierto de elogios, vaciaba el corazón y se desahogaba, declarando que Daudet, como escritor, era el último de los últimos, y como hombre, valía bien poco. El desengaño no impulsa a Daudet a salir de su tono de delicada ironía, y es justamente la palabra «ironía», en griego, la que le sirve para comentar la traición del ruso—, traición bien frecuente, por cierto, en las letras...

Daudet no tenía que temer tanto la crisis fatal del naturalismo, habiendo sabido, como dice acertadamente René Doumic, que hay cosas que no se pueden describir y palabras que no cabe usar. La opinión de Doumic respecto a Daudet me parece muy exacta, y al transcribirla me adhiero a ella. La obra de Daudet, en opinión del eminente crítico, es la de un nervioso; inspirada, más que por vigoroso pensamiento, por exquisita y activa sensibilidad. Es fina, elegante, seductora, ornada de mil gentiles y lindos arabescos... y parece frágil el conjunto, como una soñada Alhambra. Falta al novelista un grado sumo de energía viril, de potencia creadora; falta la alucinación poderosa de un Balzac, y yo añadiría que tampoco posee el lento arranque bovino de Zola, que a veces ha abierto tan hondo surco. Hay en Daudet un equilibrio y una compensación de cualidades medianas, que reunidas forman gratísimo conjunto: es amable sin ser dulzón; es satírico, sin ser amargo ni seco; es gráfico, sin ser pesado ni insistente; no conoce la pedantería; no alardea de científico; es poeta a ratos, es otros humorista, y no insiste en el detalle crudo, pero no lo evita cuando es necesario, limitándose a presentarlo con suma habilidad. No puede negársele su intención de moralista, ni su pintura amplia, varia y fiel de la sociedad que le rodea. Sin erigirse en salvador de los proletarios, ni escribir Los miserables ni Trabajo, pinta con la mayor simpatía a las clases modestas y humildes, y nos comunica su ternura hacia los tristes y los desheredados, bañando en luz y en poesía, sin daño de la verdad, la bohardilla de la obrerita Deseada Delobelle. Y, sin embargo, de todos estos méritos y de tantos deliciosos sabores como pueden hallarse en él, Daudet no llega por completo a la cima. Como artista, tenemos que anteponer a Flaubert, desde luego, y a los Goncourt; como creador, a Balzac; como fuerte, a Guido de Maupassant, y como originalidad, no incompatible con sus grandes defectos, a Emilio Zola.

Hay, sin embargo, una obra de Daudet que entre todas se distingue y que, sea acierto «de trovero» según él decía, o extraña adaptación del asunto al talento, a feliz imitación de una obra maestra única—, bastaría para ganarle la inmortalidad. Ya se adivina que me refiero a Tartarín. Daudet dividía los libros que puede producir un escritor en libros naturales, de inspiración espontánea; y libros intencionales. Hay que añadir que no siempre los libros intencionales son necesariamente inferiores; sirva de ejemplo, en la misma producción de Daudet, El Inmortal, libro intencional si los hubo, como lo son, en general, todas las obras satíricas. Pero cuando un libro natural es además el libro natural de una comarca y hasta de una raza, y encierra su vena cómica propia, ese libro tiene muchas probabilidades de ser obra maestra. Así ocurrió con la gesta del héroe tarasconés, cuyas divertidísimas aventuras, manías, gestos y frases han hecho de él un ser viviente, uno de esos hijos del arte, que producen impresión de realidad significativa y profunda.

En opinión de Anatole France, Tartarín es el *Quijote* francés; ha llegado a adquirir la importancia de una leyenda nacional. Yo solo diré dos cosas: la primera, que si no existiese la obra de Cervantes, no hubiese existido la epopeya de Tartarín, cuya primera idea sin duda del *Quijote* procede; la segunda, que, si Francia puede tener un *Quijote*, tiene que asemejarse más a Tartarín que al Ingenioso hidalgo.

Nótese que la epopeya de la gasconada ha tentado siempre y sigue tentando a nuestros vecinos. Don *Quijote* nada tiene de gascón ni de fanfarrón; es Castilla con su enjuta melancolía, su recato en el heroísmo, su severidad y su instinto ascético. Habría un curioso paralelo que establecer entre el capitán Fracasa, el caballero Cyrano, Tartarín, Chanteclair y don *Quijote*. De todos los tipos en que las letras francesas han querido encarnar ciertas corrientes de la nacionalidad, sin duda el más humano y el más francamente cómico es el héroe de Tarascón.

Sería bien nimio, por no decir bien sandio, querer regatear el valor a los franceses, ni ensalzar el nuestro a costa del suyo. Francia tiene en su historia páginas gloriosas, espesas como follaje de laurel. Y Tartarín, el de las baladronadas, no es un cobarde ni mucho menos. Por ciertos aspectos y en momentos determinados, de héroe se le puede calificar, y no en chanza. Pero Tartarín, a fuer de francés que ha sabido apreciar las comodidades y encantos de la vida, que ignora el estoicismo, que conoce el hechizo de una taza de chocolate perfumada, servida a la hora del despertar, en el huelgo de una grata vivienda, está muy a bien con la vida, y malditas las ganas que de perderla tiene. Como hemos observado a propósito de La debâcle, el francés estima la olla, estima más que el español el cuerpo y su regalo. De este modo de ser nacen el refinamiento, las bonitas industrias, el progreso de muchas formas del arte, el bienestar, la economía y la riqueza de los franceses. No hay, pues, que condenar tales tendencias, sino reconocerlas y explicar por ellas la doble personalidad de Tartarín. Acaso al Norte de la nación existan Tartarines, pero sin la exuberancia, sin el involuntario y brillante mentir, sin el desate imaginativo de que ha hecho modelo Daudet a los tarasconeses. Es probable que en toda la «bella tierra de Francia» abunden los que oyen las dos voces que oía Tartarín: una repitiendo, en modo mayor, «Cúbrete de gloria», y otra, confidencial, insinuante, «Cúbrete de franela, que va a venir el invierno y los reumatismos son el demontre». Y este tipo —a la vez nacional, regional, local, humano; este caballero andante del sport, hoy que no quedan gigantazos que descabezar, ni princesas que desencantar, ni follones a quienes imponer castigo, este Tartarín bueno, ridículo y delicioso— sobra para la gloria del poeta y del autor alegre que lo ha creado.

VI

El cuento. Cuentistas románticos. Renacimiento naturalista: caracteres propios del cuento; en qué se distingue de la novela. El cuentista y el novelista. Flaubert. Daudet. «Las veladas de Médan». El maestro de cuentistas: Maupassant: sus comienzos. Por qué es un clásico más que un naturalista de escuela. Género de vida. La enfermedad de cuerpo y alma. Locura y muerte

El naturalismo de escuela se aparta, punto menos que el romanticismo, de las corrientes nacionales, clásicas, gauloises. Vamos a ver cómo, dentro de la escuela y sin desmentir bastantes de sus tendencias, surge una personalidad clásica: Guido de Maupassant.

Antes de bocetar su figura, digamos que el momento en que se reveló no podía ser más favorable: era aquel en que, a las largas narraciones, el público, sin darse de ello cuenta exacta, empezaba a preferir la forma, tan en armonía con el gusto francés, del cuento. Durante el período romántico pareció casi olvidada esta forma y la de la nouvelle o novelita, que en el siglo XVIII produjo, con Voltaire y Diderot, obras maestras. Los modelos no tuvieron imitadores, y en cambio los consiguió a centenares La nueva Eloísa, con sus parrafadas de psicología y sentimiento, con sus ya prolijas descripciones. Entre los escasos cuentistas románticos figura en primera linea Alfredo de Musset, que tenía mucho de castizo en su modo de ser, que era francés hasta la médula, y que trazó lindas novelitas, entre las cuales se destaca la graciosa sátira literaria, sin exceso de hiel, del Mirlo blanco. En el periodo de transición, el cuento revivió con Próspero Mérimée: nunca se ha grabado más honda y limpiamente el camafeo que en la factura de Tamango, El vaso etrusco, La toma del reducto y Mateo Falcone. A menor altura, no omitamos a Julio Janin y León Gozlan. El ingenioso secretario de Balzac torneó cuentos y novelitas en que su inclinación a la paradoja está reprimida por el instinto del cuentista que, ante todo, quiere atraer a sus lectores; y en cuanto a Janin, encarnizado enemigo de Balzac, sus cuentos son tan leves e ingrávidos como cuanto salió de la pluma de aquel tejedor de aire, que no sabía de forja. Más probabilidades tienen de no caer en total olvido Carlos Nodier, que ostentó fantasía y sentimiento en Trilby y El Hada de las migajas, y José Méry, cuyas Noches (varias colecciones de novelitas) son lo más lucido de su labor.

La fantasía, sin embargo (no significando con esta palabra los fuegos artificiales de la imaginación, sino un grado de emoción poética que sobrepuja a la realidad), no inspiró a nadie como a Alfonso Daudet, primer gran cuentista dentro de la escuela a que aparece afiliado, y a la cual reconcilió con el público, repelido por el creciente brutalismo de las narraciones de Zola.

Para explicarnos el caso, estudiemos la índole del cuento y de la nouvelle, o dígase novelita.

El cuento, hijo del apólogo, no se presta a digresiones y amplificaciones: las campañas líricas, sentimentales y sociales de Jorge Sand y de Víctor Hugo, hinchan, dilatan las ideas; son admisibles en la novela propiamente dicha, porque (Maupassant nos lo advierte en el sustancioso prólogo de la suya, Pedro y Juan) para la novela no hay reglas ni límites, ni cosa que más se diferencie de una obra maestra de la novela, que otra: por ejemplo, Don *Quijote* y Nuestra Señora de París. En el cuento hay que proceder de distinto modo: concentrando. El cuento es, además, muy objetivo, y en él y en la novelita, hasta los románticos buscan cierta im personalidad. El último día de un condenado a muerte, de Víctor Hugo, que puede clasificarse entre las novelitas más patéticas, aunque de propaganda en el fondo, es realista en su traza; es la verdad de un cerebro en trágicos instantes.

Ha de ceñirse el cuentista al asunto, encerrar en breve espacio una acción, drama o comedia. Todo elemento extraño le perjudica. Carmen, de Mérimée, sería un modelo perfectísimo de novelita, si no contuviese la disertación final sobre las costumbres, oriundez y lengua de los gitanos. No es, pues, una diferencia de dimensiones tan solo lo que distingue a la novela larga del cuento o novela breve. Es también una inevitable diversidad de procedimientos. Obsérvese esta diversidad en el texto nacional más conocido: el *Quijote*. Compárese la parte que abarca las aventuras del Ingenioso Hidalgo, con las novelitas intercaladas.

La forma del cuento es más trabada y artística que la de la novela, y esta, en cambio, debe analizar y ahondar más que el cuento, sin que por eso deje de haber cuentos que (como suele decirse de los camafeos y medallas antiguas) en reducido espacio contienen tanta fuerza de arte, sugestión tan intensa o más que un relato largo, detenido y cargado de observación.

Al decir que la forma del cuento ha de ser doblemente artística, no entiendo por arte el atildamiento y galanura del estilo, sino su concisión enérgica, su propiedad y valentía, el dar a cada palabra valor propio, y, en un rasgo, evocar los aspectos de la realidad, o herir la sensibilidad[7] en lo vivo.

El primor de la factura de un cuento está en la rapidez con que se narra, en lo exacto y sucinto de la descripción, en lo bien graduado del interés, que desde las primeras líneas ha de despertarse; pues si la novela, dentro del naturalismo, quiso renunciar al elemento que luego se llamó novelesco, o, por lo menos, reducir su importancia, no distinguiendo de asuntos y aun prefiriendo los más vulgares y triviales, el cuento jamás pudo sujetarse a este principio de la escuela. Cuando los cuentistas del naturalismo, empeñándose en aplicar al pie de la letra las doctrinas, prescindieron del asunto y del interés, hubo casos como el de la novelita de Huysmans, A vau l'eau (título difícil de traducir). Esta novelita cincelada, por falta de verdadero argumento no rivalizará nunca con las de Maupassant.

El cuento será, si se quiere, un subgénero, del cual apenas tratan los críticos; pero no todos los grandes novelistas son capaces de formar con maestría un cuento. Ejemplos, Balzac y Zola. En su talento hay predominio de lo descriptivo, propensión a las digresiones, y (a pesar de los Cuentos de gorja), ni uno ni otro son cuentistas. Recordemos lo dicho de una novela de Balzac, Los labriegos, en que el asunto, el drama, ocupa tres páginas o poco más, y el resto es una serie de estudios, magistrales por cierto, de un medio ambiente. Y esto, que en novela es lícito, en el cuento no puede tolerarse.

De los maestros naturalistas queda poco que sirva de modelo al cuento y a la novelita. Gustavo Flaubert escribió dos o tres novelas cortas, de mérito desigual, que descubren, mejor que las novelas largas, cuanto hubo de premioso y lento en su labor. Descontemos el espléndido poema de *La Tentación de San Antonio*. *Herodías* es inferior, aunque haya inspirado a Oscar Wilde; *La Leyenda de San Julián el Hospitalario* vale más; en Un corazón sencillo está recargado el cuadro, y la sistemática acumulación de rasgos de simplicidad hace menos real la figura de la protagonista. En cuanto a los hermanos Goncourt, sus impresiones de pintores y acuarelistas, sus estudios de sensaciones, sus notas agitadas, vibrantes de nerviosidad, en nada se

---

7 [«senibilidad» en el original. (N. del E.)]

parecen a cuentos; y, cuando hablan con desdén, en el Diario, de las facultades de Maupassant, llamándole como por aminorarle novelliere, yo pienso que es frecuente que rebajemos lo que no somos capaces de hacer. Si se quiere precisar, con un solo rasgo, la diversidad y hasta la contraposición del talento de Alfonso Daudet y de los Goncourt, baste saber que los Goncourt no eran capaces de escribir un cuento, y Daudet fue cuentista nato.

En efecto, hasta cuando escribe novelas, conserva Daudet las condiciones esenciales del cuentista. Cada capítulo —y alguien se lo ha imputado como defecto— es un cuadrito aparte, que pudiera leerse suelto sin desmerecer.

Cabe desglosar muchos encantadores episodios del cuerpo de toda novela de Daudet. El autor, que empezó por poeta y siguió por cuentista, cuando entró en el terreno de la novela larga, aplicó a su trabajo las mismas herramientas finas y menudas. Opina Zola que Daudet hasta que fue novelista no demostró vigor: error común, que mide las obras por su extensión, y confunde el vigor con el esfuerzo para lograrlo. Un cuento puede encerrar tanta energía como la novela más pujante. Mateo Falcone, de Mérimée, no cede en vigor a ninguna obra de la misma pluma, y casi diré a ninguna de otra.

Y es que Zola juzgaba por sí propio, comprendiendo que, cuando tenía que limitarse, decaía; que necesitaba extensión, espacio para que en él se moviesen y aleteasen los imaginarios monstruos protagonistas de sus mejores obras: la mina, el mercado, el almacén de modas, la taberna. El cuento requiere especiales disposiciones, y no es tan fácil sobresalir en él cual pudiera suponerse por el hecho de que, aquí y en Francia, se haya lanzado a asaltarlo la turbamulta.

Ya que he disentido de la opinión de Zola, reproduciré su acertado juicio sobre los cuentos de Daudet. «Al pronto —dice— Daudet se encerró en la leyenda; después no menudearon ya los caprichos simbólicos ni el mundo de la fantasía. Poco a poco, en el narrador de las veladas provenzales, despertose el artista enamorado de la vida moderna. Sus cuentos se convirtieron en páginas de costumbres actuales, historias vibrantes de modernismo, todo lo que en la calle se encuentra y ve. Y en la colección de sus cuentos predomina la emoción que agitó a Francia bajo la agonía del Imperio, los desastres de

1870, el sitio de París, la guerra civil, todo embebido en lágrimas de piedad o de cólera».

Como en muchos de sus contemporáneos, marcaron huella indeleble en Daudet las desventuras de la patria. Maravilla fuera lo contrario. La sensibilidad refinada de Daudet se impregnó de las violentas emociones del espectáculo, y las exteriorizó. A tal impresión debió el mejor acaso de sus cuentos, o siquiera el que más conmovió a sus lectores: La última clase; el maestro de escuela alsaciano que, por vez postrera, enseña en lengua francesa a sus alumnos, pues los prusianos han ordenado que en lo sucesivo se dé la clase en alemán. Es el cuento una joya, por el buen gusto, la sencillez, lo contenido y férvido de la ternura dolorosa con que surge la patriótica protesta.

No fueron muchos los cuentos de Daudet; aun incluyendo los lindos estudios titulados Mujeres de artistas, caben en este volumen y en otros dos, Cartas de mi molino y Cuentos del lunes.[8] Pero en todos resuena «el zumbido de la abeja de oro que revuela en el cerebro del verdadero artista», como dijo el propio Daudet, y la emoción, la gracia, el encanto peculiar de este escritor mágico se revelan tanto o más en esos relatos breves que en El Nabab o Los Reyes en el destierro. En las Cartas de mi molino hay más juventud, más frescura imaginativa, olor a romero y tomillo y ráfagas de mistral, Sol de África y sano y dulce humorismo; en los Cuentos del lunes, sentimiento más intenso, porque esos cuentos son una de las huellas imborrables que imprimió en el arte literario francés el gran desastre nacional. Las tres cuartas partes están inspiradas por los sucesos de la guerra. Es error creer que el patriotismo se mide por declamaciones y protestas, diatribas contra el enemigo e incesante machaqueo de evocaciones históricas. Como todos los sentimientos cardinales, el patriotismo tiene mucho de inconsciente, y habla a pesar suyo, y surge en forma no prevista; es como el dolor, como la enfermedad crónica, algo que está en nosotros y asoma impensadamente;[9] e insisto en este punto de vista, porque, al menos dentro del período que estoy reseñando, hay que reconocer en Francia, para su honra, estas reacciones vitales.

---

8 [«Cartas del lunes» en el original. (N. del E.)]
9 [«inpensadamente» en el original. (N. del E.)]

La escuela naturalista, al presentarse en la palestra, empezó por afirmar como lazo de unión entre sus adeptos, los discípulos preferidos de Zola, ese mismo sentimiento, (que tomaban por el contrario). En un volumen, Las veladas de Médan, reunió el cenáculo sus cuentos de la invasión y de la guerra. No figuran en este libro ni Daudet, ni Flaubert, al cual no se le informó del proyecto de publicación. Los autores son Maupassant, Huysmans, Enrique Céard, Pablo Alexis y León Hennique. Encabeza el volumen un cuento largo de Zola, El ataque al molino.

Según Maupassant refiere, encontrábase el cenáculo reunido en la quinta de Médan, propiedad de Zola. Divertíanse en pasear, en pescar, en remar, aprovechando el hermoso tiempo. Y como si fuesen caballeros florentinos contemporáneos de Bocaccio, convinieron en contarse historietas a la luz de la Luna, variaciones sobre un tema único. El tema lo señaló Zola, refiriendo la primera noche el episodio del molino del tío Merlier, que tan gallardamente resistió a los prusianos. Por entonces —hacia 1875— la guerra, la derrota obsesionaban. El cuento de Zola estaba escrito ya.— Zola, conviene advertirlo, explica el origen del libro de distinto modo; la nota que inserta al frente da por casual e impensada la aparición de los cuentos, «procedentes de una idea única y empapados en la misma filosofía, por lo cual los reunimos». Más verosímil parece la versión de Maupassant. La consigna de los discípulos era hacer cuentos «antipatrióticos»; pero el libro respira ese patriotismo sangrante y amargado de que hablé (en medio de intenciones satíricas contra el Ejército, o, mejor dicho, contra sus jefes). Y el cuento de Zola es, de todos, el más chauvin.

Ahora bien; al salir a luz el tomo sucedió que el cuento de Maupassant, Pella de sebo, se comió a los restantes, y que el joven autor, que no había publicado hasta entonces sino versos, se encontró célebre de la noche a la mañana.

El título del cuento de Maupassant, en francés Boule de suif, ha solido traducirse en castellano por Bola de sebo. Más castizo me parece pella. También recordaré que, al hablar por primera vez en España de Maupassant, traduje su nombre de pila, en francés Guy, por Guido. Escandalizáronse varios críticos de gacetilla. Sin embargo, a cada momento decimos Guido Reni, Guido de Lusignan, Guido Cavalcanti, Guido de Arezzo. Solo de Maupassant, por lo visto, ha de escribirse Guy, que es como si en vez de Alfonso Daudet dijésemos Alphonse, y en lugar de Gustavo Flaubert, Gustave.

El momento en que Maupassant debió a una obra breve entrar en las letras por la puerta grande, ya hemos dicho que era propicio al cuento. La gente, ocupada y preocupada, quería leer aprisa, y los diarios inauguraban el reinado del cuento, que todavía dura. En librería siguieron y siguen vendiéndose más las novelas; en la publicación diaria y semanal, el cuento domina: por algún tiempo va a perder favor el folletín—, hasta que lo veamos resucitar con la novela policiaca.

En Francia, el cuento era una tradición castiza, no interrumpida, y había dado a su literatura obras maestras. Desde el siglo XII, las leyendas devotas y los licenciosos fabliaux, que son cuentos rimados, asoman y florecen. Una pléyade de cuentistas se levanta agitando los cascabeles de la risa; Noel du Fail narra sus «eutropelias», des Périers sus «joyeux devis», Tallemant des Réaux sus «historietas», Lafontaine sus anécdotas con moraleja y sin moral, Perrault sus deliciosas niñerías. Maupassant procede de todos estos (sin pretenderlo, claro es), y, al mismo tiempo, practica el arte en su actualísima forma. Otros —Balzac, por ejemplo, y más recientemente, de un modo burdo, Armando Silvestre—, remontarán esa corriente nacional, y tratarán de soldarse a la cadena de los viejos cuentistas, a los autores de facecias enormes y bufonadas indecorosas, a los preferidos de la reina Margot; pero Maupassant, que sin dejar de ser naturalista es un clásico, si no rehuye lo escabroso y hasta lo crudo, como reconoce Lemaître, no se encierra en un solo tema, ni suelta la resonante risa optimista del Renacimiento. Sus cuentos, que le han inmortalizado, no son meramente de gorja: hieren otras cuerdas dramáticas, dolorosas, irónicas: la lira humana.

Guido de Maupassant, que nació a mediados del siglo, no lejos de Dieppe, de familia distinguida, era de oriundez lorenesa y normanda. El aspecto regional de su obra pertenece a Normandía. Su madre, Laura le Poitevin, mostró suma afición a las letras y al estudio; su tío, Alfredo Le Poitevin, daba esperanzas de poeta, que no realizó, por haber muerto joven. Los dos hermanos eran íntimos amigos de Gustavo Flaubert, el cual profesaba sinceramente la amistad, como excelente hombre que era, a pesar de sus aparatosas ferocidades y afectado menosprecio al género humano.

Así, durante toda la vida de Flaubert, le hallamos protegiendo, aconsejando, fomentando la vocación de Guido, introduciéndole en el mundo literario, relacionándole con las eminencias, y tomándose por él interés semipaternal; echándose a llorar, cuando Maupassant le dedica un libro. Es el ejemplo, es la enseñanza, son las continuas advertencias y excitaciones de Flaubert, lo que cría y desarrolla el germen de un talento poderoso, sacando del deportista, del sensual y disipado mozo que fue Maupassant, el laborioso y fecundo escritor. La madre, por su parte, coopera a este resultado con tenaz perseverancia. Y lo mismo Flaubert que la señora Le Poitevin, parten de un error sentimental: obsesionados por la memoria del malogrado Alfredo, sueñan con que Guido sea poeta, y obtenga la gloria que a Alfredo arrebató la muerte. Maupassant, dócil a las amantes influencias, en efecto se consagra a rimar. Si no es por la noche de Luna de Médan, acaso no hubiese conocido su verdadera vocación.

Desde su primera juventud, Maupassant, mostrando desvío al estudio, o mejor dicho al estudio metódico, y fogoso como «un potro suelto» —la frase es de su madre— vagó por campos y playas, compartiendo las faenas de marineros y pescadores, trincando con labriegos y ganaderos, corriendo la tuna, goloseando, como él dice, la vida. Ebrio de aire libre y de brisas de mar, cazando y pescando, familiarizado con el pueblo, prefiriendo su compañía, era un nómada en gustos y aficiones. La guerra de 1870 le soliviantó: se enganchó voluntariamente, e hizo la campaña. Esta etapa le dio después asunto para sus cuentos, y el recuerdo de la retirada del cuerpo de ejército en que Guido servía, encabeza la novelita Pella de sebo.

Más adelante, al trasladarse Maupassant a París —sobre la base de un modesto empleo en el Ministerio de Marina, a fin de consagrarse a las letras—, no renuncia a sus deportes favoritos, antes el sedentarismo de la oficina parece exacerbar su ansia de ejercicio violento y libertad física. Hay que notarlo, porque los críticos, fijándose acaso más en el género de vida de Maupassant que en sus textos, ensalzaron siempre el equilibrio, la sanidad de su literatura —¡y la sanidad, realmente, no ha abundado, en el siglo XIX, entre los grandes, escritores de Francia!

El régimen de Maupassant —remando en el Sena medio desnudo, organizando farsas y humoradas carnavalescas, cenando sin templanza, con fiero apetito, en regocijada y alborotada compañía, en los figones de la orilla del agua— no es tan higiénico cual pudiera suponerse; y en cuanto a su literatura, ya pesimista, estuvo, desde mucho más atrás de lo que se adivinó, infiltrada de los negros presentimientos, los terrores vagos, las aprensiones que sufre un cerebro al borde de la lesión cerebral.

Dijérase que es fatal sino, que a pocos perdona. La tensión e hiperestesia nerviosa de los Goncourt, causa probable de la temprana muerte del menor; la epilepsia de Flaubert; el agotamiento que excesos de la mocedad determinaron en Daudet y que le obligaron a intoxicarse con morfina; la crisis de misticismo modernista de Huysmans, a quien conocí tan enfermo del estómago —y hablo de novelistas únicamente—, arrojan sobre este período, en mis recuerdos, una sombra de desolación íntima, más oscura que la melancolía romántica, y en que se unen lo físico y lo moral, como dos ríos amargos.

No importaría tanto a la tesis el que los autores fuesen enfermos del cuerpo o del alma o de ambas cosas a la vez, si su obra apareciese realmente sana. Y por obra sana, no entiendo obra expresamente moralizadora. Toda obra sana, si no es moralizadora directamente, es fortificante. En las letras francesas debe calificarse de sana la obra de Corneille, de Molière, de Racine, de Boileau, de la Sevigné, de Bossuet, gozasen o no de buena salud estos ilustres. De la de Blas Pascal ya no me atrevería a decir otro tanto.

En cuanto a Maupassant, mucho sano hay en su labor: la forma, la corriente gauloise, la ejecución impecable, lo límpido de la prosa, su naturalidad, lo genuino del léxico, la sencillez de los medios y recursos, la maestría de la composición, la sobriedad en el estilo. De estas cualidades que acabo de enumerar, faltan bastantes en Zola y Flaubert; excuso decir si en los Goncourt. Dentro de la escuela, y fuera también, entre todos los cuentistas, pocos las reunirán.

Es aplicable a Maupassant la definición de Nisard: en Francia, el hombre genial es el que dice lo que sabe todo el mundo. Lo que sabe todo el mundo, es el dato realista, los aspectos de las distintas capas sociales. Maupassant, por su género de vida, pudo observar y estudiar muchas de estas capas y clases: el Ejército, las tertulias literarias, los oficinistas, los marineros y labriegos, y aun lo que aquí llamaríamos hampones, gente non sancta... Estudio tanto más fértil, cuanto que no era la observación provocada y artificial de

Zola, sino un caudal de experiencia, bien encasillado en la memoria y en los sentidos, y que volvió a la superficie, sin esfuerzo, a medida de la necesidad. Algo semejante puede decirse de Alfonso Daudet, pero Maupassant es más objetivo: no influye en él (sobre todo hasta que le acomete la enfermedad) emoción ni simpatía: observa impasible, hasta que el trastorno de su cerebro va graduándose. De los grandes escritores que suscitó el naturalismo, es el único que no tiene levadura romántica. Flaubert, no lo ignoramos, fue toda su vida un torturado del romanticismo, que no pudo aceptar la vida moderna, y tuvo que transportarse a edades remotas para satisfacer sus ansias; Zola se declaró roído por el cáncer lírico; los grandes modernistas e impresionistas, los Goncourt, son líricos por la tensión de sus nervios y por el acutismo de sus sensaciones, y, con todo su culto del documento, hacen escapatorias fuera de lo real; pero Maupassant (a pesar del desprecio al burgués, bebido en las ideas de su amigo y protector Flaubert), al empaparse en las tradiciones literarias de su patria, salta más allá del romanticismo, hasta Rabelais y Villon.

Y cuando digo que Maupassant es un clásico, no digo que sea un arcaizante. Está dentro de su época literaria hasta el cuello. Por mil conceptos, no desmiente su filiación naturalista; solo que conserva la objetividad (que tanto le recomienda Flaubert) sin aleación. No cultiva el «estilo artístico» de los Goncourt; no aspira a ser pintor, escultor ni músico, sino solo escritor, que es lo bastante. A veces me recuerda a nuestros novelistas picarescos, tan expertos en vivir y en reflejar lo vivido. La calidad de la prosa de Maupassant ha sido ensalzada por todos los críticos, que no saben cómo ponderar lo apretado, jugoso, claro y directo de tal prosa, y hasta los extranjeros nos damos cuenta de estos méritos, que se manifiestan sobre todo en los cuentos, antes que en las novelas. Probablemente, Maupassant, en cuanto novelista, no hubiese pasado de la segunda fila, donde se alinean y forman tantos apreciabilísimos escritores, casi famosos, ninguno maestro en la plena acepción de la palabra. Ese paso decisivo para colocarse al frente, acaso no lo daría con fortuna Maupassant, si no produce los cuentos, dieciséis volúmenes (las novelas no ocupan más que seis en la totalidad de su labor). El cuento fue el género a que se adaptó definitivamente su ingenio y en que desarrolló su concepción de la vida —pesimista, sensual y cruel, no cabe negarlo—. En estas tendencias, también se reconoció la filiación de Flaubert, cuya influencia sobre Maupassant fue tan honda como duradera.

Cuando súbitamente comenzó Maupassant a ganar dinero a porrillo con su pluma, desde la aparición de Pella de sebo, apresurose a darse el lujo de un yacht, de un chalet en Etretat, de largos viajes, sin hablar de otros goces, que antes disfrutaba a poca costa, y ahora pagaba caros, enmelándose en ellos más de lo que permiten la cordura y el buen sentido. Relacionado entonces con gente de la crema, con altezas y duques, no faltó quien le supusiese atacado de manía de grandezas, y confirman la acusación algunos pasajes del diario de los Goncourt, pues indispuesto Edmundo con Maupassant, dijo, entre otras amenidades, que sobre la mesa del autor de La casa Tellier no había sino un libro, el Almanaque de Gota. La mala voluntad de Edmundo llegó hasta negar a Maupassant el dictado de gran escritor. «No es —dijo— sino un encantador novelliere. Ni llega a estilista». Y en efecto, Maupassant era más que un estilista: porque la preocupación dominante y minuciosa del estilo, no vale lo que su espontaneidad y natural perfección. Y en cuanto a la megalomanía de Maupassant, es poco creíble, no solo porque la hayan desmentido enérgicamente protestas del propio interesado, conque pudo curarse en salud, sino porque jamás quiso ni entrar en la Academia ni tener la Legión de Honor, cosas que, la frase es suya, «deshonran a un escritor verdadero». Profesaba ese desprecio a la Academia que caracteriza a tantos famosos escritores de este período: Goncourt, Flaubert, Daudet.

Sobre la enfermedad de Maupassant no habría por qué hacer comentarios, si no descubriese otra lesión moral, la que hemos diagnosticado tantas veces en los insignes de su generación. No ha de afirmarse que Maupassant se volviese loco porque fuese un descreído, pero bien puede suponerse que su vida desordenada, hasta en ocasiones crapulosa, contribuyese a producirle aridez, vacío y desolación interior, síntomas que en él se exageraron y que Flaubert reprendía, aconsejándole la resignación y el trabajo.

Como el mismo Flaubert, como los Goncourt, y más mujeriego, Maupassant no amó, no se casó, no tuvo hijos, no se creó afectos de familia, aunque fue constante en los ya creados, y a su madre y a su hermano les atendió cariñosamente. Partidario del goce material, algo pantagruélico en sus comidas, declaraba que por una trucha asalmonada diera a la bella Elena en persona. Robusto y sanguíneo en sus mocedades como un toro, fue pronto «el toro triste», porque, gastado el jugo en el deporte y en la orgía, le acometió a ratos la conocida tristeza de la materia, ahíta, saciada, en la cual protesta el espíritu. Las consecuencias morales de esta hartura material, nadie las desconoce.

Cuando parecía más sano y equilibrado, empezaba Maupassant a sufrir perturbaciones, a presentar síntomas morbosos. Todo le aburría, todo lo encontraba mezquino, y, al menos por este lado, se asemejaba a los románticos, a los enfermos del mal de René. El agotamiento de su sistema nervioso se revela en páginas de sus libros, con todo el sabor de una confidencia autobiográfica. Sobreviene luego la enfermedad de la vista, la dilatación de la pupila, en la cual la ciencia reconoce el signo de la lesión cerebral. Aparece, alarmante, la ceguera intermitente, coincidiendo con la súbita alteración de la memoria. Lejos de morigerarse, de renunciar a los excesos, Maupassant forzaba sus nervios: por medio de excitantes artificiales, y de calmantes, acaso peores: cocaína, morfina, hasta el famoso y romántico hatchís, sin hablar de las embriagueces de éter. Acaso, en la ruina de la razón de Maupassant, existiesen antecedentes de familia: su hermano murió paralítico. En suma, él fue descendiendo poco a poco al abismo de la miseria moral. Empezó por huir del trato humano, buscando la soledad ávidamente, y le asaltó el terror de la muerte, espantosa angustia que se apoderaba de él, miedo temblante, con sudores fríos, al no ser, a la hora tremenda; y este espanto y el de la oscuridad nocturna, lo analizó detenidamente en algunas de sus novelas cortas, especialmente en la titulada El Horla, y en una de sus últimas novelas largas, Nuestro corazón. Estremecido por el roce de las alas tenebrosas, víctima de una obsesión invencible, alucinado, el terror mismo le dictó la resolución del suicidio, que intentó y no pudo realizar. Y fue recluido en una casa de las que se llaman «de salud» —en la cual, a los dos años, y tranquilo después de furiosos accesos, se extinguió en 1893.

No quisiera llevar al extremo las consecuencias que se deducen de este final, y me limitaré a decir que la idea de la muerte, que abrumó al autor de Bel Ami, y le condujo a la desesperación frenética, es la misma que ha inducido a tantos hombres a la santidad y a la heroica abnegación. Se puede deducir que estos tenían un consuelo, una esperanza, que faltaron a Maupassant. —Murió a los cuarenta y tres años, cumpliendo en parte su programa, resumido en esta frase: «He entrado en las letras como un meteoro y saldré como un rayo». El rayo, era el tiro de revólver—, pero el arma, la habían descargado manos previsoras.

Sus cuentos persistirán, sin temer a las variaciones del gusto, porque son: en la forma acabados, en el fondo reales, y en todo latinos y franceses hasta el tuétano.

VII

La novela. La resistencia romántica: Víctor Hugo y sus novelas de la segunda época. Orígenes de «Los miserables». Afinidades con Sué. Afinidades de Tolstoy con los escritores franceses. Resonancia de «Los miserables». Lo que debió Hugo a esta novela. Últimos tiempos de Hugo. Últimas novelas de Jorge Sand

Recordemos que del 50 al 60, en el apogeo del Imperio, Víctor Hugo, con su probada acometividad, se subió a un peñón, hizo cara al nuevo régimen, y con su actitud de protesta y desafío, y por medio de obras como Los castigos, rebosantes de hiel y odio, prolongó, en el terreno político, la resistencia romántica. Derrocado el Imperio y apenas recobrada Francia de trágicas impresiones, avanza arrolladora una nueva era naturalista, y la novela se presenta como género-tipo del movimiento literario. Víctor Hugo, acostumbrado a absorberlo todo, a concentrar la atención en su figura, más aún que gigantesca, agigantada, nota, sin embargo, que han cambiado los tiempos. Por mejor decir, lo había notado ya; la génesis de Los miserables es conocida.

Empezó Víctor Hugo esta novela en 1848. Doce años la dejó interrumpida, porque era el momento en que, reciente el golpe de Estado, prefiere, por más actual y ruidosa, la sátira política, la furiosa diatriba contra Napoleón el Pequeño y sus partidarios.

Sin embargo, la idea de Los miserables tenía que remanecer.Veamos los precedentes de la novela. Antes de su doble destierro, primero forzoso y luego voluntario, después de la amnistía, ya Víctor Hugo había subordinado reiteradamente la intención literaria a la intención política, y cooperado a la evolución del romanticismo hacia la acción social, como hoy se dice. Sus campañas contra los nobles, la monarquía, la autoridad, no empezaron cuando se confinó en Jersey protestando de que no entraría en Francia hasta que saliese de ella el nuevo Sila, Napoleón III. Tampoco en las letras francesas era novedad que las ideas sociales o antisociales se expresasen por medio de la novela. Los enciclopedistas abrieron el camino: Voltaire, Diderot, el mismo Rousseau, hicieron novela de tendencias o de abierta propaganda. Como sabemos, Jorge Sand fue creadora, dentro del romanticismo, y muy temprano, de la novela socialista. Evolución tanto más fácil, cuanto que ya sus primeras obras, de emancipación pasional y lírica, defendían una tesis y protestaban de lo mal arreglado que está todo, de las deficiencias[10] y tiranías sociales. El anarquismo de Jorge Sand pudo mostrarse en *Lelia* e *Indiana*; su comunismo, y la correspondiente aleación de piedad, amor y vaga confraternidad universal, bajo el influjo de Lamennais, en otra etapa, la del Molinero de Angibault y el Pecado del Señor Antonio. No tuvo Jorge Sand aspiraciones políticas definidas; algo de infantil se advierte en su manera de redimir a la humanidad, por el amor y las bodas desiguales. Con más precisión, tomando la ofensiva, Eugenio Sué, desde el folletín (que tanto democratizó la novela), lanzó Los misterios de París, y bajo el influjo de la revolución latente, social y económica, describiendo lo que hoy llamaríamos «los bajos fondos», la vida proletaria, tabernaria y criminal, logró Sué, por primera vez, atraer a determinadas capas de lectores, consiguiendo llegar hasta la clase obrera, y obteniendo estruendosa popularidad.

«Se le aclama y se le adora», dice un crítico: «ejerce verdaderamente la realeza. La admiración que inspira, raya en fanatismo». Ante un resultado que acaso ni soñó, Sué recarga, y escribe El judío errante, y proyecta Los misterios del mundo, y profetiza el advenimiento de la República universal. Fijémonos en estos hechos, y notemos cuantas reflexiones pudieron sugerir a Víctor Hugo. Los misterios de París ven la luz en 43. Los miserables están ya adelantados en 48. No desagrada[11] a Hugo ejercer la realeza, toda suerte de primacías, y menos ser adorado con fanático culto. Y casi diré que no le parecía justo que otros, y no él gozasen de todas estas ventajas.

Acaso la larga interrupción de su novela, no terminada hasta 1862, obedeciese al temor de comparaciones y acusaciones de pisar huellas, al propósito de dejar extinguirse el ruido de Los misterios, El judío errante y Martín el Expósito. El autor de estas novelas había muerto en Annecy, en 1857, bastante oscurecido, y de 1854 es el anuncio de la publicación de Las miserias, primer título de Los miserables. Sea de esto lo que quiera, y aun cuando las fechas puedan sugerir más malicia de la que conviene, no hay manera de no ver la influencia de Sué en Los miserables.

---

10 [«deficencias» en el original. (N. del E.)]
11 [«desagraba» en el original. (N. del E.)]

Hasta los personajes son análogos. La meretriz convertida en santa (santa laica, por supuesto) aparece en Los miserables, y en Los misterios; cierto que tal idea flota en el ambiente de la novela social: la encontraremos en Sué, en Hugo, en Tolstoy, en Dostoyevski, con el sello, naturalmente, del talento y del procedimiento especial de cada autor.

Los precursores han sido Jorge Sand y Eugenio Sué, que dieron modelos en numerosos volúmenes, leídos, comentados y traducidos en toda Europa; la tierra está, no solo arada, sino cubierta de mies; lo extraño es que lleguen tan retrasados Los miserables; hasta el título que Víctor Hugo ha de elegir, está ya en circulación: con el mismo se ha publicado una novela, de autor sin fama.

No sería justo no recordar, una vez más, y acaso no sea la última, que los novelistas sociales extranjeros se inspiraron en los franceses.

No negarán los príncipes filántropos de Tolstoy que llevan en las venas sangre del otro príncipe Rodolfo, de Eugenio Sué; y las prostitutas místicas de Dostoyevsky y de Tolstoy, pueden reconocer por ascendiente a Flor de María. El hecho es patente, si se comparan ambas literaturas; pero existe una diferencia capital. Tolstoy, en primer término, y con él Dostoyevsky, han injertado sus tesis, siempre discutibles, y en el terreno positivo no mucho más sólidas que las de Víctor Hugo y Jorge Sand, en tronco lleno de vitalidad y de savia: la realidad, el análisis psicológico, la observación. Tolstoy sabe pintar como un Franz Hals o un Velázquez; intenso psicólogo es Dostoyevsky. Así, lo que inmortalizará sus obras, no es la tesis, sino la interpretación de esa tesis dentro de lo real, y por el modo de interpretarla adquiere la misma tesis eficaz sugestión, de que carecería si se expusiese en forma menos profunda e interesante. Aunque no convenza a nuestra razón, llega a conmover nuestro corazón, y comulgamos fervorosos, por un instante, en la fe de la piedad humana. Es la mágica virtud del arte lo que actúa sobre nosotros. Con todo eso, no olvidemos que El Príncipe Nekliudof, Resurrección, Crimen y castigo, son posteriores a la aparición de Los misterios de París.

Al cabo, veintinueve años después de no haber publicado novela alguna, Víctor Hugo pone mano en Los miserables. Desecha la redacción y las dimensiones antiguas, y antes de amplificar desde dos a diez volúmenes, consagra siete meses a penetrar su obra «de meditación y de luz». Y no es para menos, ya que se trata, son palabras del autor «de un espejo donde se refleje todo el género humano; de la historia unida al drama; del coloso hombre, contenido, en su integridad, en la obra; de una montaña; de grandes horizontes abiertos por doquier; de una especie de sistema planetario, en torno de un alma gigantesca, que resume toda la miseria social actual». Una friolera.

Quisiera explicar bien mi opinión respecto a Los miserables, por evitar confusiones, y, al juzgar una obra sectaria, no parecer contaminada también de otro género de sectarismo. Yo creo que un libro como Los miserables no importa al arte literario lo que importa *Madame Bovary*, Fanny, o cualquier cuento de Maupassant; y no me fundo, al pensar así, en el hecho de que Los miserables expongan determinadas doctrinas sociales y políticas, ni en la calidad de tales doctrinas, ni en sus consecuencias. De fijo, la doctrina desarrollada por Tolstoy en Resurrección no me persuade tampoco; y, sin embargo, líbreme Dios de no confesar que, aparte de sus ideales, la obra es, incontestablemente, maestra y magnífica. Y no lo confieso de Los miserables.

Para juzgar esta novela, que obtuvo tan inmensa resonancia, tal número de ediciones, y que todavía conserva admiradores, y críticos encomiásticos, hay que notar que, en libros de ese género, la calidad literaria no ha solido corresponder a la acción sobre el público. Comparad el estrépito, la popularidad de Los miserables, cuando salen a luz inundando el mercado europeo, con el interés que suscitó al aparecer, sencillamente y hasta en lugar secundario, Pella de sebo, v. gr. Desde el primer momento comprendemos, que de estos dos sucesos, literarios ambos en apariencia, solo lo es, en efecto, el segundo. En Los miserables, el elemento de éxito es ajeno a las letras, aun cuando el autor sea acaso la figura literaria más prestigiosa del siglo. Pero en su prestigio entran muy diversos componentes, y la base es, sin género de duda, el romanticismo, que ha venido a encarnar y representar victoriosamente Hugo, por la fecundidad, variedad y tenacidad de su producción, y hasta por la robustez de su organismo, y su longevidad venturosa. Es Hugo, por esencia, el superviviente, y superviviente que no se retira ni permanece tranquilo en la penumbra, como permaneció la bondadosa Jorge Sand, en su última etapa.

El ejemplo de Los misterios de París le demostraba cuánta fuerza permitía desarrollar la novela, no solo para mantener erguida la ilusión romántica, sino para defenderse a sí propio, a su patrimonio, a su gloria, siempre fúlgida, pero amenazada de la carcoma del olvido por la triunfante aparición de doctrinas nuevas y por el sentido científico de la edad presente. Después de combatir en la lírica y en la épica, Víctor Hugo se atrinchera en la novela social, haciendo un llamamiento a lectores que no se pagan de belleza, sino de exposición y defensa de doctrinas.

En la novela, Víctor Hugo encuentra media de satisfacer dos tendencias dominantes suyas, exaltadas por el destierro: puede satirizar, bajo el velo de la ficción, el régimen que odia y el estado social que ha producido ese régimen; puede desenvolver sus teorías, su humanitarismo poético, sus opiniones democrático-socialistas, cada vez más acentuadas. Todo ello cabe en el vasto cuadro de Los miserables.

Conviene saber que Hugo, a pesar de su aureola, bien merecida, de gran poeta lírico, a pesar de la inolvidable gresca de Hernani, y hasta a pesar de su actitud de proscrito, no fue verdaderamente popular hasta después de dará luz Los miserables. Ya veremos, a su tiempo, un caso análogo en Emilio Zola, que ganó la popularidad extensa, al intervenir en el proceso de Dreyfus y escribir Los evangelios.— Los miserables presentan caracteres típicos de folletín. Episodio tras episodio, y capítulo tras capítulo, sin rigurosa trabazón, sin lógico encadenamiento, corre el relato; de pronto, se interrumpe, y queda «la cabeza sangrienta colgada de la pared», recurso eminentemente folletinesco. Interés de melodrama hay en el ovillo de peripecias y sucesos, tipos y personajes que, abstracta y rígidamente, representan el bien o el mal, la luz o las tinieblas. Todo se vuelve sorpresas, coincidencias, reconocimientos, salvaciones, conspiraciones sombrías de los pillos contra los honrados: el repertorio antiguo y raído, que descubre la trama. Dentro del folletín, sin embargo, yo preferiría Los tres mosqueteros o El Conde de Montecristo. Las condiciones de novelista folletinesco, no todos las poseen, y Víctor Hugo no las reunió en el grado que Alejandro Dumas.

Debe reconocerse que Dumas no era capaz de trazar un episodio como el de Monseñor Bienvenido, lo mejor de Los miserables. Si se desglosase de la obra y se publicase aparte, haría competencia a otro opúsculo de Hugo, El último día de un reo de muerte, que, recargado de intención social, no deja de ser obra de tanta energía, tan honda como cualquiera de Tolstoy. Lejos de mi ánimo excluir de la literatura las novelas de Víctor Hugo. En conjunto, y aparte de Nuestra Señora de París, sin embargo, las cuento entre la de segundo orden. ¿Cómo situarlas en primera línea, donde están *Madame Bovary* y *Germinal*?

Y hasta son literatura de segundo orden Los miserables, porque, no llenando las exigencias del arte, tampoco son eficaces en doctrina. Excitan vagas sensibilidades, pero les falta, en su complicación enciclopédica y en su hormigueo de personajes simbólicos, el acierto, la buena puntería de La cabaña de Tom, por ejemplo. La cabaña de Tom, parece ocioso decirlo, es un libro contra la esclavitud de los negros, y contribuyó no poco a abolirla. No me atrevo, desde el punto de vista estético, a incluirla entre las novelas magistrales; pero tiene la grandiosidad de lo sencillo y causa una emoción que procede del mismo asunto y de cierto verismo con que está tratado. Mediante estas cualidades, bien condensadas, concurre al propósito social, que todos vemos cuál es. ¿Habrá quien pueda explicar el propósito social concreto de Los miserables? El autor declara que extinguir la miseria y la ignorancia. Excelente programa, sin duda; pero peliagudo de cumplir, y más por medio de una novela.

Sería pedir peras al olmo exigir a Víctor Hugo coherencia y lógica. Tan enredadas y confusas parecen sus ideas como la madeja de su narración. Lo único que se destaca es el dogma de Rousseau: el hombre es de suyo bueno, pero le pervierte la sociedad defectuosa y egoísta. Como si la sociedad pudiese subsistir en completa oposición con la naturaleza humana, y como si el fruto de una acumulación de experiencias realizadas por el hombre y sobre el hombre, no fuese lo que, en mal y en bien, ha condicionado a la sociedad.

Y no veo otra cosa en la novela que los incansables turiferarios de Hugo llamaron «la obra del siglo». El poeta la terminó en Guernesey, en su residencia de Hauteville House, y entre él y su editor se debatían extensamente dos temas: en cuantas partes se había de dividir y las probabilidades de recogida y medios de evitarla. «Que se enteren —escribía Hugo a Lacroix—, de que si recogen la edición de Los miserables, pasaré de una obra no publicable en Francia a las publicables fuera y volveré a Los castigos y a Napoleón el Pequeño. Para que se asusten».

La obra apareció a un tiempo en todas las capitales de Europa y en Río de Janeiro, y fue, según se asegura, el más colosal triunfo de librería. Una voz se elevó para juzgar severamente «la obra del siglo»: la del ya casi arrumbado Lamartine, en su Curso de literatura; curioso diálogo de poetas, en que el autor del Lago arguye con buen sentido al autor de Hernani. No canoniza Lamartine a la sociedad, pero no cree posible reorganizarla de pies a cabeza por medio de un sueño, por gran artista que sea el soñador.

No consiguieron tanta venta, ni armaron tanto alboroto Los trabajadores del mar, ni después Al hombre que ríe y Noventa y tres, como «el Evangelio del pueblo», que así nombraron a Los miserables; pero Víctor Hugo había pasado la barra; era el hombre de su época, el semidiós; ninguna ambición podía parecer en él excesiva; al menos, así lo creería, en aquella hora de apoteosis. La guerra y el desastre, al destronar a Napoleón, entronizaron a Víctor Hugo, aun cuando, al deponer su actitud de desterrado, de profeta bíblico anatematizando desde un peñón, mucho perdiese del hechizo misterioso que le prestaban las circunstancias. Víctor Hugo regresó a Francia al otro día de la capitulación de Sedán. A pesar de sus diatribas contra la guerra, a lo que venía era a gritar «¡Viva el Ejército!»—, rindiendo tributo a la realidad más apremiante; y, para conciliar la contradicción, formuló un programa sencillo, casi diré perogrullesco: «La guerra ahora, la paz después». Entró en París entre aclamaciones; de allí a pocos días lanzó el manifiesto «A los prusianos», hablando en nombre de Francia; y, como los vencedores no hiciesen caso de poetas, dio la voz de «¡Guerra, guerra! ¡Al arma, al arma!», excitando al levantamiento general —lo que, de niño, había presenciado en España— y entonó el himno a los guerrilleros. «Son los labriegos españoles los que han parado a Napoleón...». No censuremos la inconsecuencia. ¡Al contrario! Limitémonos a pensar cuál sería la actitud de Tolstoy, en caso de invasión de la patria. Probablemente, presentar la otra mejilla. Prefiero la de Víctor Hugo, recorriendo, calado el quepis, los baluartes de París, animando a los defensores de la ciudad; y ensalzo su condenación enérgica de la lucha civil y las atrocidades de la Commune.

Los últimos años de Víctor Hugo transcurrieron entre constante halago; el Gobierno de la República le ofrecía los grandes vasos de la fábrica de Sévres, como a los soberanos; niñas portadoras de flores iban en diputación a saludarle; lo presidía todo; se le rodeaba de veneración sublime, de una aureola casi sobrenatural; en tal período, le visité en su casa de la avenida de Eylau, donde, en el famoso salón rojo, especie de salón del Trono, cercado, no de amigos, sino de creyentes y fieles, recibía a los que de lueñes tierras íbamos a rendirle homenaje. Yo tuve la osadía de disentir de algunas opiniones del titán, referentes a la Inquisición española, y escandalicé a aquella, antes que tertulia, corte y séquito de una especie de Carlomagno de barba nívea, al cual no se debía contradecir; no lo permitía el protocolo. Pero el Carlomagno, más amable que sus pares y cortesanos, se mostró encantado hasta de la contradicción; protestó de que España era su segunda patria, chapurreó algunas frases españolas y me regaló dos retratos con autógrafo, que cual oro en paño conservo. Porque yo fui a verle penetrada de respeto profundo, (en medio de tantas reservas críticas como siempre tuve para él), y me incliné, sincera, ante su gloriosa ancianidad.

Dos inquietudes, sin embargo, o mejor dicho, dos decepciones, conoció esta vejez única quizás en los anales literarios. El alto puesto político a que desde tiempo atrás aspiraba, otros lo ocuparon. Endiosarle, ofrecerle dones, bien; el timón del Estado en sus manos... ya era otra cosa.— La segunda espina que pudo llagar su corazón fue ver cómo, a pesar de sus esfuerzos, el romanticismo de antaño era ya armadura de batalla abollada y rota. La época literaria en que parecía Hugo reinar, le desacataba de hecho; se le iba de entre las manos.

Venían otros hombres, sonaban otros nombres. En vano el viejo cantor escribía, escribía, publicaba, publicaba; en vano a cada publicación echaba gran parte de la Prensa las campanas a vuelo, y agotaba las fórmulas admirativas, en lenguaje de visionarios; la verdad, como suele suceder, estaba en el silencio de lo impreso y en el cuchicheo de lo hablado; y era una decadencia lo que encubría el soberbio manto imperial de la consagración.

Podrá objetarse que el romanticismo, a quien Víctor Hugo, mientras existió, dio apariencias de vida (pintándolo de colorete, como al sultán muerto colocado detrás de una celosía a fin de que las tropas le vean y el motín no estalle), al fin ha resucitado... Pero no ha resucitado en Hugo, sino fuera de él, con otras fórmulas y sentido bien diverso. El neo-romanticismo que surgirá, reacción contra el naturalismo de escuela, no lo hubiese reconocido Hugo, si un día alza la cabeza cinta de lauros, en su enterramiento del Panteón, donde fue depuesto, entre salvas, con honores de imperante.

Volviendo a Víctor Hugo novelista, declara que Los trabajadores del mar es una mezcla de absurdos y de grandiosidades (siempre con vistas al folletín); que El hombre que ríe es un fruto de insania, ya pueril, ya enorme, pero nunca defendible ante la razón; entendiéndose aquí por razón, no las reglas clásicas que Víctor Hugo maldijo, sino aquella luz de verdad humana, aquella elevación y profundidad que resplandecen en las obras maestras del arte helénico y en las verdaderamente hermosas de todas las edades. La razón inspirada luce a los cantos homéricos, y una razón inspirada irradia en Dante. Víctor Hugo jamás fue iluminado por esta razón.

Noventa y tres me parece la mejor de las novelas de Hugo, la que más resiste hoy la prueba de la lectura. Hay desde luego acierto en la elección del ambiente: es el período de la revolución, el más apocalíptico, el de la Convención todopoderosa y la insurrección de los chuanes. Tampoco estaba mal escogido el escenario de Los trabajadores del mar, y los cuadros del Océano se adaptaban a la índole del talento de Víctor Hugo. Por fortuna para Noventa y tres, no es sino primera parte de otra relación más larga; pero forma un todo. Si el sentimiento, en ella, es por lo común sensiblería; si todos los achaques de ampulosidad, de edema literario que caracterizan a Hugo, pueden censurarse en esta historia, conviene ensalzar escenas tan trágicas como la del cañón suelto, tan graciosas como la de los niños encerrados en la torre rompiendo libros. Dos figurones, el de Cimourdain y el de Gauvain, falsos y antihumanos del todo, hacen glacial el drama.

Las últimas novelas de Jorge Sand, que no cesó de producir hasta el punto de su muerte, en 1876, deben considerarse como forma de resistencia idealista y romántica, pero, digámoslo así, a la sordina. En su estudio necrológico sobre Jorge Sand, hace Zola una observación curiosa: a saber, que, en los comienzos del romanticismo, vieron casi a un tiempo la luz l.ugenia Grandet, de Balzac, e Indiana, de Jorge Sand. Todo el romanticismo idealista estaba contenido en Indiana, novela-tipo de esa tendencia, y todo el realismo naturalista, en *Eugenia Grandet*; y, cuando pensamos en ambas novelas, nos parece que hay un mundo entre las dos, que debe estar equivocada la cronología, y que Indiana es de años muy viejos ya, mientras *Eugenia Grandet* es nuestra contemporánea. Muerto Balzac desde mediados del siglo, Jorge Sand sigue en plena actividad, y empalma sus tres o cuatro maneras, y hasta seis años después de la caída del Imperio, sigue publicando novelas incesantemente, en la Revista de Ambos Mundos.

Sin duda en estas novelas (entre las cuales descolló El Marqués de Villemer y la última fue Flamaranda), el idealismo romántico resistía, como resistía en Los miserables y en El hombre que ríe, y en los poemas de la última etapa de Víctor Hugo. La diferencia está en que las obras de Víctor Hugo ilusionaban, por su expansión mundial, pareciendo demostrar estruendosamente, a la faz de Europa, que la escuela no había muerto; mientras las de Jorge Sand reflejaban, en su tranquila y discreta publicidad, la transformación, no del talento ni de la factura de la autora, sino de su ideal y de su existir. No había sido el ansia de la fama y del reclamo lo que inspiró la conducta de Jorge Sand en sus años juveniles, y la hizo vestir ropa de hombre y caer en la bohemia; no fue tampoco por ganar lectores por lo que emprendió la novela social, comunista y utópica. Naturaleza sincera, nada consumida de vanidad literaria, escribió obedeciendo a su sensibilidad del momento, a las voces que la guiaron; la madurez la curó del idealismo amoroso; los excesos de la revolución del 48, del político y social, y ya no pensó sino en vivir en Nohant apaciblemente, entregada al cariño de sus hijos, y luego al de sus nietos; cuidando de su finca, consagrándose al gobierno de la hospitalaria casa, y sin conservar, de su antiguo tipo de prima donna romántica, sino algunas fieles amistades literarias, la de Flaubert, por ejemplo, y el hábito de sentarse de noche ante su mesa de escritorio, e ir hilvanando una narración, sin retocar ni corregir, al correr de la pluma, fumando cigarrillos. Ninguna tentativa de armar bulla, ninguna concesión al anhelo, natural en los escritores, de que no se les entierre en vida. Si pensó Jorge Sand que en ella, más que en nadie, había encarnado el romanticismo, esta persuasión no bastó para incitarla a luchar al final de su carrera; y en la plácida serenidad de su ocaso, envejeció día tras día, mientras Víctor Hugo, estribando hábilmente la armazón literaria en los postes del tinglado político, lograba hacer creer que no habían pasado los días de oro de Hernani.

El elemento político y social desaparece también de las últimas obras de Jorge Sand, y el último chispazo de la discípula de Lamennais es La señorita de la Quintinie, réplica, como sabemos, a la Historia de Sibila, de Octavio Feuillet. En la política también había encontrado desencantos, y no se le ocurrió hacerse con ella escala para subir a ninguna parte. El puesto preeminente ya lo ocupaba Hugo; Sand no lo ambicionaba, ni ambicionó más que la descansada vida de su Nohant, el trabajo que proporcionaba holgura a los seres queridos —segura del porvenir, que no podía relegar al olvido el nombre de quien tal representación y papel tuvo en su siglo, y de tal suerte marcó huella en sus evoluciones literarias.

VIII

La novela. El precursor y maestro del neo-romanticismo: Barbey D'Aurevilly. Primera época. El culto de la aristocracia. Tardanza de la reputación. Temprana formación del tipo. Juicios sobre Barbey. Lo que trajo a las letras y a la sociedad. Las influencias sociales. El catolicismo de Barbey. Su realismo. Sanidad mental

La figura del precursor que voy a delinear con sus originalísimos rasgos, ha salido al fin de la penumbra en que vivió y casi pudiera decirse en que murió, pues la celebridad vino muy a última hora para Barbey, siendo su influencia lenta infiltración, y no el ruidoso reclutamiento de los jefes de escuela. No aspiró Barbey a serlo nunca; al contrario, alardeaba de detestar las escuelas, llamándoles «ensayos de impotente galvanismo, que se practican siempre sobre las literaturas agotadas». Y por otra parte, cuando Barbey comenzó, las escuelas iban, si no a desaparecer (pues en medio de la decadencia las vemos cuajar), al menos a ser fraccionarias y efímeras.

El naturalismo de escuela vivió menos que Barbey. Este, sin embargo, había nacido poco después que Víctor Hugo, y, cuando Musset tenia veinte años, Barbey contaba veintidós. Como las fechas pudieran engañar, y situar a Barbey en pleno romanticismo, o siquiera entre sus rezagados, según se dijo injustamente, conviene notar que fue el iniciador del renacimiento romántico que consumó la disolución del naturalismo de escuela. Su romanticismo no se parece al de 1830, como el hijo a veces no se parece al padre. Al modo que el romanticismo podía ya renacer, renació, no en Los miserables ni en la Leyenda de los siglos, que en nada renovaban ni desmentían la vieja fórmula, sino desde que, a mediados de la centuria, publicó Barbey El dandismo y Una querida antigua.

Julio Barbey d'Aurevilly nació en 1808, de familia noble, o ennoblecida, por mejor decir, desde 1765, lo cual no es precisamente remontarse a las Cruzadas. Hay que reparar en ello, porque una de las tendencias de Barbey fue el culto de la aristocracia de la sangre, cuya peculiar fascinación estudió de un modo tan sorprendente en su novela La embrujada.

Cierto que Barbey tenía otras pretensiones, y hablaba de barbos de plata sobre fondo de azur, y de piratas normandos, reyes de mar, que eran sus ascendientes. Lo más positivo es que en la familia de Barbey d'Aurevilly existe una leyenda halagüeña: la madre de Julio era quizás, por la mano izquierda, nieta de Luis XV. Lucida bastardía, que, aún no probada, explica las arrogancias linajudas de Barbey.

Desde la adolescencia, Barbey rasguña los inevitables versos. En el colegio Estanislao contrae la amistad, tan influyente sobre su vida, de Mauricio de Guérin; más tarde cursa derecho, y funda una revista republicana... Porque a la sazón, las opiniones del futuro chuan son avanzadas, y es acérrimo defensor del sufragio universal y de los Municipios. Un pequeño peculio, adquirido por herencia, le permite salir de su provincia y fijar residencia en París. Allí trata de realizar el tipo, para él predilecto, del elegante; vive disipadamente, frecuenta el bulevar de Gand, plantel donde se criaron los petimetres de amarillos guantes y fino junquillo que Balzac retrata. Este tipo, representativo de la juventud, es el que Barbey se empeña en continuar encarnando hasta los últimos días de su existencia, y es preciso convenir en que, últimamente, lo transforma en donosa caricatura... Barbey, él mismo lo dice, consideraba asunto casi religioso la prueba de una levita o de un pantalón.

En París sus ideas políticas cambian, y surge la devoción aristocrática, eje de su estética especial. «La aristocracia —ha dicho Barbey— no se extinguirá nunca, porque no es cosa, social, sino humana. A pesar de todas las igualdades, renacerá». A la democracia la define así: «Como en ella las grandes personalidades estorban, se prefiere otorgar los altos puestos a fantoches o monos. Nunca hace sombra un jimio».

A la evolución de las ideas políticas iba a suceder la de las creencias; habiéndolas perdido en el colegio Estanislao, vuelve a recobrarlas al puro contacto de una mujer no hermosa, pero sobrado interesante, «rostro asesinado por el alma», Eugenia de Guérin, hermana de su amigo Mauricio. Como él dice, «después de una vida de desórdenes y de sardanapalerías, he comulgado por primera vez desde mi infancia».

Su carrera literaria, entretanto, se desarrolla sin esplendor. Desde luego, pertenece gran parte de ella al periodismo. Colabora principalmente en Europa, órgano de Thiers, en el Diario de los Debates, en El País, en El Fígaro. Lucha para conseguir entrada en la Revista de Ambos Mundos, pero en balde. Y lo que la tradicional Revista rehúsa admitirle, es nada menos que el exquisito, el delicado estudio sobre El Dandismo y Jorge Brummel. Escasa atención prestó la crítica a su novela titulada El amor imposible, que aspiraba a ser triaca del veneno de *Lelia*. Porque, durante mucho tiempo, se habló de la tal «ponzoña», contenida en las primeras novelas de Jorge Sand, y, detalle expresivo, hubo una señora que, extraviada un día por la lectura de Indiana, habiendo sufrido una serie de desgracias, que nada tenían que ver con su extravío, se consagró, arrepentida, a hacer propaganda contra la escritora, a quien llamaba «la infame» invariablemente. Algo de esta fobia padeció Barbey, haciéndola extensiva a las literatas en general, salvo raras excepciones, como demuestra el libro Les Bas Bleus, uno de los más virulentos que produjo su pluma.

Lo mismo que Stendhal, Barbey, por largo tiempo, no escribe en momento propicio. Era su sino adelantarse a lo que le rodea, a las escuelas que se suceden. Antes del realismo, sus novelas son realistas; antes del psicologismo, sus novelas son psicológicas; antes del naturalismo, o durante su triunfo, sus novelas son neo románticas. Le sucede lo que al que madruga demasiado.

Sainte Beuve, que hizo mención de este precursor desde 1851, no le toma en cuenta como novelista (lo cual por entonces no es extraño): son los escritos críticos y polémicos, las descargas de mosquetería, lo que Sainte Beuve juzga —sin detenimiento—. Las figuras del Conde de Maistre y de Bonald, que son para Barbey los profetas del pasado, llaman la atención del excelso crítico. El retrato que traza, ya en 1860, de Barbey, no le hace favor. «Este escritor, dice, cree tener la exclusiva del Conde de Maistre. Hombre de ingenio agudo, siente a maravilla los chorros vivos, osados, chispeantes, los acentos vibrantes e insolentes de aquel a quien ambiciona seguir, y a quien solo imita y parodia en sus excesos»... Y apretando más, añade: «Es un escritor de exterioridad y afectación, mezcla singular de todas las pretensiones y pomos de olor del estilo, con felices, muy felices filigranas, que quisiéramos aislar de los defectos. Los fuegos de bengala y los cohetes, las fanfarronadas y aires de jaque comprometen su buen sentido, que de repente asoma... Es lástima que un escritor tan brillante se disfrace con percalinas de Carnaval».

Barbey se desquitó llamando a Sainte Beuve víbora, pero acaso fue más duro cuando dijo que era un hombre «curioso de todo y seguro de nada», y comparó su obra crítica a un interminable obelisco de apuntes sobre apuntitos y apuntitos sobre apuntes; calificándole de escritor cuya originalidad ha raspado y raído el roce de tanto libro, y en quien «la poesía ha muerto de indigestión de literatura».

Las genuinas tendencias de Barbey empezaron a manifestarse con El dandismo y Jorge Brummel, publicado en 1845. De 1850 es su primer novela de importancia, Una querida antigua. De 1854, la admirable Embrujada. De 1864, la joya titulada El cabecilla Destouches. De 1865, Un cura casado; y de la plenitud de la época naturalista, después de 1870, Las diabólicas.

He citado estas fechas para que se vea cuánto se adelanta Barbey, no solo a la escuela de Médan, sino al achatado realismo y a las doctrinas de «buen sentido» de la transición. Su originalidad no sufre merma aunque Barbey reconozca e invoque por maestro al Conde de Maistre. Las teorías, hondamente románticas y artísticas, del autor de Las veladas de San Petersburgo, eran a propósito para formar una individualidad poderosa y desmandada, como la de Barbey.

También en sus preferencias literarias madrugó Barbey, y la posteridad confirmó sus juicios. Su crítica no deja de parecerse a la descripción que de ella hace Sainte Beuve, y tiene a veces mucho de injusta; hay en ella indignaciones y reivindicaciones; fue un apaleador y también un vengador. Vengó a Baudelaire de los «burgueses de largas orejas» y salió a la defensa de Balzac, mucho más influyente en este supuesto «romántico rezagado», que ningún corifeo del romanticismo. Apaleó, en cambio, a Víctor Hugo, con ocasión de Los miserables, cuyo estrépito le estomagó, y no los admiradores literarios, sino los solidarios políticos del poeta se dieron el gusto de poner carteles en las esquinas, llamando idiota a Barbey. Primer reclamo útil para un escritor tan desdeñoso de la popularidad, tan altanero. La popularidad se obtiene, ahí está el ejemplo de Víctor Hugo, siguiendo la corriente a las democracias; pero también se populariza un nombre al ser atacado con exceso de saña, innoblemente, por la chusma. Así sucedió a Barbey, y aparte de los carteles en las esquinas, del insulto populachero, se vio procesado por la Revista de Ambos Mundos, y blanco perpetuo de las iras de la Academia por sus Cuarenta medallones, desate de ingenio y de mordacidad.

Y a pesar de haber publicado ya la obra maestra, El cabecilla Destouches, solo por sus críticas iba saliendo a luz, y iandaba alrededor de los sesenta años! En 1870 reemplazó en El Constitucional a Sainte Beuve. En 1874 Las diabólicas sellan su nombradía, y con la última, Historia sin nombre, trágico y maravilloso estudio de un caso aterrador, vino, a los setenta y cuatro años, la gloria. Stendhal, menos afortunado, no la obtuvo (según había predicho) hasta mucho después de su muerte.

Es probable que Zola olfatease lo que significaba, como elemento disolvente del naturalismo, aquel fanfarrón retador, especie de capitán Fracasa de las letras, cuando con la misma mano que bendecía tiernamente a varios adeptos, que después han fatigado muy poco a la vocinglera fama —Hennique, Céard, Alexis— arañó furioso a Barbey, dándole el sobrenombre de «católico histérico», en una crítica de palo y tente tieso contra Un cura casado. Sin embargo, y en medio de las invectivas que dirige a Barbey, hasta en nombre del buen gusto, invocación singular en Zola, el censor no puede menos de revelar involuntaria admiración, reconociendo lo grandioso de la figura, lo fuerte del temperamento del novelista, el sentido de lo pintoresco, la audacia, el brío y nervio del estilo.— La falta que encuentra en la novela de Barbey, y que a Zola poco le debiera importar, es ser un alegato inhábil en favor del celibato eclesiástico.

Tampoco Lemaître deja de reprender bastante en Barbey. Le concede importancia, pero declara que existe irreductible diversidad a antagonismo entre sus espíritus, y le cuenta entre los escritores que siempre le serán incomprensibles, «faz enmascarada». Lo que acaso debió decir Lemaître, es que ya ningún escritor puede ser rostro familiar para todos, ni para casi todos, ni aun para la mayoría... No habrá mayorías, en lo sucesivo. Y será la misma originalidad del temperamento lo que aísle a un escritor de gran parte de sus contemporáneos.

Acaso no hayan existido épocas de unidad completa; solo que, en las antiguas, poderosas corrientes generales causaron la ilusión de esa unidad, como sucedió, por ejemplo, a mediados del siglo XVIII; y aun entonces, es probable que para Voltaire era Rousseau un enmascarado, cuando escribía con mal humor: «Leyéndole a usted, entran impulsos de andar a cuatro patas». No quiere decir nada que a Lemaître le sea extraño Barbey d'Aurevilly. Lo es para otros muchos. Cuanto más avancen los tiempos, más habrán de resignarse los escritores, si eso les importa (a Barbey no le importaba, de fijo), a no estar en contacto sino con una parte, mayor o menor, de sus contemporáneos. Fue el error de Víctor Hugo, sostenido por una ilusión de óptica, querer abarcar a su siglo y traerle postrado e incensador a sus pies; fue luego el de Zola, engañado también por el estrépito del renombre, suponer que el mundo iba a rendirse a las fórmulas de su escuela, justamente al punto en que la disciplina literaria decaía. En lo sucesivo, empezarán los escritores a repugnar el encasillamiento de los discípulos, pero no por eso será menos influyente el pensamiento y el sentimiento de unos pocos individuos privilegiados. Ha sucedido con Barbey d'Aurevilly; y no cabe decir de él, como Lemaître, que fuese «un hombre de otras edades, a la vez un cruzado, un mosquetero, un don Juan y un chuan». Si el hombre era de otras edades (a mí me parece ultramoderno), su acción sobre las generaciones nuevas no se puede discutir. Barbey, que nunca tendrá mayorías a su favor, ni ese es el camino, ha sido, para minorías bien selectas, un fascinador, no solo literario, sino sentimental. ¿Diré cómo en el momento presente, y en España, esta fascinación es visible en bastantes escritores, y alguno de ellos de primera línea, Valle Inclán, por ejemplo?

Ante la posteridad, ha crecido la figura de Barbey novelista, hasta situarse entre los maestros indiscutibles. A cualidades muy singulares de escritor, se agregó el fondo de realidad que hay en su romanticismo. El cabecilla Destouches es, seguramente; una historia romántica; pero comparadla a Noventa y tres, y veréis la diferencia, y cómo las terribles aventuras de esos chuanes adquieren cuerpo de verdad, y no pueden confundirse con el grandioso folletín de Víctor Hugo. Comparad al abate de la Croix Jugan, de La Embrujada, con El hombre que ríe; ambos personajes (el de Barbey es muy anterior en fecha) ejercen singular prestigio por lo mismo que están horriblemente desfigurados; pero el de Hugo no es sino un espantajo, mientras el de Barbey está vivo, y vivo en un fondo verdadero, de paisaje y de tradición. Esta doble sugestión, de verdad y fantasía ardiente, alucinada, se halla en todas las obras de Barbey, desde la primera hasta la última, con esa «mezcla de brutal y exquisito, de violento y delicado, de amargo y de refinado» que reconoció en él Pablo de San Víctor, y que hace único, inconfundible su estilo y manera, su genio de escritor.

Insistamos en un punto de vista que considero capital. Como se ha dicho, y aun cuando la decadencia tendrá sus escuelas —los psicólogos, los simbolistas y otras agrupaciones de idea o de procedimiento—, el neorromanticismo tiende a la emancipación del individuo, y este individuo, sin capitanear grupo alguno, ejerce influjo sobre su época, sugiriendo los temas sentimentales, estéticos y morales que adoptarán las generaciones contemporáneas y venideras. Y siendo así, se entiende hasta qué punto Barbey fue un guía voluntarioso, hosco, desdeñoso, pero dominante, de las almas que pudieron conocer sus libros a su personalidad, a ellos tan ligada; y cuanta sustancia de Barbey circula por las venas del siglo. No vale decir que sea en parte sustancia de frivolidades: también lo frívolo influye.

En dos generaciones sucesivas marca huella. Antes de que Zola formulase programas, Barbey era viva protesta contra todo su sentido, y en especial contra la tendencia jacobina, democrática y demagógica de las letras y del arte. Sus temas eran los que habían de echar a pique a la escuela naturalista: el misticismo, el satanismo, el sadismo, la superstición, el aristocratismo, el heroísmo, la elegancia, el desdén hacia lo mediocre, lo burgués y lo mezquino, el catolicismo violento, el desenfado impertinente, el sentido trágico de la vida, contra la trivial y lo material.

Justamente había estudiado Barbey, con agudeza incomparable, los efectos de una influencia, en El dandismo. La dictadura de Jorge Brummel, que a primera vista se juzgaría inexplicable, disecada por la fina pluma, da la clave de una multitud de fenómenos sociales, y hace comprender esa virtud y energía de la influencia, que lo puede todo. No era Barbey, a pesar de su sangreazulismo, ningún ciego, para no observar que el linaje es una cosa y la influencia social otra asaz distinta. La distinción entre alta sociedad y aristocracia, conceptos que suele confundir la gente, no podía escaparse el que hizo, en la semblanza de Brummel, una perfecta obra psicológica.

Y tampoco se le ocultó que lo ocurrido en Inglaterra, en 1813, cuando los miembros de un club chic no se atrevían a invitar a una fiesta al Príncipe de Gales porque estaba con Brummel a mal, no era pasajero; que la elegancia, vocablo misterioso como un conjuro, iba a adquirir una fuerza acaso extraña, dado el giro de la historia, pero muy positiva; que se acercaba el momento en que a personas reales, y no digamos a gentes del copete más alto, se les aplicase el dictado de cursis, o la palabra que en cada idioma responde a este concepto; y que, cuando se tratase de aquilatar por qué unos individuos o individuas son elegantes, no poseyendo ni nacimiento, ni mérito especial alguno, y otros no lo son, poseyendo a veces todo, no habría sino una respuesta: quisicosa. ¡Por lo mismo que Brummel reinó en Londres, allá en los años de 1813!

Así, el esnobismo, abierta y provocativamente profesado por Barbey, al par que la devoción del linaje, en vez de dar indicios de desaparecer, en medio del turbión de las actuales instituciones democráticas, se difunden, y topo será quien no advierta su incremento, no solo en la vieja Europa, sino en la América española y anglosajona. Ni llevan trazas de disminuir las manifestaciones poéticas y artísticas del misticismo, o sus parodias, como quiere Max Nordau, y se diría que reflorecen la magia y brujería, las cuales, mirándolo bien, han tenido más en Francia que aquí su propia casa, sucediendo otro tanto con los venenos, de los cuales en España se habló vagamente en el terreno de la leyenda, mientras bajo Luis XIV, en París, fueron de las más tristes realidades históricas. Y aun por tal concepto es significativa la personalidad de Barbey, que reúne a las perversiones tradicionales (en sus escritos, no en su conducta, intachable y caballeresca siempre) las nuevas corrupciones y desquiciamientos de una decadencia manida. Cuando el precursor da a luz La embrujada, no se piensa, ni por asomos, que ha de venir la escuela de «los Magos», ni que, ahítos de prosaísmo, asfixiados de positivismo, sedientos con sed que no saben apagar, muchos espíritus cultos volverán a los ritos negros, a las fórmulas y evocaciones que practicó el hombre primitivo para propiciar a Belcebú... Por ciertos respectos, París, a fines del siglo XIX, hará competencia a la España del siglo XVII, (que además no era tan crédula ni tomaba tan por lo serio el hechizamiento de su Rey, como documentalmente es fácil demostrar).

Afrontemos la debatidísima cuestión del catolicismo de Barbey. En mi opinión, fue sincero, desde que renunció al descreimiento precoz y profesó las creencias de la infancia: entre otras razones, porque no le sirvió el catolicismo a Barbey de escabel, en modo alguno. Los que lo negaron tenían, sin duda, dibujado en la mente ese amanerado tipo uniforme de católico, encogido, seráfico, optimista, que escribe con agua bendita y a quien Barbey llamaba cretino; creación de la mezquindad de nuestra época, y que las grandes épocas reciamente católicas ignoraron. —Los católicos que podemos llamar de la cáscara amarga, como Barbey, prueban el nervio, la variedad rica y fecunda del sentimiento religioso. Si Barbey d'Aurevilly tiene su personalidad originalísima, no la tendrá menos Verlaine, y por otro estilo la tuvo Mauricio de Guérin, el grande amigo de la juventud de Barbey, como lo fue de la edad madura el poeta Héctor de San Mauro, que era, igualmente, un aristócrata—. Amistad firme y constante, tanto más precisa para Barbey, cuanto que era hombre aislado, que no se rozó con escritores profesionales, ni asistió a tertulias y cenáculos, y que se burlaba de ellos, cual se burló de la Academia. El poeta Saint Maur tenía su círculo de amigos y daba comidas, en que Barbey disfrutaba, no solo goces de gastrónomo y bebeder (sin la intemperancia de que se le ha acusado), sino de ingenio y conversador brillante, en el desate de la charla, que duraba doce horas de mesa y sobremesa.

No solo es católico Barbey, sino que lo es con pasión y casi diré con rabia y furia, con desprecio de salivazo a los ateos, y sobre todo a los racionalistas, «sacristanes científicos, más crédulos que los católicos». Eso sí; no hay que contar con Barbey para nada que se parezca a la «acción social» católica, y cuando le eligen presidente de un club de obreros, le falta tiempo para decirles mil cosas desagradables y salir escapado. No le es simpático más pueblo que los aldeanos del Oeste, sus tremendos chuanes, emboscados en atisbo de los azules. Su catolicismo se revela en la noción que tiene del pecado, en el terror diabólico que como nadie expresa, en lo sobrenatural que combina con un fondo de realismo, en el estremecimiento de la conciencia, a veces aguijón de la culpa, en el horror y fascinación del sacrilegio y de la blasfemia, recurso dramático que maneja tan bien, y en la sensación tremenda de la presencia real, que incorpora lo divino a la tragedia humana.

El realismo externo de Barbey consiste en que el ambiente de sus novelas largas y cortas es el de un país que conoce de memoria y retrata al agua fuerte: su tierra natal, Normandía. Los recuerdos, las tradiciones, los relatos de su abuela, que le entretuvo en la niñez contándole las aventuras del cabecilla Des Touches, nutren su realismo psicológico. Hay quien cree que es Barbey el primero que hizo en Francia novela regional, y de cierto Barbey es un regionalista, no baboso y candidote como Trueba o sus congéneres, sino de carne y sangre; pero Colomba es anterior a La embrujada, y Mérimée inició en esta novela el estudio especial de una región y el exotismo contemporáneo. Refiriéndome al caso de Barbey, encuentro que a los escritores que no son a no parecen nacidos en ninguna parte, dijérase que les falta fondo humano. Véase cuánto debió Daudet a su regionalismo de Provenza, empezando por la figura de Tartarín. Zola y los Goncourt carecen de esta nota; no así Flaubert, por lo menos en *Madame Bovary*.

En cuanto al catolicismo, es otro fondo inestimable, precioso, un manantial dramático inagotable.

Todos los conflictos del alma humana se resumen en el pecado y el arrepentimiento. Los recursos sentimentales del catolicismo los observaremos en Verlaine, y los encontraremos, disfrazados, él lo declara, en Baudelaire también. El que hace el mal sin conciencia de que es el mal, no se interesa a sí mismo, y no puede interesarnos a nosotros. El determinismo naturalista cegó la honda fuente de la responsabilidad, y al mismo tiempo secó la emoción. En Barbey la responsabilidad vigila siempre y, sin embargo, nadie se diferencia más de un moralista predicador que el autor de La embrujada. Decíalo él a su amigo Trebutién, que se escandalizaba de Una querida antigua: «El catolicismo es la ciencia del bien y del mal; seamos viriles, amplios y opulentos, como la verdad eterna».

Fue Barbey un sorprendente escritor. En sus frases, venas de su pensamiento, este circula vivo y chispeante. Su retórica es la valentía, el aplomo, la intrepidez de la palabra. Su estilo ha sido comparado a los brebajes mágicos en que entran flores y serpientes. «Plato de infierno», escribe Anatole France, «pero nunca insípido». Sus descripciones son pinturas de Breughel. Recordad la noche de temporal y lluvia con que empieza El cabecilla Destouches, la naturaleza y las figuras asombrosas de los pastores sortílegos en La embrujada; la villita donde viene a predicar el capuchino, en Historia sin nombre —aquella villita en lo hondo de un embudo de montañas, lugar sombrío, que oprime el corazón y prepara la impresión de la horrible aventura...

Del conjunto de la vida y la labor de Barbey, que llegó a edad tan avanzada y trabajó hasta el último instante, resalta algo que merece fijar la atención:

aunque su literatura tenga aspectos muy enfermizos, Barbey poseyó la sanidad mental, que falta a tantos grandes escritores de su época.

Ya presiento la objeción, y a ella me adelanto. Barbey tuvo apariencias de desequilibrio, y su ambiente propio en la extravagancia. Todos los que le han visto, reflejan la misma impresión de extrañeza, cuando no de burla. Goncourt describe así su visita a Barbey: «Calle singular, barrio original, aquel donde Barbey anida... Una escalerita, un pasillo, una puerta color de ocre... Entro, y en un revoluto donde no hay medio de distinguir nada, me recibe Barbey, en mangas de camisa, pantalón gris perla con franja negra, de pie ante un antiguo tocador. Se excusa, dice que está arreglándose para ir a misa. Y en medio de su elegancia ajada, persiste su cortesía de caballero, sus modales de hombre bien nacido, contrastando con la mezcla y confusión de la ropa por el suelo, los calcetines sucios y los libros hacinados». Algo muy semejante escribe Anatolio France: dibuja a Barbey en su desnuda y mísera estancia, vestido de colorado, ostentando galantería, formas de lo más selecto. «Era, afirma, un excéntrico, con un carácter naturalmente amable y feliz». Por su parte, la señora de Daudet, en los Recuerdos de un grupo literario, traduce esta impresión referente a Barbey: «Curiosa figura... Sus rarezas de traje y gesto, su blusa forrada de terciopelo negro, sus grandes corbatas de encaje falso, sus entalladas levitas, me engañaron, al pronto, respecto a su verdadero carácter, digno y caballeroso. No podía acostumbrarme a aquel mete y saca de espejillo a cada minuto, para alisar el pelo y el bigote. Luego comprendí que, en su valerosa pobreza, su dandismo era un mérito más, y con él disimulaba verdaderas privaciones, soportadas con ánimo en el rinconcito de la calle de Rousselet, donde murió»... Por France sabemos que decía con inocente y altivo mentir: «¡He enviado al campo mis muebles y mis tapices!».

De todo esto, perdonable y hasta conmovedor, y que no tenía ningún objeto de reclamo, ni era pose literaria, no se deduce, ciertamente, la falta de sanidad mental. Al contrario: la sanidad mental consiste en aceptar la vida, y el vacío, el nihilismo de tantas almas minadas por la enfermedad moderna, (que ha evolucionado desde René, pero como suelen las enfermedades, para empeorar) no le acometió ni un momento. Su espíritu no peregrinó en el desierto, donde se hubiese tropezado con la caravana de los que, como

Flaubert, dijeron que «no hay nada» y siguen repitiéndolo y seguirán. Barbey, fórmese el juicio que se forme de la índole de sus creencias, y aunque se le haya llamado «el excomulgado», vivió de esperanza, y le sostuvo ese catolicismo, del cual dijo que era «capaz de curar el cerebro de un loco, si llegase a entrar en él».

IX

El teatro. Influencia de la novela en el teatro. Sardou: razones de su fortuna. Aspiraciones del naturalismo. Fracaso de los maestros de la novela naturalista en el teatro. Oposición de la crítica seria. Orígenes del teatro naturalista: la cervecería del «Gato negro». El «Teatro libre». Su significación. Carácter de su repertorio. El teatro «rocinesco». Enrique Becque. Sentido de «La Parisiense»

Al hablar del teatro en el tomo precedente, cité un párrafo sintético de Agustín Filon. Según este autor, el romanticismo dio a Francia una poesía, e intentó, sin fruto, darle un teatro; y el naturalismo, habiendo, de 1875 a 1895, creado una forma nueva de novela, quiere renovar igualmente la escena, y lo propio que el romanticismo, fracasa. Los años que median entre el romanticismo y el naturalismo teatral, pertenecen a Dumas hijo y Augier.— Examinemos este juicio.

El naturalismo de escuela y de fórmula se estrelló, en efecto; pero el realismo, y la novela con sus procedimientos, ya antes del naturalismo, habían ido infiltrándose en el teatro, conquistándolo; la insurrección naturalista en el teatro, tal cual fue, abortada y todo, afianzó esta conquista; y cuando lleguemos a estudiar, a los dramaturgos más recientes, los Hervieu, los Lavedan, los Donnay, veremos hasta qué punto ambos géneros se han compenetrado, a pesar de la oposición que entre ellos supuso una crítica torpe. La acción de la novela sobre el teatro puede observarse desde Augier y Dumas hijo.

De estos autores, que con Barriere y Sardou descuellan en el período de transición, solo Sardou, el menos literato de los tres, pero el más «hombre de teatro», continúa su carrera triunfal, al través de la etapa naturalista y aun después del fracaso de esta. Sus comedias y dramas no aspiran sino a interesar al público, con interés no tan bajo como el del melodrama propiamente dicho, aun cuando mucho de melodramático haya en ellas. Con tal objeto, Sardon estudia la actualidad, lo que preocupa a la mayoría, y en Dora, por ejemplo, hace el drama del espionaje, «puesto que nuestra idea fija en Francia —dice un crítico— es que nos espían». A esta misma idea fija responde La mujer de Claudio, de Dumas; y creo que prefiero Dora al desquiciado simbolismo del «mátala». Cuanto construye Sardou responde al pensamiento, no diré que profundo, pero general, de sus contemporáneos, y obtiene los grandes triunfos teatrales, las trescientas o quinientas representaciones seguidas, y la divulgación mundial. Los refinados, los artistas, son minoría siempre.

Por eso no he incluido a Sardou entre los autores de la transición; Sardou es de todo tiempo; su sistema, basado en la psicología media de los públicos, no envejece. Cauto y hábil, toma de las escuelas sucesivas lo que le conviene para su retablo de maese Pedro; del romanticismo proceden algunos de sus personajes fatales, y alguna de sus famosas scènes à faire, para las cuales está armado el tingladillo completo de la obra y que recuerdan la entrada de Antony por la ventana, o el quid pro quo de El rey se divierte; de la comedia de costumbres y del realismo, los medios, que, nunca traídos antes a la escena, contribuyen poderosamente a la ilusión de cierta verdad relativa y tolerable.

El ambiente, todo lo convencional que se quiera, pero efectista, de las conspiraciones nihilistas y la policía rusa, en Fedora; el mundo bizantino, estilo fresco de Rávena, en Teodora: el mundo revolucionario, en Termidor; el cuadro animado del primer Imperio, en la Corte de Napoleón... prestan atractivo a la acción dramática. No me atrevería a calificar de obras maestras estos y otros dramas de Sardou; debemos recordar que, habiendo Sardou escrito una obra maestra, El odio, que no fue bien recibida, juró no volver a hacer ninguna, y, dice Zola, «cumplió su palabra»; con todo eso, habremos de reconocer la destreza y arte peculiar del autor de Rabagás-Rabagás, entre paréntesis, es una sátira política muy divertida y chispeante de ingenio, que quiere acercarse a obra maestra, y, por lo menos, ha creado un tipo.

Por cierto que, en Rabagás, volvió a sufrir Sardou las iras de los espectadores, como le había sucedido en sus primeras comedias, cuando, quince años antes, veía caer al foso sus esperanzas. Solo que ahora, el caso iba más allá del desprecio y la indiferencia, y llegaba al motín, a la grita escandalosa, y, a la salida, formábanse grupos donde se repartían cachetes y palos. Y era bien sencillo: Rabagás ponía en solfa a la demagogia; se creía ver, en el abogado verboso y versátil, una caricatura de Gambetta. Esto ocurría en 1872, inmediatamente después de la caída del Imperio y del Desastre. Sardou había pasado la mano a contrapelo. Quizás desde entonces, así como se había jurado a sí mismo no hacer más obras maestras, sé juró no ir contra la corriente de las muchedumbres.

No fueron sus comedias de costumbres, tan donosas a veces como La familia Benoiton, lo que le dio más nombre, sino los dramas; iba a decir los dramones —por ejemplo, La Tosca.— Como todo gran productor, Sardou no escrupulizaba, y arramblaba con lo que le convenía. De esto se le acusó reiteradamente. Quien conozca el drama de Goncourt, titulado La Patria en peligro, y primero La señorita de la Rochedragon, y la compare a Termidor, hallará más que analogías. Uno reclama la idea de La Tosca; otro la de Odeta. Son minucias tal vez. Sardou tuvo a cada paso más suerte, o dígase más maña y dominio de su profesión. La teoría del teatro, tal cual se formula contra el naturalismo, se inspira en el ejemplo de Sardou, y erige en dogma sus procedimientos. Y hasta Brunetière cae en este error, explicable en momentos de batalla reñida.

Mientras Augier, después de la victoria de Los Fourchambault, cree llegado el momento de retirarse, antes que el público le retire; mientras Dumas hijo decae visiblemente, y su Mujer de Claudio (obra ambiciosa, en que el moralista quiere forzar la nota y señalar a Francia, enfáticamente, un camino para regenerarse, encerrando la enseñanza en una invención sin pies ni cabeza) encuentra frialdad y severidades de la crítica, Sardou continúa impávido, sin un tropiezo. Sus dramas atraen cada vez más, y no a Francia, sino a Europa. Aquí mismo, en España, se ha dado el caso de que una actriz eminente, María Tubau, cuando veía flojear la taquilla, apelase al recurso supremo, y anunciase La Corte de Napoleón, obra en la cual culmina la manera especial de Sardou.

Y esto era cosa aparte de la literatura: era teatro, según frase consagrada. No obstante, la escuela naturalista intentaba hacer irrupción en el teatro, como en la novela. Antes de reseñar lo que fue el teatro naturalista, digamos lo que pretendió ser.

La doctrina, como puede adivinarse, hubo de predicarla el jefe, Emilio Zola. En su entender, el teatro ya conocido era materia muerta y disecada, y hacía falta un hombre nuevo, un temperamento poderoso, que trajese a la escena corrientes de aire libre. Se imponía la revolución; la tragedia clásica se desechaba por momificada, y el drama romántico, con sus figurones y accesorios medioevales, por lo mismo. Y como quiera que el arte ni se estanca ni se detiene, convenía apresurarse hacia el drama y la comedia que el naturalismo inspirase. Aun cuando Zola no desconocía que después del drama romántico transcurrió el tiempo de Augier y Dumas, en el cual estaba contenido lo futuro, su anhelo de llevar las conquistas de la escuela al terreno que más populariza las formas literarias cuando las adopta, le indujo a hacer, en esta exposición de doctrinas, poco caso de los precursores. En efecto, la comedia de costumbres, como El semimundo o Las elegantes pobres, son ya el realismo apoderado de la escena, antes que el naturalismo escolástico asomase.

He estudiado en La transición la evolución del teatro con Augier y Dumas, y por no recordar sino la significación de este último, nótese qué abismo le separa, no tanto de su padre, como de Víctor Hugo, en Hernani, verbigracia. El teatro de Dumas fue creación de realista y moralista, y otro tanto diré del de Augier, constituyendo ambos, como entiende con acierto Renato Doumic, un movimiento total de reacción contra el lirismo. Aun cuando Balzac no obtuviese, los triunfos que soñó en la escena, su novela ejerció la más decisiva influencia dramática. «Las obras que verdaderamente han renovado el teatro hacia 1855 y 1856, son Los hipocritones, de Teodoro Barrière, El semimundo, de Alejandro Dumas, Las elegantes pobres, de Emilio Augier, y su Boda de Olimpia; y en todas ellas está patente la influencia de Balzac». Así escribe Brunetière, no siempre acertado impugnador del naturalismo en el teatro. Y la influencia de Balzac (sigue diciendo el gran crítico) se ejerce, sencillamente, al imponer a los Dumas, Barrière y Augier una imitación ya más exacta y concienzuda de la vida. La fábula podía ser romántica, pero los caracteres dejan de ser artificiales y cortados por patrón, y la idea de que el teatro debe representar la vida, se impone. Esta influencia de Balzac, prolongada hasta nuestros días, aparece libre de disfraces en Enrique Becque.

Hace Brunetière notar lo extraño del caso: creyérase que la influencia de Balzac hubiese de ejercitarse, ante todo, en la novela, y fue en el teatro donde primero se mostró. La explicación que da del hecho, no me satisface. La verdadera, la creo más sencilla.

Balzac es un realista fuertemente dramático, sugestivo. El teatro encontró en Balzac una senda nueva, tipos nuevos, otros horizontes. Lo indudable es que desde Balzac, el teatro, en Francia, ni podía volver a la antigua tragedia, ni al drama de Víctor Hugo, y entró de lleno en la comedia y el drama de costumbres y de ambiente. La valla entre la novela y el teatro, retiembla y cede, hasta que llegue el día, en que, como ahora, las obras dramáticas no sean sino novelas dialogadas. Y aun las excepciones, el teatro poético, como el de Rostand, tendrán que acatar ciertas leyes realistas. Ved el estudio del medio en Cyrano (que se inspira, por cierto, en una novela, El capitán Fracasa).

No ignora Zola que han existido Dumas hijo y Augier, y tanto no lo ignora, que les consagra estudios; pero cree que les ha faltado genio para «fijar la fórmula». En lo que no yerra Zola, es al afirmar que las obras maestras del siglo, más que en el teatro, se encuentran en la novela. Y hasta acierta al opinar, contra la autoridad de Sarcey, que en aquel momento no existían en Francia autores dramáticos de primer orden. Ni el mismo Dumas, ni Augier, y menos aún Sardou, pueden figurar emparejando con los Sófocles y Esquilos, Calderones y Shakespeares, Racines y Corneilles. Pero otro tanto sucederá hasta el mismo instante en que escribo estos renglones, y el Shakespeare moderno no ha surgido. Tal vez no hay para el genio (sin que entremos a dilucidar la verdadera significación de esta palabra), escuelas ni cánones. Así lo reconoce Zola: no fórmulas, genios.

Ante todo, notemos que los maestros de la novela naturalista, casi en conjunto, fracasan en sus tentativas teatrales. El caso podrá sorprender, cuando digo que el teatro, ya desde el apogeo de Balzac, se ha aproximado a novela; ha tomado de ella el sentido realista y cada día se servirá más de sus procedimientos. ¿Por qué, siendo así, los grandes novelistas no pudieron triunfar en la escena? En primer lugar, porque el público del teatro no es el mismo público del libro, y lo que este admite y saborea, aburre o escandaliza al otro. Y si los comediógrafos de la transición estaban ya infiltrados de realidad, la habían envuelto en plateaduras de convencionalismo. No por haber llevado al teatro pinturas más o menos gráficas y análisis más o menos hondos de la miseria humana, fue por lo que oyeron silbidos Goncourt y Flaubert, Zola y Alfonso Daudet; en eso de oír pitos se les habían adelantado Barrière, Augier y Dumas. Fue por el modo de hacerlo, y también porque el público, resistente a la nueva escuela, y en especial a Zola, encontró en el teatro posición estratégica para arrasarla.

Los Goncourt tentaron varias veces el teatro, sin lograr que les admitiesen sus obras. Dos han sido representadas: Enriqueta Marechal y La Patria en peligro.

Ya sabemos la grita que sufrió la primera, provocada, no solo por lo nuevo del escenario del primer acto —un baile de máscaras en la Ópera—, sino debido a que la obra, primero rechazada por la censura, fue admitida gracias a la princesa Matilde Bonaparte, y se supuso bonapartista al autor. La Patria en peligro es un interesante drama histórico que, como queda dicho, fue el modelo de Termidor, de Sardou. Los Goncourt, nótese, vivían siempre pendientes del teatro; pero lejos de buscar en él la fórmula naturalista, pensaron en comedias de magia, en bufonadas aristofanescas. No suponían que el teatro se acoplase bien a lo real, y creían que los personajes escénicos tienen que ser forzosamente falsos, por lo cual, si el romanticismo puede tener teatro, el realismo no. Concierte quien pueda estas opiniones, con el hecho de que ya florecía entonces la comedia realista de costumbres.

Quizás estuviesen más en lo cierto los hermanos al pronosticar la desaparición del teatro, ya que en él todo es mentira y convención, y, estacionario por ley de naturaleza, no puede seguir la evolución del siglo. Dentro de cincuenta años, dicen, el libro habrá matado al teatro, y este se reducirá a groseros solaces, a perros sabios y marionetas. Los Goncourt no podían prever el «cine» y las «variedades».

De Germinia Lacerteux se sacó un drama, que fracasó ruidosamente en el Odeón. No hay que olvidar que Germinia era la novela naturalista modelo, y su adaptación al teatro, una carta decisiva que jugaba el naturalismo, teniéndola por manifiesto de la escuela; su Hernani... en el sentido belicoso de la palabra. Si no sufrió La taberna, de Zola, igual suerte, fue por la misma razón que triunfó Musette, de Maupassant: porque el arreglador y colaborador Busnach enredó bien los hilos de la trama, y París entero y el elemento cosmopolita, por curiosidad, corrieron a ver el fenómeno. Se comentaba, sobre todo, la escena del delirium tremens. De París la obra pasó al extranjero, y yo la he visto representar, admirablemente por cierto, con repugnante verdad, en Lisboa. Zola no carecía, sin embargo, de vigor dramático. Lo demuestra Teresa Raquin. No merece esta tragedia desdén ni olvido. El contraste del fondo humilde y vulgar de la trastienda y las pasiones violentas que forman el asunto, es un rasgo magistral. El remordimiento está expresado con una intensidad que recuerda a los dramaturgos griegos.

Alfonso Daudet deja un teatro más copioso; se destacan dos obras muy dignas de atención: Safo y La arlesiana. Safo está tomada de la novela del mismo nombre; he asistido a su representación y producía gran efecto, que no acierto a definir si procedía de haber leído la novela o de la admirable interpretación del personaje. Y La arlesiana, en el fondo y cambiado el ambiente, es otra Safo: es el amor que enloquece al hombre y le hace olvidar todo, arrastrándole a la desesperación, al suicidio. No me explico por qué no agradó, desde el primer instante, tan linda comedia, quizá demasiado fina y honda para el gusto del público. Pero observo que también Los cuervos, de Becque, ni lindos ni finos, expresión muy enérgica de las nuevas fórmulas, cayeron; no pudieron representarse arriba de las tres noches de reglamento, en la Comedia francesa, y cuan ya el tiempo transcurrido parecía que debiese aplacar las iras del público, o al menos atenuar su sorpresa; y, sin embargo, un crítico de altura proclamó que Hernani, La dama de las camelias y Los cuervos, son las tres fechas capitales del teatro francés en el siglo XIX.

Si el público se mostraba hostil, la, crítica contribuía a mantenerlo en esta actitud. Hablo de la crítica seria, que se preciaba de autoridad, de cierto clasicismo. Brunetière, por ejemplo, se hizo apologista de un sistema, dramático ya invariable, cuajado en reglas acaso más estrictas que las de Boileau, poniendo por cima de todo el métier, consagrando los convencionalismos de la escena, reconociendo el famoso «don» negado por Zola, dando al teatro por principal objeto la acción y estableciendo línea divisoria infranqueable entre el teatro y la novela. Todo ello, al día siguiente de la caída de Germinia Lacerleux. Teorías muy semejantes proclamaba Francisco Sarcey, infatigablemente. El teatro tiene su óptica propia, leyes que no puede infringir; se necesitan los personajes simpáticos, hay que seguir la corriente del público; unas obras son teatrales, otras no; lo que importa es mover los muñecos, tirar de los bramantitos, tornear y ensamblar gentilmente las obras. De esto a una concepción mecánica del arte, va poco, y claro es que toda tentativa de renovación queda prohibida.

A pesar de los censores y del mismo público, la escuela no se estaba quieta; los jóvenes salían a descubierta, y su inquietud empezaba a ser comunicativa. Al lado o a la sombra de los maestros, aunque tan poco felices en las tablas, se alzaba la hueste de discípulos, anhelosos de escarmentar en cabeza propia. Para entender esta fase hay que tomar en cuenta dos episodios: el cenáculo del Gato negro y el atrevido ensayo del Teatro libre.

El Gato negro fue, sencillamente, primero un buchinche donde se congregaban unos cuantos artistas, como si reviviese el tiempo romántico; luego una cervecería bohemia, que su dueño, Rodolfo Salís, decoró con tapices, lozas y pinturas, y al cual empezó a acudir gentío embobado y curioso; y, por último, sin renunciar a su tipo de taberna artística, un teatrillo original, que la creciente afluencia de espectadores obligó a trasladar a local más desahogado. En esta segunda etapa, en 1885, concurrí dos o tres noches al singular establecimiento, donde los criados servían con uniforme de académicos, y al cual acudía mucha gente elegante, y no poca que no lo era. Yo creo que ya entonces se iniciaba la decadencia del Gato, cuya patita atizaba zarpazos a los gansos de la burguesía; pero difícilmente habrá gran coliseo, ni el de Bayreuth, que tal rastro abriese en las ideas del siglo moribundo, como este teatrucho, que no pasaba de ser una extravagancia muy útil para Salía, a quien todos suponían haciendo un gran negocio, achinado, por el gran despacho de su cerveza.

Fue, en primer término, el Gato, medio de divulgación para las aspiraciones impacientes y múltiples de la juventud. Inició las tendencias macabras, depravadas e irónicas del neo-idealismo, con las canciones de los bulevares exteriores y de la guillotina, con el caló y las costumbres de los chulos de París, en que se expandía la musa callejera de Bruant. ¡Apenas si todo ello ha traído cola, largo rabo gatuno! El apachismo literario, de ahí viene. También las tendencias místicas asomaron en el cenáculo de Salis. Allí se fustigó, con mil chocarrerías, al naturalismo de escuela. Hubo su poco de patriotismo. Dice con gracia Julio Lemaître que «la napoleonitis que padecemos, en parte procede del Gato»; y, en efecto, a mí me tocó presenciar el entusiasmo con que era acogida la Epopeya, las siluetas imperiales de Caran d'Ache. También debemos culpar al Gato de la invasión enharinada y abigarrada de Pierrot, Arlequín y Colombina, personajes que, por el retraso con que aquí vienen los figurines, nos están mareando asaz en estos años últimos, en comedias y versos. Y, por último, de la flaca panza del Gato salió, igualmente, la iniciativa del Teatro libre.

El Teatro libre empezó a funcionar en 1887, en un modestísimo edificio de Montmartre, y lo fundó Antoine, actor sin fama, entusiasta del naturalismo. El sistema era original. Allí no entraban sino los suscritores, gente de dinero que se costeaba un goce inteligente. Ninguna obra se representaba arriba de tres noches. La censura no podía estorbar, porque no asomaba la nariz. Los actores representaban sin convencionalismos, sin latiguillos, como se habla; las decoraciones y accesorios se inspiraban en la estricta verdad. Dícese que, gracias al Teatro libre, hoy los actores franceses son más naturales. Falta les hace: hay mucho de afectado y enfático en la declamación francesa.

Se ve claramente lo que significaba la iniciativa del Teatro libre. Una ley del arte dispone que, sin adelantar, tampoco pueda estacionarse ni quedarse inmóvil: necesita variación. A esto llamé yo, cuando el naturalismo estaba en su apogeo, oportunismo literario. A veces, al verificarse en él esos cambios, el arte hasta pierde, da bajones: el camino antiguo era más ancho, más guarnecido de vegetación, dominaba un país más fértil... No importa: hay que seguir la nueva senda, pedregosa, estéril y abrupta. No valió la etapa del Teatro libre, intrínsecamente, lo que había valido la de Dumas y Augier; no produjo una de esas obras de valor indiscutible, no diré ya como Fausto, Otelo o La vida es sueño, pero ni aun como El semimundo o La dama de las camelias. Los nombres de los autores dramáticos que hicieron la campaña del Teatro libre o procedieron de su influencia, están puestos en olvido ya, excepto el de Becque. Casi nada de aquel repertorio ha sobrevivido a las circunstancias que lo hicieron nacer. Y, sin embargo, era preciso que tal evolución se verificara, para que del hervidero saliese la nueva fórmula teatral, la que hoy reina todavía, y apareciesen nuevos nombres, que no son los mismos que allí se revelaron fugazmente.

El Teatro libre valió únicamente por su sentido revolucionario. Contra todos los escenarios parisienses, afirmó y profesó principios más amplios, más próximos a la fuente de toda belleza, que es la verdad. Y era suficiente; no le estaba encomendada otra, labor. Antoine, el fundador del Teatro libre, que representaba, además, las obras con espíritu de independencia y protesta contra los amaneramientos escénicos, fue el primer actor francés que volvió al público la espalda cuando así lo requería la acción. Él, y toda su compañía, entre la cual no había eminencias, pero sí gente joven, ferviente y animosa, suplían con lo concentrado y apasionado de su mímica el interés que a las obras faltase. Director y crítico, al par que cómico, no aceptaba Antoine sino las que le parecían en armonía con el objeto de su empresa. No quería comedias bien hechas, de marquetería, ni peripecias que suspenden el ánimo, ni trámites graduados, ni exposiciones tendenciosas. Las situaciones no habían de buscarse ni prepararse; brotarían de suyo al desenvolverse la prosa de la vida, sus lances más comunes; al servir, en plato de barro, la sangrienta tajada cruda. Y, de hecho, si nos fijamos bien en lo que nos rodea, así sucede. El profundo interés del vivir no es obra de arte, sino de realidad.

No se circunscribía estrictamente Antoine a la escuela naturalista: una escuela literaria es un convencionalismo también. Con todo, por fatalidad, naturalistas fueron las tres cuartas partes de las obras que allí se estrenaron. Los autores predilectos del Teatro libre, Ancey, Wolf, Jullien, Brieux, Hennique, Fabre, Céard, sin hallarse muchos de ellos oficialmente afiliados a la escuela, profesaban en mayor o menor grado sus doctrinas y les alentaba igual aspiración. Así es que sus producciones tienen ese «aire de familia» a que se refiere un crítico, y a veces —el mismo crítico, Agustín Filon, nos lo dice— parecen continuación unas de otras, y el rasgo esbozado en un drama se acentúa y define en el siguiente, pudiendo este teatro analizarse en conjunto, como si fuese una sola obra (prescindiendo de «engendros informes, que no son más que reto a las gentes honradas»).

Tiene, pues, el Teatro libre un modelo, al cual se ajustan sus proveedores. Los personajes son siempre gente de medio pelo, burguesía humilde. Suprimidas exposición y demás perendengues de la técnica, el argumento también queda reducido a la mínima expresión. No hay intriga, no hay enredo, ni triquiñuelas, ni combinaciones, ni sorpresas, ni desenlaces imprevistos. La pretensión científica de Zola se ha comunicado a los autores del Teatro libre, que a sus dramas y comedias llaman estudios y análisis. La tesis, la moraleja, están vedadas en este sistema dramático. Pintar a la humanidad tal cual es, descubrir sus flaquezas y lacras sin miedo; tal es la finalidad de la nueva dramaturgia; y lo hacen sin sombra de piedad ni de reprobación, con indiferencia de vivisector en una clínica... Evidentemente, cabe preguntar si los autores dramáticos antiguos o que empezaban a anticuarse en esta etapa, no habían expuesto también, a lo vivo, bastantes aspectos de la miseria de nuestra especie. Alejandro Dumas hijo, que combatía con ardor a los innovadores, en prefacios y artículos, pudo alegar que su Monsieur Alphonse era tan verdadero como los chulos de barrera y los souteneurs de gorra de tres puentes, y su baronesa de Ange no tenía que envidiar a cualquier buscona del Libre, salva que olía mejor la baronesa. El camino emprendido por los flamantes dramaturgos, había de empujarles al barranco en que se despeñó todo el naturalismo: a un pesimismo psicológico, a una concepción de la naturaleza humana vista en negro, en feo, en bajo; a un patullar en el légamo. Que en esto se atuviesen a la realidad, era difícil de afirmar, pues la realidad, con no ser excelente ni pura, no es tan miserable; y la humanidad que los autores del Teatro libre ponían en escena era también humanidad reducida, capa social especial, burguesa en el mal sentido de la palabra, y despojada hasta de fisonomía, a fuerza de querer pintarla usual y corriente, inferior y plebeya. Todos conocemos, y es lo que más abunda, gente vulgarísima, en cuyas almas no hay ningún relieve de grandeza, de genio, de poesía ni de heroísmo; pero no por eso dejan de tener, en su insignificancia, una manera de ser propia, menos flotante e inconsciente que la de gran parte de los personajes del Teatro libre. De esta, concepción antropológica, impregnada de un pesimismo que en Francia, en tal momento, se explica como una de las reacciones de la historia, nació lo que llamaron teatro rosse. Para traducir, y sin violencia, puesto que del castellano está tomada la palabra, hay que escribir teatro rocinesco. En efecto, rosse significa rocín; el vocablo rosse se aplica en Francia a ciertas mujeres, y si aquí no se aplica, se expresa algo idéntico en el calificativo de penco, equivalente a jamelgo matalón. Con palabra tan poco culta se ha caracterizado un género literario.

La rosserie o rocinismo es una especie de viciosa ingenuidad, una inconsciente corrupción que se muestra al desaparecer, o no haber llegado a existir nunca, todo chispazo de ideal en las almas. En el Gato negro, las canciones canallescas de Ivette Guilbert precedieron y dieron el tono a la comedia rosse. Y la moda de la comedia rocinesca basta para desmentir a los que afirman que ni Francia ni París cambiaron después de la debâcle; que ninguna impronta marcó en los espíritus la apocalíptica tragedia. No son a veces las huellas más claras de estos sacudimientos, en el terreno literario, ni las canciones patrióticas, ni los libros en que desde el punto de vista histórico se debaten y narran los sucesos; ni las quejas, ni las indignaciones. Puede ocurrir que el sentimiento se acuse en síntomas que conviene apreciar como estragos enfermizos de la sensibilidad herida, pisoteada. El cinismo, el amoralismo absoluto de la comedia rosse, la mofa y escarnio candoroso de todo lo grande, de todo lo generoso y bueno, descubren un estado patológico especial. Es la forma cínica del dolor.

Acaso se hubiesen iniciado los desórdenes funcionales antes de la guerra, y algo habían contribuido, al comunicarse a Europa, a aquel desprestigio de la gran nación, que explotaron diestramente los vencedores. La última época del segundo Imperio apareció como hora saturnal, y no faltó quien, seriamente, acusase de todas las desdichas posteriores de Francia al cancán y a las óperas bufas de Offenbach, con el desfile carnavalesco de dioses y reyes alzando el pie, y no solo el pie, en pirueta grotesca y burlesca, con caracteres de impudor aturdido y caricatura desvergonzada de creencias, instituciones y sentires hondos de la vida. Pero al cabo, el can-cán y las óperas de Offenbach eran eso, bufonadas, y no pretendían ser otra cosa, mientras que el rocinismo de escuela sale a plaza con carácter de «estudio», de «documento humano», autorizándose con la verdad y hasta con la ciencia, que ha sido el clavileño de Zola, en el cual había de ascender a las más altas regiones.

Al confitar en inmoralismo a la humanidad, se preciaban de aplicar los principios y el sistema de Taine, nada menos, y demostrar que el vicio y la virtud son meros productos químicos, que la voluntad no existe y que solo el medio y el instinto guían al rebaño. En la colectiva desilusión de Francia, las letras, en vez de sanear, eran fermento de descomposición. El maestro del rocinesco teatro fue, como queda dicho, Enrique Becque. Este dramaturgo empezó por divertir mucho al público, y no a cuenta de sus personajes, sino a cuenta propia: la gente se desquijaraba de risa cuando después de incesante andar de Herodes a Pilatos, de empresario en empresario, rogando la admisión de un manuscrito, acababan por aceptarlo; y hubo obra suya, como El rapto, que cayó de manera tan humillante, que el autor ni aun consintió que se imprimiese y decidió retirarse del teatro de un modo definitivo, y dedicarse exclusivamente a sus negocios bursátiles.

Sin embargo, no realizó este propósito. Apeló a la paciencia, y, nos dice Filon, «empleó sus ocios de autor fracasado en leer a Molière y en observar la vida». Molière, en efecto, es un realista de la psicología; nadie podrá decir de él que aduló a la humanidad, y no en balde creó los admirables tipos de Tartufo y del Misántropo. Como su modelo, pues, Becque insiste en patentizar la vileza, la ignominia del hombre.

Uno de los momentos en que más claramente se descubre y revela, es el que Becque eligió en Los cuervos; porque hay horas de espiritualidad en que el más mísero tiene algo de grande, y otras en que sale a la superficie el ciego apetito, y siempre se ha dicho que el interés es la piedra de toque de los humanos.

Muere de súbito el jefe de una familia, un negociante que lleva muy bien sus asuntos y va camino de hacerse rico. Entonces los cuervos abaten el vuelo sobre la viuda y las huérfanas, poniéndolas en situación horrible. El desenlace, la salvación de las infelices, está en armonía con el sistema: una de las hijas, despojadas, desoladas, acepta unirse en matrimonio a un viejo, antiguo asociado del padre, principal fautor de la ruina, y que ha empezado por querer hacer de la muchacha su manceba. Y la muchacha se aviene a la boda calculando las ventajas, sin adoptar actitudes de heroína romántica, sin una lágrima; ¿para qué? La necesidad la empuja... La vida es eso... Y si no será la primera ni la segunda que consume un sacrificio semejante, es por lo menos la primera en las tablas, donde todo lo facticio tiene su asiento, donde el público no quiere ver lo que pasa comúnmente, sino lo que debe pasar en un mundo mejor, más en armonía con las leyes del bello idealismo...

La otra obra famosa de Becque, La parisiense, historia resobada del eterno triángulo —la mujer, el marido, el amante—, es, hasta por su título asaz significativo, uno de los documentos acusadores contra Francia, y especialmente contra su capital, y en los cuales ha de basarse su enjuiciamiento, los cargos de inmoralidad profunda, de medula dañada, de podredumbre. Las naciones sufren a veces —sobre todo cuando hay en contra suya intereses y anhelos de otras naciones rivales— estos procesos de difamación; bien lo sabemos los españoles. Desde nuestra hegemonía se practicó el arte de calumniarnos, en otro terreno que a Francia sin duda y con menos fundamento, seguros de que nos defenderíamos mal y poco. A Francia convenía presentarla como apocalíptica ramera, y parte de su literatura dio armas para el descrédito.

No puede concebirse, entre esas armas, ninguna más mortífera que establecer con caracteres generales que el hogar está disuelto moralmente, y la mujer, en cuyo seno buscan fortaleza y nutrición de amor las sociedades, es instrumento de su disolución. El nombre de la «parisiense» en gran parte por culpa de la literatura, adquiere un sentido sospechoso y equívoco, y cuando cronistas y viajeros (como el brillante Gómez Carrillo) hablen más adelante del «alma encantadora de París», sobreentenderán, como uno de sus encantos y no el menor, el hábil, refinado y quintaesenciado libertinaje y galantes perversiones del elemento femenino, en todas las clases y hasta en la vida doméstica.

La primer comedia de Becque, Los cuervos, tan discutida, que tuvo un estreno tan proceloso y originó tantas polémicas, no iba, en realidad, sino contra el género humano en conjunto; porque la avidez y la mala fe y sus conflictos son de todo tiempo, de todos los países, de todos los períodos de la civilización, y aun de estados salvajes, y de ello da fe la Historia. Pero La parisiense señala un momento dado de esa historia, y afecta a un pueblo que necesita fe en sí mismo, en las fuentes de la salud por la familia y los lares, en la paternidad y la fecundidad, y pinta la desaparición de tales energías, el advenimiento de la mansa disgregación social. La heroína de La parisiense, Clotilde, es un tipo femenino que solo Dios sabe cuántas veces volverá a salir a luz, en la novela, el teatro, el cuento, la caricatura, el epigrama, la literatura fácil que en tal abundancia y al día confecciona París. La inmoralidad de las acciones de Clotilde, que se parece a la madama Marneffe, de Balzac, está, no salpimentada, sino sazonada con las cuatro especias. Es una mixtura de descaro y candidez. Tal candidez perversa se refleja en frases que se han hecho proverbiales y célebres. Clotilde dice, por ejemplo, a su amante: «¡Me figuro que no te haría gracia una querida sin religión; sería una atrocidad!». «¡Tú no quieres a mi marido; no, no le quieres!». Y lo bueno es que el amante protesta calurosamente contra la acusación. Los dos quieren al marido, vaya;

le quieren a su manera; desean que suba, que ascienda, que conquiste posición y respetos. De la consideración de la engañada sociedad, Clotilde recoge su parte, y sus acciones, aun las más aparentemente opuestas a tal idea, a esa tienden. Para comprender el alcance de este concepto social, pensemos, por contraste violento, en Calderón. Si hubo algo en nuestro poeta que fuera expresión de un ideal social y exagerado y todo por el poeta, no podemos negar que no lo inventó —comparemos mentalmente ambos ideales, y sus revelaciones acerca de un pueblo y una raza.

Al hablar de Becque, y de sus dos obras célebres, cuyo valor no es posible desconocer, hemos reseñado lo más importante que dio de sí el teatro naturalista. Otros nombres, otros talentos diversos encontraremos en el período siguiente; reconózcase que todos ellos deben algo al repertorio oscurecido del Teatro libre y a Becque. La evolución se completa en las direcciones que reclaman los tiempos, pero no neguemos que el Teatro libre, ante su restringido público, y Becque, ante otro tan mundial como el de los grandes escenarios de París, hubieron de apresurarla, hasta por la misma exageración del procedimiento escolástico. Ya pueden venir Donnay y Curel, Lavedan y Hervieu, y aunque alardeen de no sujetarse a ninguna fórmula, de tener por fueros sus bríos, no deben, en mal y en bien, negar que proceden de aquel movimiento, especie de período carbonífero que creó organismos rudimentarios, transformados luego en otros más perfectos y armónicos.

X
La poesía. Último recurso del romanticismo: el intento épico. Fin de Víctor Hugo. Sus servicios al idioma. Disolución del romanticismo por la poesía. El Parnaso. Precursores: Vigny, Gautier, Banville, Catulo Méndez

Por última vez se trata aquí de Víctor Hugo. Mientras vive, llena con el torrencial estrépito de su nombre la época literaria; y, en el último período de su colmada existencia, todavía va a realizar una tentativa nueva, y magna, al menos en la intención... (que no basta, y en arte mucho menos).

Hemos visto, en La transición, cómo, después de un silencio de doce años, reapareció con Los castigos y Las contemplaciones. Era la bocina de Hernani, resonando a deshora al so plo del viejo Silva. Nuevo toque, en que la bocina de Hernani quiere levantar los mismos formidables ecos de la de Roldán el paladín: y sale a plaza La leyenda de los siglos.

La leyenda —al menos su primera parte— ve la luz en 1859. El poeta se halla en su prestigioso destierro de Guernesey. Hasta 1877 no había de publicarse la segunda. La primera estaba dedicada «a Francia» y hablaba de «la hoja seca, que ofrece a su patria el árbol desarraigado». Con tal motivo, Teófilo Gautier, cuyo sentido crítico se eclipsaba al tratarse de Hugo, hasta el punto de declarar que ni a solas y a oscuras se atrevería a decirse a sí mismo que no era perfecto un verso del semidiós —proclamó que ya no había que compadecer a Francia por no haber producido epopeyas. Tal era el vacío que Víctor Hugo se proponía llenar. ¿Lo consiguió?

Una epopeya, es el más ambicioso propósito que en un poeta moderno se concibe. Unánimes dicen los tratadistas que, si el elemento épico persiste actualmente, el tiempo de las epopeyas ha pasado. El elemento épico alienta, más que en la Historia, en la novela, género donde todo cabe; y si tienen marcado carácter épico novelas como La guerra y la paz, de Tolstoy, y A sangre y fuego, de Sinckievicz, no negaremos que sea épico, en cuanto es histórico y objetivo, el fondo de La comedia humana, y los mismos Rougon Macquart. Víctor Hugo debió de comprender esta sustitución de la epopeya por la novela, porque, después de La leyenda, sabemos el alcance que quiso dar a Los miserables. Era, sin embargo, tan completa su confianza en

143

sí mismo, que soñó poder dominar la epopeya propiamente dicha, y coronar así su gloria.

Brunetière lo ha notado: si no pueden faltar en La leyenda fragmentos de carácter épico, a cada instante reaparece el lirismo. Por otra parte, en los pasajes más hermosos, que los tiene, se clarea el propósito de algo que no es épico ni por semejas; que es, meramente, el fin político Y social, nunca perdido de vista por Hugo. Cuando (no como Velázquez, perdóneme Brunetière, pues Velázquez era otro género de artista, sobrio, sencillísimo), pero, en fin, como un pintor de primer orden, más detallista que Velázquez, nos presenta Hugo a la Infantina en su jardín, «chiquita, guardada por una dueña, con una rosa en la mano, mirando vagamente al agua, al ensombrecido estanque, a un cisne de blancas alas, blanca ella como la nieve, sobre el fondo del enorme palacio y del profundo parque poblado de cervatillos, vestida con basquiña de punto de Génova, con falda en que serpea por los pliegues del raso un arabesco, entre oro florentino, y abrumada la manita por la abierta flor...», en esta maravilla, que compite con los mejores sonetos del cubano Heredia, y emula la plástica de Gautier —solo se trata de vapulear al padre de la gentil Infanta, al odiado Felipe II, y, por supuesto, ¡al espantajo de la Inquisición!

Así, en vez de ostentar la impersonalidad sublime de la epopeya, es la Leyenda de los siglos, en sus dos partes, obra de propaganda y combate político, filípica contra los reyes tiranos, los sacerdotes engañadores y ladinos, y cántico al pueblo, santo tres veces.

«Desde este punto de vista, declara Brunetière, la Leyenda continúa la labor de Los castigos».

Es en la Leyenda donde mejor se descubre la imposibilidad de recoger y depurar su inspiración, de proporcionarla, de guiarla, que padece Víctor Hugo. Más que nunca, se hincha y echa ramazón en la Leyenda. Enfermedad de gigantismo, bien poco francesa, más bien española del tiempo barroco. Asusta, por lo amplio, el programa de la Leyenda. Verdad es, y debe proclamarse, que ni Balzac, en La comedia humana, ni Zola, en sus Rougon, dejarán de proponerse vastísimos desarrollos. La Suma de la Edad Media toma otras formas, persistiendo. Toda la humanidad, contenida en una obra cíclica; he aquí el plan de Víctor Hugo, al emprender la Leyenda de los siglos.

Habrán, pues, de desfilar las diferentes épocas de la Historia: los tiempos bíblicos, las edades paganas, las cristianas, las modernas, cuanto fue y es, y hasta cuanto será... Acaso, sobre todo, cuanto será –porque ya sabemos que Víctor Hugo vaticina.

Así, la Leyenda de los siglos engloba multitud de poemas, ya épicos, ya líricos, ya filosóficos; la obra pertenece al orden compuesto, y en ella, más acaso que en ninguna de sus anteriores producciones, adopta el autor la actitud de mago, visionario, evocador y vate, en el antiguo sentido de la palabra. Aspira a mostrar las etapas que ha seguido la humanidad, a estudiar el problema único, el ser bajo su triple faz, ocultando, como el florentino, bajo el velo de los versos extraños honda doctrina metafísica, porque siempre tendió a la especulación y meditación, y el conocido kantiano Renouvier escribió un volumen entero y bien hilado sobre las ideas filosóficas de Víctor Hugo.

Esta pretensión metafísica va unida a la pretensión épica. Víctor Hugo da, en la Leyenda, la medida de su colosal ambición. Quiere dotar a Francia de una epopeya en verso, como luego querrá dotarla de una epopeya en prosa, Los miserables. Faltaba a Francia su Homero, su Virgilio: Víctor Hugo lo será, porque (así lo cree) no hay para su musa imposibles.

Anhela, pues, salir de sí mismo, objetivar su inspiración, hacer resonaren la lira la voz de las multitudes y los sonoros ecos de todo lo creado...

No basta querer. Las epopeyas han surgido, positivamente, de otro modo, y no fue así como brotó el Romancero. ¿Qué hizo Víctor Hugo? Lo contrario de lo que hicieron los grandes poetas épicos. Estos, obedeciendo a la presión de la masa, recogiendo los cabos de mil sentimientos colectivos, trenzaron su trenza de oro. Una acción, un momento de la vida de la raza, culminando sobre los restantes, vino a ser como símbolo de toda ella. Es cierto que hay un género de poesía épica, los poemas indios, en que los episodios son tan frondosos y confusos, que apenas puede retenerlos la memoria. No falta, sin embargo, unidad en el núcleo de estos poemas, y el asunto del Ramayana, tan extensamente desarrollado, es uno solo, la encarnación de Rama y el espíritu de amor en el bello personaje de Sita. Todos estos grandes poemas humanos, además, son desinteresados, objetivos, y Víctor Hugo es sobradamente apasionado y apodíctico en lo que crea, para alcanzar el desinterés épico: siendo esta una de las razones por las cuales le pondrá, el pie delante, en el género épico a la moderna, Leconte de Lisle.

Víctor Hugo, cada día más, sufre la fatal evolución: de poeta, se convierte en sociólogo y satírico. La fantasía, por otra parte, le domina y arrastra. Sus descripciones, ya históricas, ya geográficas, no tienen la exactitud sorprendente de las del viejo Homero, a quien no ha podido desmentir en nada la ciencia moderna, con sus excavaciones y reconstrucciones, Hugo, intrépidamente, hace suceder a un mismo tiempo cosas que pasaron en cuatro siglos distintos. Además, por el género a que pertenece, la Leyenda descubre mejor que otras obras de Hugo, uno de sus procedimientos retóricos más frecuentes: la amplificación. Creíase Hugo con sobra de derecho para extenderse cuanto le viniese en gana, porque, decía él, «la vía láctea no cuenta sus estrellas».

Pero no eran estrellas, sino antítesis, imágenes, enumeraciones, tumultos de palabras y marañas de ideas, lo que llovía de la constelación. La lectura de la Leyenda engendró fatiga, aunque se destacasen rasgos esplendentes, y fragmentos de alto vuelo, más bien lírico; y lo anunciado con la estrepitosa publicidad acostumbrada, como acontecimiento mundial, no abrió profundo rastro: la segunda parte, menos aún.

Otra cosa produjo cansancio: la erudición. Barbey d'Aurevilly lo dijo: «Este gran poeta de Víctor Hugo es positivamente más erudito que poeta...». Verdad que luego calificó la erudición de Víctor Hugo de «temeraria». Atiborrada de lecturas erudita: está la Leyenda, como las demás obras de última hora, repletas de nombres raros y de noticias polvorientas. Y es un estilo de erudición extravagante, tomada de Diccionarios especiales, rebuscada en librotes, no asimilada ni en lo más mínimo a la sustancia de la mentalidad. Dante era un sabio, «clérigo grande», conformes... pero un sabio que se sabía su erudición. Por eso dijo del sacro poema, que en él, cielo y tierra pusieron mano...

Y si nombro a Homero y Dante a propósito de Hugo, no es para igualarlos, ni aun para aproximarlos, en cuanto épicos. La grandeza de Hugo será de poeta lírico.

Quiero hacer una observación a propósito del empeño de Hugo en aparecer profeta y mago, de recibir la visión de lo absoluto para comunicarla a la humanidad, de abarcar todos los tiempos en una metafísica superior, de emular a San Juan en Patmos. Es mi parecer que esta ambición no la hubiese tenido, o al menos no la hubiese manifestado Hugo, si no acierta a nacer en Francia. La ambición del poeta, es reflejo de la ambición nacional desde 1793. Y, realmente, la filosofía de Hugo no va más allá de lo que 1793 significa.

Nunca el pobre diablo de Zorrilla, que era tan poeta lírico como pudo ser Víctor Hugo, y cuyo teatro romántico es más humano que el del autor de Hernani, hubiese soñado en erigirse en Moisés de los pueblos, en apóstol de la humanidad. Sus pretensiones eran menos complicadas. ¿Quién sabe, si nace francés? Aquí, la gente se hubiese reído. Somos, en ese respecto, escépticos, y aunque tan cerca de Marruecos, solo en política admitimos santones. Y estamos muy lejos ¡ay! de aspirar a ser fanales del mundo...

No por eso se suponga que en Francia, donde hay tan agudos críticos y espíritus tan desengañados, faltó quien examinase y hasta quien, sonriese. Aun antes de la muerte de Víctor Hugo, y sobre todo desde que se descolgó de su peñasco, la inteligencia francesa protestó de lo excesivo y descomunal de la aspiración, y de cuanto existía de caduco y falso en las creaciones. La hugolatría fue sin duda un curioso fenómeno, algo como hipnotización del ingenio francés, tan amigo de comprender y discernir; y duró y dura todavía, y de tal modo dominaba a los que la padecieron, que Goncourt nos cuenta como, en un banquete literario, al pronunciar un invitado una palabra «algo blasfematoria» sobre Hugo, Saint Víctor se puso literalmente frenético, y Carlos Blanc sufrió un ataque de epilepsia. La cascarilla dorada, sin embargo, se caía visiblemente, y, antes que la posteridad, los contemporáneos inauguraban la severa revisión. Baudelaire, a quien Hugo cuenta entre sus fieles, solo se atreve a decir restrictivamente de la Leyenda «que es el único poema épico que pudo crear un hombre de hoy, para lectores actuales». Goncourt ingiere el siguiente diálogo en sus Memorias literarias: «Víctor Hugo –dice uno– tiene ideas acerca de todo... No –responde otro–, ideas no; imágenes». Y el novelista declara el sentimiento irónico que despierta en él la jerga mística, hueca y resonante en que pontifican Michelet y Hugo, como si estuviesen unimismados con la divinidad. Por su parte, Michelet, que tantas analogías tiene con Hugo, declara que éste cultiva «la estética de la monstruosidad». Zola hace de la segunda parte de la Leyenda implacable disección, y afirma que Víctor Hugo se cree más majestuoso, cuanto más vacíos están sus versos. El más duro de todos, sin embargo, es Lemaître. El que consideró a Barbey d'Aurevilly «rostro enmascarado» califica a Víctor Hugo, nótese el matiz, de «alma que le es extranjera». En medio de su elogio hiperbólico a Hugo, Renan expresa algo semejante, al decir que ignora si puede llamarle francés, alemán o español, y que unas veces le ve más alto y otras más bajo que la humanidad. Este carácter poco nacional de Hugo, en sus defectos como en sus cualidades, no se oculta a Lemaître y, en su diatriba, pone el dedo en la llaga. Hugo es un hombre que, aparentando representará su época, no la comprende; no es nuestro contemporáneo, y no es tampoco de todo tiempo, como fueron Homero y Virgilio. Sin llegar a antiguo, es viejo; está lejos, muy lejos de nosotros: su humanidad es un gran Guiñol apocalíptico; podrá tener genio... pero no tiene absolutamente nada más.

Y estas apreciaciones vienen a confirmar las rigurosas de Nisard en 1836, cuando todavía era reciente la época en que Chateaubriand había puesto a Hugo el alias de «niño genial». Releyendo ahora al que Víctor Hugo trató de asno y de pedante, sorprende su opinión exacta, que se refiere al carácter cerebral, reflexivo, de la mayor parte de la obra de Hugo. «No tiene sinceridad», exclamará a su hora Lemaître.

La sorda lima del tiempo acabó por desgastar la privilegiada organización de Víctor Hugo, y hasta aquel magnifico estómago, fuente de energías para el organismo. Aislado, algo sordo, cesa su brillante conversación chispeadora y empieza a guardar largos y recogidos silencios. Las piernas comienzan a temblar; el rostro, tostado como el de un burgomaestre de Rembrandt, contrae la arcillosa palidez de la demacración senil; pero ni entonces, ni en el largo crepúsculo de su fuerza vital, se conforma a colgar la lira, y hasta afirma que siente allá en su interior un hervidero, más confuso y grandioso que nunca, de conceptos y de imágenes, y se le oye decir: «Con tanto como he escrito, no he escrito la décima parte de lo que deseaba». También, como el pagano Chenier, pensaba llevarse un mundo... De este período son las obras más endebles del poeta: El Papa, El asno, La suprema piedad, Los cuatro vientos del espíritu. Y si le hablaban de más creaciones, de las futuras, solía responder: «¿No les parece que es hora de que desescombre al siglo?». El siglo estaba ya desescombrado del jefe y de la escuela: uno y otro podían ser conducidos al Panteón. Y fue de los golpes de fortuna del hombre extraordinario, que el romanticismo pareciese morir con él, y los ilustres que le habían precedido en la tumba, Chateaubriand, Lamartine, Musset, Gautier, no hubiesen trabajado sino, en cierto modo, para la apoteosis personal de Hugo.

Antes de cerrar la rica testamentaría de Víctor Hugo, no sería justo omitir lo que le debió el idioma. Acaso el romanticismo no haya prestado servicio mayor que ese: renovar de un modo revolucionario la lengua. Nadie tuvo para el caso aptitudes iguales a las del excelso verbalista. La transformación versó especialmente sobre el léxico, y tuvo en Víctor Hugo, al pronto, un sentido democrático, que en los realistas y naturalistas se exagera, y hace subir a la superficie del idioma literario todo el légamo del fondo, hasta del picaresco y de hampa, como aquí diríamos. Se sirvió Hugo de este arbitrio para atacar a los clásicos en su mismo alcázar, el purismo: máquina de guerra tanto más destructora, cuanto que Hugo fue un maestro del idioma, el mejor de los gramáticos, pues le guiaba el instinto. Y el lenguaje libre, popular, sin perífrasis, fue una preparación para el realismo y el naturalismo, por lo cual Goncourt, asombrado de que Hugo, en sus postrimerías, se escandalizase de las licencias verbales de la nueva escuela, exclamaba: «No parece sino que no es él quien trajo a las letras el famoso vocablo de Cambonne...».

Claro es que, iniciado el movimiento, no se detiene. Las escuelas que suceden al romanticismo, a su vez, enriquecen, enturbian, y ensanchan el idioma. Lo hacen, generalmente, por medio del arcaísmo y del neologismo, y acaso, alterando las formas de la sintaxis, ya latinizando, ya helenizando, adoptando elementos regionales, extranjerismos, calós de toda especie, tecnicismos, de oficios, artes y ciencias... Ya veremos cómo de la antigua revolución democrática sale la aristocrática reacción gongorina de la decadencia.

Por ahora observemos que, antes del regreso a Francia de Víctor Hugo, y acaso desde diez años atrás, en el terreno que fue más suyo, en la poesía lírica, el romanticismo había encontrado, en lo que ha solido llamarse el movimiento parnasiano, otro factor de su disolución.

Fueron dos poetas, Javier de Ricard y Catulo Méndez, los que aspiraron a formar una nueva escuela, un cenáculo nuevo. Dirigiéronse a los poetas y a la Prensa, y eligieron cuatro maestros y jueces: Teófilo Gautier, Leconte de Lisle, Banville y Baudelaire. Obedeciendo a este impulso, salió a luz —el año de 1866— El parnaso contemporáneo, colección de versos. Llegaban los poetas parnasianos a treinta y seis, y entre ellos figuraban, además de los ya nombrados, Heredia, Coppée, Verlaine, Mallarmé, Villiers de L'Isle Adam, Sully Prudhomme—, muchos de los cuales todavía no se habían dado a conocer. Hay quien regatea a Catulo Méndez la iniciativa, y se la otorga a Leconte de Lisle y Javier de Ricard, pero es Catulo Méndez, en efecto, el que reseñó los fastos de la que no sé si llame nueva escuela, en un libro titulado La leyenda del Parnaso contemporáneo. La pléyade, numerosa, y aún más brillante, poco tenía de homogénea. Al revés de lo que después se ha visto, agrupábase la juventud al rededor de los maduros, y Gautier, Leconte y Banville, y aun Baudelaire, ya cuadragenarios, veían acercarse a ellos, en alboroto entusiasta, a los que, como Verlaine, Sully Prudhomme y Mallarmé, estaban en la flor de la vida, frisando en los veintidós o veintitrés.

Uníanse los maestros indiscutibles —como el más entrado en años, el gran Teo—, y los principiantes, llenos de esperanza y de ardor. Y la jefatura de la agrupación, desde el primer momento, se confirió a Leconte de Lisle, el marmóreo, el olímpico, el verdadero rival, entonces, de Víctor Hugo. Es lo primero que resalta en la tentativa parnasiana: se realiza sin Hugo, y al realizarse sin Hugo, sobra decir que se realiza contra Hugo.

Aspiraba el Parnaso a un renacimiento poético, sobre los ya mustios laureles del romanticismo; pero, en el riguroso sentido de la palabra, no era una escuela. «¡Ni siquiera hemos escrito un prefacio!», protesta Catulo Méndez. «El Parnaso —añade el mismo testigo— nació de la necesidad de reaccionar contra la cola bohemia del romanticismo, constituyendo, además, una liga de ingenios que simpatizaban en materia de arte. Nuestras admiraciones no nacían de nuestras amistades; al contrario. Donde quiera que veíamos un artista, corríamos a él. El grupo parnasiano no se ha formado sobre la base de una teoría o estética especial: nunca ninguno de nosotros quiso imponer a otro su óptica artística; sin duda por eso eran tan varios los talentos del grupo, y, sin duda, por eso no nos hemos detestado nunca. Como no hubo iglesia, no hubo herejes, ni cultos rivales».

A pesar de esta profesión de fe del que siempre recabó el mérito de haber dado la señal del movimiento parnasiano, por mucho que en este se evitasen las proclamas y los exclusivismos escolásticos, tenemos que reconocer que se basaba en algunos principios esenciales. Estos principios pueden reducirse a la teoría del arte por el arte, a la perfección de la forma, a la impasibilidad y a la objetividad.

Para buscar el origen de tales dogmas tenemos que recordar a dos poetas de quienes ya hablé en El romanticismo y La transición: Alfredo de Vigny y Teófilo Gautier, y acaso debiéramos remontarnos hasta Andrés Chenier, el más pagano de todos.

Retrotrayéndonos únicamente a Vigny, sí nos atenemos a someras clasificaciones, es un romántico. Su vida literaria se inaugura con la estrecha intimidad de Víctor Hugo; en los comienzos del cenáculo, no hay otro más ferviente. Pero, al avanzar la escuela, poco a poco, Alfredo de Vigny se desvía de ella, con la reserva silenciosa y altiva que caracteriza su modo de ser y todos sus actos. Víctor Hugo, Sainte Beuve, al principio sus grandes amigos y admiradores, van alejándose de él: es el único de los románticos que no consigue imitadores. La gradual mala voluntad de los románticos llega al extremo de que Víctor Hugo altera uno de sus textos en que ensalzaba hasta las nubes a Eloa, obra maestra de Vigny, poniendo en vez de Vigny Milton, y en vez de Eloa, El paraíso perdido. La actitud aristocrática de Vigny contrasta con la de los románticos, que al correr de los años se democratizan hasta en su inspiración. La casa de Víctor Hugo está siempre llena de una cáfila de gentes de medio pelo, no solo social, sino literariamente hablando; esta grey es útil a la reputación de Hugo, y la cultiva; pero Vigny, casado ya, y muy remirado y selecto en todo, no quiere ni que su mujer frecuente semejante cotarro, ni que alterne con madama Hugo, para que a lo mejor la tuteen, como tuteaban a la esposa del poeta los del cenáculo.

Y esta exquisitez de la relación personal la tiene Vigny para la obra literaria. No abre su corazón. No le pidáis los gritos de dolor de Alfredo de Musset, y antes que Leconte de Lisle haya escrito su famoso soneto Los exhibicionistas, Vigny maldice de la vil publicidad, picota donde las pasiones

151

profanas abofetean al poeta, y reniega de los que buscan la popularidad en el momento presente y no en lo venidero. Con arreglo a este programa, que en él era la expresión de su misma naturaleza, elegante, ultradelicada, sujeta a una sola fe, la del honor, vivió siempre el poeta de la famosa «torre de marfil», triste, recogido, enfermo, como dijo malignamente Sainte Beuve, «de la enfermedad de las perlas».

El fue quien, veinte años antes de que se fundase el Parnaso, en La muerte del lobo, exclamó: «Solo es grande el silencio: el resto, flaqueza. Gemir, llorar, rezar, ¡cobardía! Cumple con ánimo tu larga y osada faena, en el camino adonde te llame la suerte, y luego, como yo, sufre y muere callado». En una época de verbosidad, y en prosa, afirmaba: «El silencio es la mejor crítica de la vida».

De estas condiciones de Vigny, de su aislamiento del público, resultó que el público igualmente se distanció de él. Fue necesario, dice Brunetière, que la evolución del arte preparase la capa de lectores capaces de estimar en su valor y poner en su lugar al autor de Eloa.

Y, al hacer el recuento de los méritos y títulos de Vigny, se vio que principalmente descollaba en él el don de traducir en símbolos poéticos el pensamiento filosófico. Así, se le ha nombrado el poeta filósofo por excelencia; y no tanto se le puede contar entre los ascendientes del Parnaso por esto, como por su impasibilidad y objetividad.

Cuando Vigny murió, en 1863, de un cáncer en el estómago (habiendo soportado el horrible mal sin desmentir un momento su orgulloso estoicismo, poniendo por obra lo dicho mil veces, que no es insoportable un hombre que cuenta sus enfermedades, y que una educación elegante enseña a desdeñar el sufrimiento físico), empezaba a notar que por fin el público le pertenecía; no solo se le iba a comprender, sino a preferir a los románticos con él venidos al mundo, y tan distintos de él, en lo hondo de la individualidad, aparte de escuelas y teorías.

La perfección de la forma, otro dogma de la escuela, tuvo por precursores a Teófilo Gautier y a Teodoro de Banville. He observado, en La Transición, que la teoría del arte por el arte dio un golpe mortal a la escuela romántica, y poco queda que añadir sobre el mismo tema. Con razón los parnasianos tomaron por maestro y juez al «impecable» Teo. No hacían sino rendir justo tributo al perenne, hondo esfuerzo hacia la perfección, del insigne artífice del verso y de la prosa. No solo para la escuela parnasiana será Gautier un precursor: ya veremos como ha encerrado en sus versos la futura originalidad de Baudelaire. En las especiales direcciones del Parnaso, no hay apoyo más firme que los principios helénicos del arte por el arte, de la belleza en sí. Su pesimismo, aunque no tan distinguido como el de Vigny, que ni por un momento olvidó su «dorada cimera de hidalgo», es igualmente desconsolador. En la Comedia de la muerte, Gautier pregunta a don Juan, a Napoleón y a Fausto la palabra del enigma, y le contestan: Fausto, que la ciencia es vana; don Juan, que el amor es una mentira, y Napoleón, que la acción es inútil. Así es que Gautier considera al hombre «un mono maléfico». Nota común va siendo este género de misantropía en los grandes escritores franceses, y su amargura se acentúa en las generaciones sucesivas. Los primeros románticos, Hugo, Musset, y no digamos Lamartine, conservan esperanzas, ven aún lo divino. La desesperación avanza: Gautier es de ella acabado ejemplo.

Cree Gautier, sin embargo, en lo que creyeron sus antecesores, los paganos de Grecia y del Renacimiento. Maestro de parnasianos, enamorado de la plástica, tiene fe en la hermosura: no en la natural, sino en la del arte. Se consuela de la vida mediante la contemplación de las formas y los colores, tratados por ilustres artistas. Y, gracias a este sentido de la belleza plástica, sus versos no tienen la vaguedad lamartiniana; presta a la poesía la estructura, el brillo, el color, la precisión de contorno de los metales y las piedras preciosas que los incrustan. Los versos al cincel, lo lapidario, la descripción que vence a la pintura y a la escultura y al grabado y a la talla, proceden de Teo. La teoría del artificismo está contenida en una frase suya, al declarar que el verdadero paisaje natural de Holanda no es sino «torpe imitación de Ruysdaël». El Parnaso no ha producido nada que así obedezca a sus dogmas, como los Esmaltes y camafeos, de Gautier.

Otro parnasiano de raza y de acción es Teodoro de Banville, el autor del Tratadillo de poesía francesa, donde formuló tan escuetamente los principios de la poesía, «arte» dice él «el más difícil de cuantos se conocen», dando, como modelo, La leyenda de los siglos, de Víctor Hugo, «Biblia y Evangelio de todo versificador francés». En su entender, los versos tienen por objeto ser cantados, y lo que no puede cantarse, ni es ritmo, ni poesía. Y la poesía ha de ser tan perfecta, que no se le pueda quitar ni añadir nada. En eso consiste el verdadero poema. Un poema perfecto, es inmortal, inmutable, superior al hombre —divino, para decirlo de una vez—. En otra curiosa confesión de este parnasiano; idólatra de la forma, debemos fijarnos: que el verso es necesariamente religioso, es decir, que supone cierto número de creencias e ideas comunes entre el poeta y los que le escuchan. En los pueblos cuya religión es cosa viviente, la poesía la comprenden todos, mientras se reduce a juego de eruditos en los pueblos cuya religión ha muerto. La teoría de Banville, como se advierte, está inspirada en el recuerdo de las edades heroicas de Grecia, en que la poesía es la forma misma de la religión. He aquí por qué Víctor Hugo no pudo crear epopeya... ¡Cuán difícil le hubiese sido a Banville fundar su afirmación de que la poesía preexiste, con respecto a las demás formas del arte! Ciertamente ignoramos si el hombre primitivo cantaba y era poeta natural, y hasta cabe imaginar que tuviese de ello algunos rudimentos; pero estamos seguros de que los pueblos no inventaron las artes plásticas, después de recibir «la sobrenatural revelación de la poesía». Las cavernas y paraderos prehistóricos, desmienten a Banville.

De todas suertes, Lemaître lo ha notado, para Banville lo esencial del verso es la combinación de las palabras y rimas, por efectos armónicos y especiales sonoridades. Y, dado este criterio, el sistema poético de Banville tenía que conducirle a la oda funambulesca, que fue su triunfo. Las Odas funambulescas son anteriores nueve años a la fundación del Parnaso; pero gran parte del sentido del Parnaso está contenido en ellas. Y algunas de estas Odas, obra del «clown encintajado», son admirables; verbigracia, El salto del trampolín, donde el poeta pide, con tan bellos acentos, alas para volar y perderse en el espacio azul, para huir a las estrellas, a fin de perder de vista al público que aún ve debajo de sí, compuesto de burgueses sin ideal, de notarios y señoritas insignificantes.

Banville predicó sobre todo la superioridad de la rima, rica, rara, llena; pero tuvo, para ser lógico, que sacrificarle el ritmo, y suprimir hasta el hemistiquio, con lo cual la rima misma desaparece. Sin embargo es meritorio, en Banville, que haya sugerido los problemas musicales y estéticos encerrados en la técnica del arte de escribir versos. Todo poeta que aspire a conocer los secretos de la forma, tendrá para Banville algo del entusiasmo de Rubén

Darío. En cuanto al fondo de sentimiento propio que puede reconocerse en Banville, es muy de poeta, y más interesante, como tal, que las intenciones políticas de Hugo. Banville encuentra profunda poesía en la vida del cómico de la legua, errante en su carro lleno de oropeles andrajosos, del saltimbanqui que rueda en su carricoche nómada, del payaso que se ríe del público al cual se siente superior, porque desea alas. La vida, para él, es el sueño del poeta errante, y en este sentido se remonta, involuntariamente, a otros poetas que se cuidaban de la rima muy poco, los trovadores. Pero Banville es un poeta que no tiene nada que envidiar a Gautier en la riqueza del colorido, en lo flamígero de las imágenes. «Su alma —dice Lemaître en el estudio que a Banville dedica— es sensible tan solo a la belleza exterior, y se adapta perfectamente a la teoría del arte por el arte; el mérito especial de Banville, entre los poetas, es acaso haber aplicado tan estrecha teoría con rigor absoluto. Ni el cincelador de Esmaltes y camafeos le ha sido más fiel». El mismo Banville, con disculpable engreimiento, lo proclama. «He esgrimido bien alto el resplandeciente gladio de la rima... He encontrado palabras bermejas para pintar el color de las rosas...». Banville, lo nota Spronck, ajeno a los afanes del siglo, a sus luchas, sin problemas de pensamiento, sin la enfermedad moral que han sufrido tantos, no es más que un rimador apasionado. En un siglo práctico y triste, solo piensa en la métrica, en el encanto de la ágil estrofa; y este culto y pasión del verbo y de la rima, le bastan para ser, por momentos, un excelso poeta, para dar varias veces —como él dice— con la frente en los mismísimos astros...

Habrá que consagrar unos renglones a Catulo Méndez, ya que su figura se destaca en los orígenes del Parnaso. Catulo Méndez, empiezo por reconocerlo, tuvo bastante talento, y un género de talento muy elástico, maleable y adaptable, lo cual fue también el caso de Víctor Hugo; pero claro es que hay distancia, distancia enorme, y los que con mayor benevolencia tratan a Méndez, no se atreven a decir que haya producido una obra maestra.

Méndez nació en Burdeos, de familia de judíos españoles. Sus aspiraciones, desde años muy juveniles, fueron hacia la carrera literaria. Con tal objeto, a los dieciocho se vino a París, y nadie se le pudo presentar más franco y abierto el porvenir que soñaba. Su primer volumen de versos, Filomela, logró elogios y grata acogida, y su Revista fantástica (fantaisiste) reunió y agrupó a los poetas más notorios, no solo de los que habían de componer el Parnaso, sino de los que, teniendo un temperamento original, con Parnaso y sin él se hubiesen hecho célebres; gentes de más edad, en general, que Catulo, aunque no mucha, pues entonces eran mozos. Entraba, pues, Méndez, con buen pie en la liza, y ningún elemento de los que pueden contribuir al éxito le faltó. Tuvo excelente prensa, reclamo continuo; facilidad extrema, fecundidad irrestañable, el pedestal ingente de París, de aquel bulevar con el cual parecía identificado, en cuyos grandes restaurantes cenaba opíparamente; tuvo, según he oído referir, hasta la lisonjera aventura de una señorita que se le ofreció, y que fue aceptada, después de averiguado que poseía fortuna suficiente para luchar con las eventualidades del destino... Y no pudo pasar de ahí: gloria de bulevar, artículo parisiense, que se exporta... como quincalla. No hallo, en los serios y penetrantes estudios de la literatura francesa moderna, sino escasas menciones de Catulo Méndez. Los periódicos, que imprimían incesantemente su nombre, pasaban meses enteros sin citar el de los Goncourt; pero en los países cultos la crítica se encarga de separar la paja del grano, y Francia, que será todo lo democrática que se quiera, sabe defender los fueros y exenciones del arte. No son los artículos de redacción, au jour te jour, los que allí consagran la fama, sino los meditados trabajos en las revistas y en los libros. Acaso hasta haya rayado en excesivo el desdén, encubierto por cordiales y corteses formas, que envuelve a la labor, tan varia, de Méndez. Porque así como Banville se encerró en sus dominios, en la rima y en la métrica, Catulo. Méndez los recorrió todos; hasta, solicitado por la actualidad —que en arte suele ser mala inspiradora— publicó, con motivo de la guerra, Odas bélicas, La cólera de un franco tirador, y no sé si unos cuentos sobre el asunto; y no se extrañe que lo diga en son de duda, porque yo, que he leído casi todo lo bueno o notable que se ha publicado en Francia en el pasado siglo, y más atrás, y más adelante, no he podido, nunca decidirme a apechugar con Catulo Méndez completo: me era antipático ya desde antes de La virgen de Ávila, engendro ridículo en fondo y forma.

Conozco, sin embargo, lo que creo suficiente para formar idea de él, como poeta y como novelista. Y dominando mi mala impresión general (no peor que la de sus compatriotas, que le acusaron de haber imitado a tutti quanti, y le llamaron el rey del símili) debo decir que Méndez, en lo literario, no es despreciable; que conoce y domina el estilo, que es un escritor, que reúne cualidades... pero que, como el ángel de desnuda espada cierra al pecador la puerta del paraíso, algo le ha cerrado para siempre las puertas de la gloria. Él busca la entrada, se agacha, da vueltas, pasa del misticismo de Hesperus a la rebuscada «perversidad» y a la quintaesenciada lujuria de Zohar y de Mefistófela, escribe el Rey virgen, vagneriza, y espera siempre que un acierto definitiva le abra ese Edén que le veda la espada llameante.— No me sería posible decir concretamente por qué Banville no ha llegado adonde llegaron otros. Desde luego, será la falta de originalidad una de sus mayores deficiencias, si le encontramos siempre siguiendo algún rastro; pero, si me resolviese a expresar, con una sensación física, el empalago que me causan las obras de Méndez, diría que su literatura huele a almizcle, a perfumería, todo lo parisiense que se quiera, pero jaquecosa, inconfundible con el olor de las flores.

XI

La poesía. Leconte de Lisle. Contrastes. Triunfo de Leconte. La disidencia. Los animales. Naturalismo. Nihilismo. Confesión. El primer decadente: Baudelaire. Su vida. Orígenes de su poesía. El catolicismo. Gautier, España, Valdés Leal. Temas de Baudelaire: el artificialismo. Eterna inquietud. Los gatos. Estado mental de Baudelaire. Razones de su influencia futura

Para juzgar a Leconte de Lisle, jefe de la escuela parnasiana, hay que indagar, con esa curiosidad que es madre del conocimiento, su historia. Y la tarea es ardua, porque (nos los dice Spronck en su precioso libro Los artistas literarios) nadie como Leconte de Lisle cuidó de recatarse de las mirarlas de la multitud, ni siquiera Alfredo de Vigny; nadie rehuyó tanto la exhibición que practicaban los románticos y él flageló; en un soneto altanero y célebre; y hasta cuando su amada discípula, la que escribe bajo el pseudónimo de Juan Dornis, publicó un tomo titulado Leconte de Liste íntimo, hubo que censurar en él la escasez de noticias biográficas (lo cual prueba que no se sabe cómo dar gusto a todos, pues Barbey d'Aurevilly puso de ropa de pascua a escritoras que hicieron lo contrario, y conociendo asaz a otros hombres célebres —Chateaubriand, Byron— se mostraron pródigas de detalles).

Tal vez por lo mismo, la figura de Leconte de Lisle suscita el deseo de saber qué factores concurrieron a una psicología que solo puede compararse a un lago antiguo y vasto, lleno de amargura. La mayor parte de las almas de los escritores que voy estudiando son tristes hasta la muerte, y el hecho merece la pena de notarse reiteradamente, ya que confirma la idea en que se inspira esta obra; pero ninguna más desolada que la de Leconte. Veamos si lo explican los escasos datos biográficos que siguen.

Leconte de Lisle, lo mismo que el otro gran poeta legítimamente, parnasiano (el último y quizás el mayor y perfectísimo, Heredia), fue un criollo. Nació en una isla del Océano Índico, la de Borbón, hoy de la Reunión: unas biografías dicen en 1818, otras en 1820. Por el lado paterno, era oriundo de Bretaña. El paisaje espléndido, tropical, ejerció influencia en la fantasía de Leconte, y esa impronta se ve muy clara en su poesía.

Cuando fijó su residencia en París, pensionado por su ciudad natal, Leconte había viajado un poco por la India. Necesitando más recursos en

París, aceptó un empleo subalterno en la Biblioteca del Senado. Parece que fue funcionario modelo, cumplidor, y hombre retraído, de pocos amigos, como suele decirse. Ni en su conversación ni luego en sus versos hubo efusiones de intimidad, aun cuando parece que en su familia fue testigo de terribles tragedias domésticas, que hace miles de años no desdecirían de la estirpe de los Atridas. Había en Leconte, además de la hiel de recuerdos que nunca se borran, otra pasión, en él dura y sectaria: la política. Fue un ultra jacobino. Oculto por el velo radiante y recargado de bordados y gemas de la Musa, este jacobinismo árido no dejó de asomar a veces la punta del bonete frigio, en la obra poética del «Júpiter». En prosa, predicó la guerra social, se declaró hijo de la Convención, y confesó sus deseos de la continuación de «la obra de muerte». Su cara y su perfil son los de un convencional; tiene una fisonomía de 1793. Aceptó, sin embargo, una pensión de Napoleón III, cosa que no se supo hasta que durante la Commune se publicaron los papeles de las Tullerías. Aunque algo desengañado, y había de qué, después de la Commune, siguió siendo demócrata y socialista, y publicó obras de propaganda: La historia popular del cristianismo, El catecismo republicano, y otras del mismo jaez. Cuando Spronck lo refiere, y cuenta cómo Leconte recoge en su prosa resobadas vulgaridades, y le muestra «campeón de un anticatolicismo de los más trillados, a la Homais», declara que el hecho, en una mentalidad como la de Leconte, no se concibe, sino recurriendo a la ingeniosa teoría de la doble o múltiple personalidad, y suponiendo que el hombre, en vez de ser una individualidad única, es un agregado de entidades, por lo cual puede hacer las cosas más contradictorias.

 De la misma sutileza habría que echar mano para comprender cómo un sujeto tan persuadido, tan constante proclamador de lo que Leopardi llamó l'infinita vanitá del tutto, se entregó a aspiraciones en cierto modo prácticas: competir con Hugo, sucederle, ejercer en pos de él, o con él, la hegemonía poética. Leconte, ciertamente, no era un reclamista; no buscaba la popularidad a bombazos; pero no por eso dejaba de anhelar el alto puesto, con conciencia de merecerlo. Al publicar Víctor Hugo la Leyenda de los siglos, habían visto la luz no pocos poemas de Leconte, en los cuales verdaderamente se realizaba lo que Hugo pretendía, la epopeya en fragmentos; y Leconte, el poeta épico, presenciaba el triunfo ruidoso del que cerraba a los demás el camino, y oía celebrar por nuevo y originalísimo lo que él venía haciendo ya. Esto pudo exacerbar su misantropía, y ser base del desdén con que miraba, en general, a sus rivales. Debía de parecerle justa que por fin a la gente se le cayesen las telarañas de los ojos, y fuese proclamada su jefatura. Y ese día llegó. No muy pronto, claro es, porque Hugo, como aquel Titán de Goya, lo llenaba todo, y desde su destierro, se agigantaba doblemente. Los versos de Leconte, cuyos méritos trataré de definir, no eran, ni serán nunca pasto para la muchedumbre. Sin embargo, sonó la hora; cuajó lentamente la idea del Parnaso; alrededor de Leconte se agrupaban los nuevos poetas. El grupo se reunía, o en la librería de Lemerre, o en el exiguo salón de Leconte. Con delicia debió de saborear la gloria que acudía, sin que la hubiese agarrado por la clámide. Gloria para iniciados, convenido, pero por lo mismo, sólida ante el porvenir. Leconte era el maestro, y excepto Andrés Chenier, y en determinados aspectos, nadie podía reclamarle como discípulo. Señalaba una nueva fase.

Gozó por algún tiempo su autoridad hasta que, a su vez, el Parnaso ve surgir la disidencia. Cuando lleguemos a reseñar este movimiento, que se llamó el simbolismo, y que renegó del maestro, de su impersonalidad, veremos que era inevitable: el lirismo no puede morir. Reuniéronse los simbolistas en un banquete en obsequio de Moreas —y Heredia declara que Leconte de Lisle, ese día, se afectó hasta derramar lágrimas de pena y enojo.

Y el caso es natural hasta cierto punto; rara vez se resigna la gente, y no solo en el terreno literario, a que el tiempo pase y cambie lo que nos halagaba. Si refiero este incidente, es porque desmiente la leyenda de la impasibilidad de Leconte, de la cual, por otra parte, él mismo protestó. Este hombre, en cuanto hombre, es como todos: no hay que ver en él un faquir absorto en la contemplación de lo infinito. Los mismos intereses y los propios afanes que consumen a los demás de su época, le acucian a él. Y aunque se haya jactado de que para él el amor es como agua sobre acero, que moja sin penetrar, pasiones amorosas hubo en su vida, y son testimonio sus versos. Ya en la ancianidad, se prenda de la escritora Helena Goldschmidt, que usa el pseudónimo de Juan Dornis, y la celebra en versos encendidos, encareciendo el hechizo de la vivante rose. No pudo decir de sí mismo lo que en uno de sus Poemas antiguos dice a Demodoco Paris el Priamida:

«Des songes enflammés l'âge froid te protège,
et plus rien de ton coeur n'échauffera la neige».

De este enamoramiento, que me complazco en suponer platónico y contemplativo, escribió el poeta muy bonitas cosas, declarando que por la sonrosada y rubia belleza había sentido renacer su juventud y reflorecer su corazón. Y en el castillo de Louveciennes, que había pertenecido a la Dubarry, donde Chenier soñó amores y que ahora era propiedad de su amiga, fue donde murió Leconte, cuidado con cariño y cubierto de rosas su féretro.

Es decir, que no solo no fue ningún «impasible», sino que casi parece un sensitivo, el Goethe que en la elegante castellana de Louveciennes encontró su Betina Brentano. Y tampoco es impasible, como ha solido suponerse, ni de mármol, ni de ágata, su poesía, donde, bajo una forma selecta y depurada, trabajada y repujada como una bandeja de Benvenuto, se agita una resaca ardiente de sentimientos y de sensaciones, de imágenes y de pensamientos, y en la cual la descripción llega al último límite del naturalismo, poniendo como de bulto el objeto y su color y olor, y su sentido y expresión profunda, y labrando estatuas, pero estatuas vivas, como estaba viva la rosa de amores. Más naturalista que Zola, en este sentido (a pesar de su opinión, que el naturalismo no fue sino un «montón de inmundicias»), Leconte puso en práctica los principios fundamentales de la escuela: la objetividad, la proscripción del elemento lírico; en suma, la estética de Gustavo Flaubert.

Empecemos por reconocer que, en efecto, los poemas de Leconte son, por su misma naturaleza, ajenos a la actualidad. Sus asuntos están (excepto en algunos sonetos satírico-literarios) tomados de la Historia o inspirados en lo que no tiene época; la vida de la naturaleza y los fenómenos del instinto. También fue a buscar asuntos en el pasado la Leyenda de los siglos; pero notemos la diferencia: el pasado de Hugo no tiene más fin que aleccionar al presente. Leconte, además, está mejor documentado, y aun cuando en los poemas de asunto español encuentro algunos errores de poca monta, en general posee información segura. Sus estudios índicos y de orientalismo le guían.

No es el Oriente de cartón y lentejuelas de los románticos. Igualmente, dice con razón Schuré, Leconte aporta a las letras francesas el sentido fuerte e intenso de la naturaleza tropical, tomó soberano paisajista y descriptor. Y no se limita a presentarnos ante los ojos el paisaje; lo puebla de las alimañas que en las selvas y desiertos viven con la vida ávida y cruel del instinto. Es esta una de las mayores originalidades de Leconte, aunque encontramos atisbos de ella en Chateaubriand y Bernardino de Saint Pierre, predecesores del exotismo. Sus animales no son los hermanillos de que trató con tan ideal cariño San Francisco de Asís; son, sin embargo, seres que se acercan a la humanidad por las pasiones y energías luchadoras que desarrollan, como la humanidad se acerca a ellos, lo menos tres veces al día, al obedecerá imperiosas leyes biológicas, y esta comunidad de necesidades y apetitos resalta en los Poemas, y a cada instante reintegra en la naturaleza al hombre.

El bestiario de Leconte es una continua perfección, una maravilla de verdad: sus panzudos gorilas, su aboma con casco de esmeralda, sus moscas de oro y luz que vuelan como chispas, sus esbeltos y elásticos jaguares, sus pesados cocodrilos, sus irritables búfalos, sus negras panteras cazadoras, sus rayados «señores tigres» poseen el don de la vida, hasta un punto que asusta, que pesa sobre el alma como si temiésemos perder lo que de ellos nos separa únicamente... No creo que en verso pueda llegarse más allá de lo que llega Leconte al describir el aullido de los canes famélicos o el paso de la manada de elefantes, impresión poderosa que abruma, como si pusiese de realce nuestra debilidad y pequeñez en la creación. Dan ganas de citar trozos, que en la traducción pierden, sobre todo si son de un poeta en que el elemento formal importa tanto.

Lea en el original el que quiera conocer lo mejor de la poesía de Leconte, aquello en que es superior a los demás poetas franceses, y no sé si del mundo, los fragmentos sin más asunto que las costumbres de los animales, que conoce como un cazador o trampero envejecido acechando en las selvas vírgenes, y que reproduce como escultor y pintor. En los poemas indios —no lo olvidemos— el animal resalta, y el mono se aproxima al hombre, y hay fraternidad en sus mismas luchas. Lo que en la antigua poesía occidental fue el cíclope y el centauro y acaso el fauno, es en la India el mono.

Los personajes humanos distan mucho de tener en Leconte tanto sabor de realidad. Nos consta que su don Fadrique y su doña María de Padilla no eran así; ni serían tampoco, ni hablarían en tal guisa Hipatia ni Uelheda (a quien otro gran poeta en prosa, llamó Veleda, druidesa de la isla de Sen). Por eso ha podido decirse de Leconte que en materia de humanidad es un psicólogo elemental y a veces infantil, pero que es irreprochable su psicología de la fiera. Nótese bien: de la fiera; porque del animal sumiso y domesticado han hecho estudios que cuesta trabajo no calificar de psicológicos Zola, y sobre todo el Conde Tolstoy. Leconte, con su intuición de la belleza trágica, escogió para modelo la salvajina en su legítimo dominio, la selva inexplorada, donde el instinto no encuentra vallas, donde se ve desarrollarse, en sus lances sangrientos y destructores, la lucha de todos contra todos, las leyes darvinianas, y la desatada fuerza de la materia se impone en la magnificencia de regiones todavía hirvientes de espontaneidad germinadora. Y el poeta se lamenta de que un día «el rey de los últimos tiempos, el hombre de rostro pálido» vendrá a desarraigar los soberbios baobales, a dirigir y encauzar los antes indomables ríos, y entonces «los hijos más fuertes del bosque huirán espantados ante ese gusanillo endeble como una hierba. Pero otro día, cuando la raza sucumba de la ceniza humana, la selva renacerá».

Si efectivamente el hombre llega a profanar la última selva virgen, al menos quedará su retrato, hecho magistralmente por Leconte; lo mismo que sus demás estudios de paisaje, en que no cabe superarle, ya describa las majestuosas cordilleras, el voluptuoso jardín persa, el manantial pagano, los prados en Junio, con su olor de hierba verde y húmeda, o, magníficamente, el medio día, en los versos cien veces ensalzados,

«Midi, roi des étés, épandu sur la plaine,
tombe en nappes d'argent des hauteurs du ciel bleu.
Tout se tait. L'air flamboie et brûle sans haleine;
la terre est assoupie et sa robe est en feu...».

la sensación es siempre de una verdad esplendorosa. Se ha dicho que es de mármol la poesía de Leconte, y, por el contrario, es de llama; los sentidos la inflaman por dentro, y su lámpara de alabastro deja ver ese fuego furioso. Dentro de lo ceñido y refinado de la forma, el verso de Leconte está ebrio de calor, sangre y vida física.

Sin duda no ha escrito Leconte diciendo: «allá van versos donde va mi gusto»; y por encima de eso que antaño se llamó «la inspiración, el estro, el furor apolíneo», puso el freno de su Pegaso y la ley de lo real, y así con razón se ha dicho que su labor traduce, en los dominios de la poesía, la gran revolución científica y positiva del siglo, el naturalismo (no el que representaba Zola con amaneramientos de escuela, sino otro, acaso más directo). Y esta unión del arte con la ciencia la proclamó Leconte en un prefacio, igual que Zola había proclamado la aplicación a la novela de los métodos de la medicina experimental expuestos por Claudio Bernard. Empero, con su olfato de gran estético, Leconte ha visto que en la unión del arte con la ciencia el predominio del arte tiene que aparecer ostensible, y que no basta ser un erudito, ni un anticuario, para hacer revivir los pueblos muertos y las civilizaciones extinguidas. La erudición, tan a la vista y tan externa, de Hugo, le hubiese indignado. Por encima de lo aprendido está lo sentido —con cualquier clase de sentimiento— con tal que sea hondo, vehemente, cálido. Para su tiempo, Homero, o los homéridas, fueron depositarios de la sabiduría; pero el alma de los antiguos está, como la de los modernos, en sus sentires, y lo que agradecemos a Homero son ciertos pasajes en que rebosa humanidad, hoy y siempre. Aunque sin la ternura de Homero, y con algo de teatral en sus personajes humanos, Brunetière reconoce en Leconte al que verdaderamente ha reintegrado, en la poesía contemporánea, el sentido de la epopeya.

Si no oyó resonar estrepitoso el aplauso que Víctor Hugo siempre recogió de las multitudes, fue —recordemos que es un escritor francés, Pablo Bourget, el que lo dice— porque «el espíritu francés, que en esto paga el inevitable rescate de sus cualidades, no llega a la sensación de la verdadera poesía, a menos que le arrastren móviles extraños a la misma esencia del principio poético». Recojamos la confesión, acorde con otras que acerca del prosaísmo connatural a Francia hemos encontrado en varios autores ilustres. «La poesía, en Leconte de Lisle —añade Bourget— está pura de aleación, y no puede ser comprendida sino por lectores que sientan y amen la belleza en sí. Por eso es tan considerable la desproporción entre el puesto que ocupa ante el público Leconte, y el rango que le otorgan los artistas».

También Bourget le encuentra muy moderno, muy lleno de vida, y niega que sea un arcaizante. No se es moderno, en literatura, por describir un lavadero, ni por denostar y maldecir a un Emperador. Ni por copiar la actualidad se es moderno tampoco —sino por sentir con la sensibilidad peculiar moderna; y he ahí que Flaubert es tan moderno en *Salambó*, y no digamos en la Tentación, como en *Madame Bovary*; y no hay nada que así descubra el juego nervioso y las entrañas de la sensibilidad moderna, como la Salomé, de Oscar Wilde, que pasa en Judea, hace mil novecientos años.

Acaso en estos grandes poetas, la poesía, como dijo Aristóteles, es más verdad que la Historia. En su aspecto científico, la Historia no puede animar la representación de lo pasado y causar la sensación de lo real como estos poemas, apoyados en conocimientos del orden científico, trabajados como joyas, pero candentes como una tarde tropical... Así, dice Bourget bellamente, Leconte ha sabido pasar de la idea a la imagen, de la crítica a la creación, tránsito desconocido a Víctor Hugo, que empezó por el final.

Si falta a Leconte esa impasibilidad supuesta, y sus rebeldías y desesperanzas, expresadas con energía hasta salvaje, son sentimientos tan humanos como pueden serlo los desencantos amorosos de Musset, y más que las diatribas políticas de Hugo; si su frialdad es un epíteto con que se excusan los que tienen pereza de leerle (y reconozco que no es popular su lectura), en cambio es poco cuanto se haya dicho de su pesimismo nihilista. Suelen afirmar que aprendió esta filosofía en sus estudios de indianismo, que le hicieron panteísta y le infiltraron la idea de que el mundo no es sino un inmenso sueño, un océano de apariencias que cubre el velo de Maya; que no tiene sustancia, ni realidad,

«iOh Brahma! toute chose est le rêve d'un rêve...».

Todavía va más allá Leconte que el gran poeta del Eclesiastés, e increpando a Salomón, le dice: «También es mentira la muerte. ¡Feliz el que de un salto pudiese abismarse en ella! Yo escucho siempre, con espanto, en la embriaguez y el horror del existir, la amenaza de la inmortalidad, «le long rugissement de la vie éternelle!».

Probablemente es la India quien se lo ha inculcado: nada muere, todo renace... Ni el consuelo de desaparecer tiene el hombre. En cuanto a la naturaleza, Leconte, como Leopardi, entiende que se ríe de los sufrimientos humanos, que no contempla sino su grandeza propia, ni oye nuestros gritos de amor o de maldición. En su seno inmenso, sin embargo, se esconde la avispa del deseo, que refina nuestro suplicio con su incesante picadura. Única defensa: la, que ya recomendó Vigny. Hay que decirlo con los mismos versos del poeta:

«Tais toi. Le ciel est sourd, la terre te dédaigne.
Aquoi bon tant de pleurs, si tu ne peux guérir?
Sois comme un loup blessé, qui se tait pour mourir,
et qui mord lé couteau, de sa gueule qui saigne...».

Pudieran multiplicarse las citas: ninguna. sería más adecuada que la del soneto «A un poeta muerto», poeta que bien pudiera ser Leconte mismo, y es seguramente un vate parnasiano, puesto que «sus ojos, sedientos de luz, vagaban del color divino a la línea inmortal», y a quien «envidia, en el fondo de la tranquila y negra tumba, por estar emancipado y no sufrir la vergüenza de pensar y el horror de ser hombre».

A esta desesperación se une, en Leconte, una especie de furor sombrío contra los Dioses y las creencias que han consolado y siguen consolando al mundo, y va unido a constante tendencia al estudio de esas mismas creencias, en los países más diversos. Esta nota, que se acentúa al tratarse del cristianismo, es otro mentís a la supuesta impasibilidad; es un apasionamiento que a veces descarría totalmente a un hombre tan desdeñoso de lo vulgar, hasta hacerle incidir en impiedad de mal gusto, recalentada de la Enciclopedia y con vistas a su Catecismo republicano, que, por otra parte, es un documento en este sentido. Y no obstante el propósito de negación y la miopía de no ver en el cristianismo, si no la única, por lo menos una copiosísima fuente de belleza, de intelectualidad y de moralidad, Leconte, como involuntariamente, en dos de los más bellos de sus Poemas bárbaros: El cuervo y El Nazareno, rinde tributo a la sublimidad de lo que niega, y reconoce la persistencia de esa fe, cuya desaparición ha solido vaticinar: «¡Puedes, oh, Nazareno, sin temor, sobre los escombros de las Catedrales santas, oír y ver cómo la grey loca y saturnal insulta con su risa tus dolores divinos! Las almas, en bandos de místicas palomas, seguirán bebiendo el rocío en tus labios de Dios, y como en los altaneros días de la fuerza romana, lo mismo que al declinar de un siglo rebelde, tú no habrás mentido, mientras la raza humana llore en el tiempo y en la eternidad!».

Y no otra cosa diría el más católico de los poetas, ni dijo tanto Rolla en su deprecación, ni era posible que tal verdad dejase de imponerse, siquiera por un momento, al que, habiendo proclamado la nada de todo, encuentra la expresión más fiel de la historia y las civilizaciones (por consiguiente lo más épico) en las religiones, esencia de las sociedades humanas, que no pueden subsistir sin ellas, como existen el jaguar, el elefante o el tigre, entregados meramente al instinto; y juzga, por sus propios sufrimientos ante el vacío del alma, qué acontecería de los humanos si todos fuesen pesimistas nihilistas como él.

Y sería inocente la pregunta: si Leconte deseaba tanto morir y descansar, ¿por qué no realizó aspiración tan fácil? No echaremos mano de la socorrida teoría de las varias almas en un cuerpo, para entender cómo Leconte por un lado lloraba si le daban un banquete a Moreas, y por otro se elevaba, lejos de tales apariencias, a la cumbre de los Puranas y del Bagavad Gita. Es sencilla la explicación: el pesimista más rabioso, pocas veces llega a practicar su sistema hasta las últimas consecuencias, Salomón, lo sabemos, fue en esto tan inconsecuente como Leconte. Por metafísica nadie se mata. Y además, sea cual fuere la desesperación de Leconte, este pícaro mundo de apariencias y mentiras le tiene agarrado (aparte de otros agarraderos) por la belleza. Una naturaleza realmente estética, la de Leconte, siempre estará enamorada, si no de la vida misma, al menos de sus aspectos grandiosos, nobles, trágicos y sublimes. La flor roja de la sangre le embriagará con su fragancia antigua y terrible, en la cual hay bebedizo. Si lo actual le repugnase, ahí está la epopeya, la mágica visión del pasado. Y por eso, seguramente, amó su existencia el violento, casi frenético autor de Kain (sabido es que Leconte varió y retrajo a sus orígenes la ortografía de los nombres). Acaso también esperase del «tiempo, el espacio y el número» (y lo consiguió) el reconocimiento de una gloria que no cabe dejar de proclamar, y de una originalidad no menos indiscutible.

Antes que llegase a su período de esplendor el Parnaso, en el año 1857, apareció un libro que promovió entonces algún escándalo, que no pasó inadvertido, sin que por eso se creyese que de él saldría una nueva escuela, en los últimos años del siglo, de influjo mucho más extenso que el del Parnaso, porque no se circunscribió a la poesía. Las Flores del mal no obtuvieron plenamente este triunfo hasta corridos cuatro lustros de la muerte de su autor, que ocurrió un año después de la definitiva fundación de la escuela parnasiana; y el autor, nominalmente, en el censo de adeptos de 1866, figuraba en ella.

Carlos Baudelaire nació en París, en 1821. Su familia era distinguida y 'acomodada; su padre pertenecía a la generación de Condorcet y Cabanís, cuya amistad cultivó. Muerto el padre, que ya era sesentón cuando nació Carlos, contrajo la madre segundas nupcias con el General Aupick, más tarde Embajador en Constantinopla. Como Carlos no demostraba afición al estudio y sí a la poesía, su familia le envió a viajar, y trató de despertar en él la inclinación al comercio. Recorrió los mares índicos, visitó las islas de Mauricio y Borbón, Madagascar, Ceylán, pero el tráfico siguió siéndole indiferente. Llegado a la mayor edad, y dueño de un caudal mediano, que gastó pronto, se entregó a las letras por completo.

Tenía ya treinta y seis años cuando publicó Las Flores del mal, y desde once años antes su correspondencia nos le muestra luchando con la necesidad, obligado a solicitar adelantos y empréstitos de ínfimas sumas, siempre angustiado por sesenta o cien francos más o menos.

Su traducción de las novelas cortas y cuentos de Edgardo Poe, acaso le dio a conocer más que Las Flores, a pesar de que estas, como dije, alborotaron el cotarro, y fueron recogidas y perseguidas por la justicia. Otra obra de Baudelaire, Los paraísos artificiales, excitó una curiosidad morbosa, siendo causa de que, al ocurrir el fallecimiento del autor, apenas en la edad madura, se creyese que era causada por las drogas venenosas, el opio y el hatchís, o esencia de cáñamo indio, suposición que Gautier desmiente, sin negar que Baudelaire hiciese uso de tales excitantes, pero no en proporciones que originasen profundos trastornos. Existía entonces, en el hotel de Pimodan, donde Baudelaire vivió, un círculo de aficionados al éxtasis de las drogas, y Gautier, de los más asiduos, lo describió bajo este título: El club de los haschichinos. Fue una efímera manía de literatos buscadores de sensaciones raras; pero Gautier afirma que pocas veces, y solo como observador, pisó el club Baudelaire. Lo positivo es que sucumbió bastante prematuramente, gastado y semi-paralítico, y se realizó el fatídico anuncio de su Canto de Otoño:

>«Il me semble, bercé par ce choc monotone,
>qu'on cloue en grande hâte un cercueil quelque part...
>Pour qui? —C'était hier l'été; voici l'automne...
>Ce bruit mystérieux sonne comme un départ...».

Como se ve, en esta biografía no hay sucesos extraordinarios.[12] Lo extraordinario, en Baudelaire, es, en primer término, sus versos; en segundo, sus gustos, manías y temas habituales. Por ambas cosas ejerció, póstumamente, pasado el «otoño», la acción más extensa y penetrante sobre la generación que le sigue, y acaso, en gran parte, sobre la actual.

En primer término, digamos quienes fueron los precursores de este originalísimo poeta. Porque los tuvo, y se le ha echado bastante en cara, a la hora inevitable del regateo; pero quisiera yo saber si hay alguien que nazca de sí propio.

Procede Baudelaire de las Poesías de José Delorme, de Sainte Beuve, por los elementos combinados de misticismo y sensualidad. En sus orígenes románticos, y en otras sugestiones muy hondas, de que más adelante hablaré, es un discípulo de Teófilo Gautier, y lo ha proclamado. En cuanto a aquel «estremecimiento nuevo» que Víctor Hugo, con raro acierto crítico, reconocía en los versos de Baudelaire, no cabe duda que, en gran parte, se deriva de Edgardo Poe; sin embargo, es más bien una afinidad natural, anterior a lecturas. Y el tema de los «paraísos artificiales» corresponde a Tomás de Quincey,

---

12 [«extrardinarios» en el original. (N. del E.)]

el célebre «fumador de opio», el singular humorista, que tampoco gozó en vida la fama y popularidad que después de su muerte. Solo con recordar una de las obras más conocidas de Quincey, El asesinato considerado como una de las bellas artes, se advierte el parentesco espiritual entre él y las tendencias que Baudelaire, principalmente, inició.

A pesar de estos afluentes, la originalidad de Baudelaire no sufre menoscabo. Relacionando la biografía con la obra, se observa que Baudelaire, de quien dijo Sainte Beuve que era «corrompido a propósito y con arte» no lo es tanto en la vida; ni pudiera ser, aunque quisiese, el dandy, el sardanápalo, el protagonista de orgías neronianas —porque tuvo siempre, excepto en un corto período, poquísimo dinero, y hubo de trabajar, luchando con la esterilidad y premiosidad que le achaca Lemaître, y ni aun la robustez de los viciosos y de los laboriosos poseyó. Acerca del verdadero modo de ser de Baudelaire, la publicación de su Correspondencia ha dado mucha luz.

De ella resalta un carácter delicado en cuestiones de dinero, pues se ve el sufrimiento que le causa tener que pedirlo, generalmente sobre su trabajo; un amor filial, una ternura nunca desmentida hacia una madre que no dejó de darle motivos de queja; un cariño lleno de compasión, un amparo caritativo y con refinamientos de bondad, a la famosa mulata o negra Juana Duval, que fue su querida algunos años, y a quien cantó en sus versos:

«¡Oh vaso de tristeza, oh gran taciturna!»

y a quien no quiso abandonar, como hubiesen hecho muchos, cuando la vio enferma, ciega, paralítica. Pero hay otro hecho que se enlaza íntimamente con la sustancia metafísica de Las Flores del mal, y que resalta en la Correspondencia; a saber: la constante tendencia católica, el convencimiento de la existencia del diablo y de la doctrina del pecado original, y a última hora, una especie de conversión. No necesitaba Baudelaire cometer tantos excesos como se le atribuyen, ni la mitad siquiera, para ver arruinada su salud, porque, a más de ser hijo de viejo, parece que había en su familia antecedentes de enfermedades nerviosas, y porque, obligado a ganarse la vida con las letras, poco fecundo, extraño para su tiempo, al cual se adelantaba (aunque Sainte Beuve entendía que era lo contrario, que llegaba demasiado tarde, cuando el romanticismo lo había dicho todo, y ambas opiniones tienen su fundamento, y la última se demuestra leyendo el poema Puesta de Sol romántica), se gastó en tal lucha, y acaso, para sostenerla, recurrió a la excitación del alcohol; sin hablar de cuanto destruyen remedios funestos, como las cápsulas de éter. La leyenda, sin embargo, fue implacable para él; y él, no solo no se cuidó de desmentirla, sino que se complació en fingir mil extravagancias para exagerarla más. Divertíase amargamente en decir delante de un auditorio de cándidos: «¿Ha probado usted alguna vez sesos de criatura? Son exquisitos...» o «Cuando asesiné a mi pobre padre, y luego me lo comí...». Nunca faltaba quien creyese a pies juntillas. En Bélgica, nos lo dice el mismo Baudelaire, se le tenía por un monstruo; la gente se empujaba para verle, y se quedaba atónita al notar que era frío, cortés, morigerado, que profesaba horror a «los librepensadores y a toda la estupidez moderna». Pero ni aun así se desengañaban, y añade Baudelaire: «nado en la deshonra, como en el agua el pez».

Para entender lo que significan Las flores del mal, es preciso partir de que son un libro inspirado, de la cruz a la fecha, en la concepción católica del mundo; la antítesis del espíritu pagano o panteísta de Leconte. No desmienten, o más bien confirman esta aseveración, las Letanías de Satanás y otras diablerías poéticas. Creer en el diablo es creer en Dios: así, en este poeta, el arte vuelve al sentimiento católico, más sinceramente, quizás, que en Barbey d'Aurevilly, y no menos que después en Verlaine, aunque por otros caminos.

De este catolicismo, que no puede llamarse latente, sino manifiesto, en Las Flores del mal, dan testimonio todos los críticos de altura que se han ocupado de ellas. Bourget encuentra este sentido católico de Baudelaire, en la persistencia de la sensibilidad religiosa, aun expulsada la fe del pensamiento. Lemaître califica el catolicismo de Baudelaire de «impío y sensual», pero declara que en los últimos años de su vida este catolicismo «se le había subido al corazón» inspirándole ideas de perfeccionamiento moral y de conversión y reforma de su vida. France supone que el sadismo de Baudelaire tiene su raíz en ideas cristianas, en el martirio, en el infierno. Spronck reconoce en la obra de Baudelaire la continua presencia de la idea del poder diabólico, del cual existe tan terminante confesión en la Correspondencia; y declara que Baudelaire no usaba del catolicismo como artista y retórico; que rimaba como sentía, que para él el demonio era más que un símbolo. Y en cuanto a Barbey d'Aurevilly, en el artículo que consagró a Las Flores del mal, se dio cuenta de este su carácter; llamó a Baudelaire «un Rancé al cual la fe le falta», y dijo que después de Las Flores del mal no hay sino dos partidos: levantarse la tapa de los sesos o hacerse cristiano. Más adelante dirá que si el Dante vuelve del infierno, Baudelaire va hacia él. En cuanto a Gautier, su convicción es patente; dice que «Baudelaire no soñaba la supresión del infierno ni de la guillotina, para mayor comodidad de pecadores y criminales» que «en todas partes ve la garra del demonio como tentador» «que no cree en la bondad de la naturaleza humana». Nadie mejor que Gautier podía darse cuenta del espíritu de la poesía de Baudelaire, puesto que de Gautier procedían aquellas hondas sugestiones a que antes me referí, siendo la más activa la idea de la muerte y la trágica y horrible hermosura de ciertas formas que la muerte reviste, y que apreció cumplidamente Gautier en su viaje por España. Ya en La comedia de la muerte, Gautier describe, bajo las elegancias arquitectónicas y los góticos follajes de las tumbas,

> «au milieu de la fange et de la pourriture,
> dans le suaire usé le cadavre tout droit,
> hideusement verdi, sans rayon de lumière...»

y plantea el problema de Hamleto, exclamando: «acaso la tumba no es un asilo donde sobre dura cabecera se duerme el sueño de la eternidad... Acaso en ella no se reposa...» con todo el macabro ensueño que sigue, y el espantoso idilio de la doncella muerta y el gusano. Sobre todo, en la colección titulada España, esta inspiración fúnebre se revela en poemas como La fuente del cementerio, Pasando por Vergara, En Madrid, Ribera, Dos cuadros de Valdés Leal...

> «un vrai peintre espagnol, catholique et féroce,
> par la laideur terrible et la souffrance atroce,
> redoublant dans le coeur de l'homme épouvanté
> l'angoisse de l'énfer et de l'eternité».

Es acaso la gran influencia que ha sufrido Gautier (a pesar del paganismo, la serenidad y otras zarandajas), con toda la intensidad de su temperamento artístico: Valdés Leal, Zurbarán, los pintores del ascetismo y del cementerio; y se la ha comunicado a Baudelaire, aunque este nunca pusiese los pies en España. La especial vibración estética del baudelarismo (perdónese el vocablo), está contenida en la poesía titulada En Madrid, de Gautier, donde la linda marquesa, grande de España, enseña al poeta, en su tocador, la degollada testa de San Juan, esculpida por Montañés, pintada admirablemente, «espantosa obra maestra, de una verdad que el verdugo proclamaría» y ensalza la realidad de las tajadas venas, donde perlean todavía gotas de sangre, y hace este panegírico: «con la pupila húmeda, como si tratase de amor». Y si podemos decir que está entero Baudelaire en esa ensangrentada cabeza que una fina mano de mujer acaricia, también habremos de reconocer que está la Salomé de Wilde, y *Salambó*, y cien ejemplares de arte moderno, literario, plástico y musical. El gran inspirador, es el pintor de las aterradoras cabezas de mártires y los muertos ya agusanados bajo sus espléndidas vestiduras; de la misteriosa cripta llena de cadáveres que, descompuestos, parecen vivir con vida sobrenatural. La Carroña, de Baudelaire, no hará sino transportar a la fauna lo que con la humanidad hizo Valdés Leal y glosó Gautier; y la lección será la misma: la nada de la vida, y la inmortalidad de algo que sobrevive al sepulcro.

Para comprobar esta inspiración española en Baudelaire y este influjo en su estética, fijémonos en el poemita titulado: A una Madona, exvoto a estilo español. La idea es irreverente, puesto que aplica a una mujer amada los atributos de la Virgen, pero esta Virgen es ibérica, es a la vez Dolorosa y Concepción; en su hornacina, con su corona enorme, con la serpiente a sus pies, con su rígido manto bordado y con los siete cuchillos, que para el poeta son los siete pecados capitales, muy afilados, y que, como insensible juglar, quiere hundir en el corazón palpitante y chorreante de la mujer. En nombre del arte han solido condenarse las imágenes vestidas, que yo siempre defendí; el poema A una Madona prueba que hay más de una estética, o que la estética nace, no de preceptos, sino de la sensibilidad.

Varias veces, España había conquistado las Galias poéticas, con Corneille, con Lesage, con Víctor Hugo, calificado por Emilio Castelar del poeta español que mejor ha rimado en francés. Con Gautier y Baudelaire, se apodera de las Galias nuestro realismo católico, sombrío y fuerte, penetrado de la presencia del otro mundo, impregnado de lo que determinó la conversión (real o supuesta, si antes era ya muy devoto el que luego fue santo) del Duque de Gandía, un Borgia, que respira la fetidez de la hermosa reina muerta y declara no querer servir a señor que pueda morirse. Acaso sea esta una de las razones porque Baudelaire pareció tan nuevo, aun cuándo Teo le hubiese precedido: porque traía una idea que no era nacional, una idea realmente poética, que tenía que alborotar, no solamente a burgueses y filisteos, sino hasta a críticos de tan altura como Brunetière y Lemaître, haciendo bueno el aforismo de Goethe: «En Francia, el hombre que se atreve a pensar o proceder de un modo distinto del de todo el mundo, necesita heroico valor».

Sin que se pueda achacar a afectación, Baudelaire iba a contrapelo de todos. Recuérdese su comentada apología de lo artificial. Al exponer esta teoría, Baudelaire era fiel a sí mismo. Lo natural le era odioso. De este odio hay huellas en su Correspondencia, que no se escribió para publicarse. Se me figura que fue el primero que en la poesía, después de los clásicos y de Shakespeare, trató de amores antinaturales (Las Mujeres condenadas). Me apresuro a decir que no defendía causa propia, aunque en esto se le haya calumniado. Era un tema morboso, como el de «la fosforescencia de la podredumbre». Acaso sea el artificialismo protesta de su espíritu cansado, y pudiésemos encontrarle también un predecesor español, el del «blanco y carmín de doña Elvira...». En esto, como en su escepticismo respecto a la bondad natural del hombre, Baudelaire reniega del siglo XVIII, que todo lo arreglaba con «lo natural». «La negación del pecado original —son sus palabras—, contribuyó mucho a la ceguera general de esta época». «La naturaleza —añade— aconseja el parricidio y la antropofagia; no es la naturaleza, es la buena filosofía y la religión lo que nos manda sostener a nuestros padres pobres y enfermos. El crimen es natural, y artificial la virtud».

Y trasponiendo esta teoría a los dominios de lo bello, Baudelaire considera el adorno como señal primitiva de la nobleza del alma humana, y afirma el derecho de la mujer a pintarse y «a dorarse para que la adoren».

El subtítulo que da a muchos de sus poemas define en gran parte la poesía de Baudelaire: «esplín e ideal». Una aspiración dolorosa hacia la pureza, un anhelo místico, unido a una inmensa tristeza y al asco de la vida; un barbotar en el charco del libertinaje, llevando, cual los ciegos de su poema, la cabeza siempre levantada, como si buscase algo en el cielo... este es el constante estado de conciencia de Baudelaire, y todos sus versos lo expresan, y el análisis de una situación que no es nueva, que, mirándolo bien, es la misma de San Agustín antes de que se volviese por completo a Dios, está hecho por Baudelaire con una intensidad y una complejidad artística, con una novedad y realismo que nadie sobrepujará. No concibo que se le haya podido disputar, ni un instante, el dictado de excelso poeta, y de mí sé decir que le tengo por uno de los más fascinadores, con esa fascinación «que poseen los ojos de los retratos», por los cuales nos mira un alma sin cuerpo.

Sus versos son siempre expresión de su íntimo sentir, y en este respecto, nadie más lírico, ni Musset, ni Lamartine, ni Hugo. Su biografía entera puede deducirse de sus versos. La oposición de su familia a que se dedicase a la poesía, la expresa Bendición, y El Albatros es su breve y ronca queja ante la injusticia del público y la dureza del destino:

«Ses ailes de géant l'empêchent de marcher...».

Sus invocaciones a la musa enferma y a la musa venal, descubren dos vivas llagas de su seno; y en cuanto a la lucha de que antes hablé, entre el libertinaje y el anhelo de purificación y perdón (por no citar otros poemas exquisitos), recordaré El alba espiritual, que empieza así:

«Quand chez les débauchés l'aube blanche et vermeille
entre en société de l'Idéal rongeur,
par l'opération d'un mystère vengeur
dans la brute assoupie un ange se réveille...».

La idea se diferencia del tristis post voluptas, expresión del tedio físico. En Baudelaire, la tristeza del agotamiento nervioso va más lejos: el misterio es vengador; no hay que dar cuentas a la naturaleza, sino a algo trascendental... Ahí está «el viejo Remordimiento, que vive y se agita como el gusano de la muerte». ¿En qué filtro, en qué verso, en qué tisana ahogarlo? Y ese viejo Remordimiento persiste vigilante, y en el Examen de media noche dice al poeta: «¡Has blasfemado de Jesús, el más incontestable de los Dioses; has besado con devoción a la materia estúpida!». Es el avisador, la sierpe amarilla que reside en el corazón de todo hombre digno de tal nombre, y que advierte: «¿Sabes si esta noche vivirás?». Es el ángel que le agarra de los cabellos y le manda amar con caridad, encender su éxtasis en la gloria de Dios. Y el poeta tiene que producir flores cuyo color y forma aprueben los ángeles. Y el poeta deplora la pesadilla de lo divino, el infinito que ve por todas las ventanas; y siente que se le quiebran los brazos a fuerza de abrazar las nubes... ¡Terrible castigo, la conciencia en el mal! ¡Espectáculo aburrido, el del eterno pecado!

En estos rasgos y otros sin cuento que pudieran extraerse de la poesía de Baudelaire, resalta lo que ya sabemos: la constancia de su sentimiento y de su inquietud de católico, antes que impío, pecador. Siempre será más noble un alma que al pecar sufre de negrísima melancolía y remordimiento incurable, que la del vicioso que no cree hacer mal ninguno al encenagarse y al «besar devotamente a la estúpida materia». Y no se concibe que un estado de alma tan natural después de diecinueve siglos de cristianismo, y doblemente artístico que el de un epicúreo, haya sido mal interpretado, se haya calificado de inmoral, cuando, lo repito, no pocos santos lo atravesaron, en gloriosa lucha jacobítica, reveladora de la espiritualidad humana, ni que pasase por loco quien no lo era ni por asomos, aunque declarase preferir «los sueños de los locos a los de los sabios», lo cual no ha de sorprender a nadie, ya que cierta locura de ideal es la que hace caminar al mundo... y la única desgracia de este mago fue no ser loco del todo, con la locura de la Cruz.

Hasta de inofensivas manías se tomó pie para sostener la tesis de la locura de Baudelaire. Como bastantes desequilibrados de los nervios, Baudelaire goza a padece de una hiperestesia del sentido del olfato; sus impresiones de olfativas forman parte de su originalidad, y la fragancia exótica de una cabellera de mujer (su Venus negra probablemente) le evoca todos los recuerdos de su viaje a países solares, a islas perezosas, que cubren azules cielos... Siente también Baudelaire la atracción de los gatos, que son animales un tanto enigmáticos, lunares y misteriosos, y los canta, y supone que un gato muy rozagante se le pasea por el cerebro. No hay en todo ello sino nerviosidades que toman poética forma. Si yo hubiese dudado de la sanidad mental de Baudelaire, me desengañaría al leer su Correspondencia, que atestigua su normalidad corriente, sin desmentir su histeria, su sadismo (véase el bellísimo poema La mártir), su enfermiza excitación. La demencia, científicamente hablando, es cosa asaz distinta, pero hoy todo se arregla con la palabra locura, lo mismo en los tribunales que en las letras; allí para absolver, aquí para condenar.

A su hora venía Baudelaire en un tiempo en que ya, para los que saben callar y llegar al fondo, era visible el fracaso del movimiento emancipador del hombre, que aun continúa en el terreno social y político, y que no le puede redimir de las fatalidades de su destino y de la incapacidad para ser dichoso, por mucho que se modifiquen o subviertan las condiciones sociales. La literatura y el arte reflejan necesariamente esta situación especial de nuestra edad, que ha creído dar a la humanidad soluciones, y no le ha dado sino problemas nuevos. «Un espíritu de negación de la vida —escribe bellamente Bourget— oscurece cada día más la civilización occidental. La humanidad, sobrado reflexiva, está cansada de su propio pensamiento y cultiva el amor de la nada».

Y se ha podido, en el alma de Baudelaire, estudiar el caso probablemente más típico y seguramente más poético de este estado moral que se generaliza; que, bajo distintas influencias, no la de Baudelaire tan solo, tiene que epidemiar a la juventud, cuando al declinar del siglo sea como símbolo del declinar de los ideales antimísticos que profesó. Sin desconocer que a la acción tardía y póstuma de Baudelaire concurrieron muy varios factores, en él, como en un ídolo recargado de anhelos y sacrificios crueles, encarnó el hecho nuevo de la generación que venía: la decadencia.

XII

La crítica. Difusión del género. Escasez de verdaderos y grandes críticos. Por qué hay que tomar en cuenta la labor crítica de Zola. Calidad de esta. Aspecto científico de la transformación literaria. Zola vulgarizador. Las doctrinas de Claudio Bernard. La teoría experimental. Prudencia de Claudio Bernard. La pretensión científica en el arte de Zola. Errores críticos. Razón de inferioridad. Cómo ha de entenderse la muerte de la Escuela

He observado en La Transición la creciente importancia de la crítica y las pretensiones científicas que va manifestando. Al desarrollarse la tendencia analítica en toda la literatura, es la crítica lo que mejor atestigua la transformación, acentuada y definida durante la etapa naturalista, en la cual informa un mismo sentido a la crítica y a lo que exclusivamente pertenece al dominio de la creación literaria.

En este período de combate, la fecundidad de la crítica llega a ser comentada satíricamente, y, en realidad, excede de lo permitido. Así como durante el romanticismo todos hacían versos, y al adelantar la decadencia harán novelas y cuentos todos, hay en los tiempos naturalistas un momento en que nadie se quedará sin endilgar su artículo crítico. El fenómeno pudo notarse hasta en España, donde por los años en que el naturalismo se discutió acaloradamente, llovieron y granizaron críticos libres, de levita, chaqueta, uniforme y sotana.

Pensando en la suerte que reserva el porvenir a la producción contemporánea, se comprende lo que quedará a la vuelta de algunos años de esta clase de crítica, emborronada al choque de una lectura o de una charla de cotarro. Es crítica escrita, pero no se diferencia de la verbal sino en eso, en que ha pasado al papel. Y hubiese sido preferible recoger en un gramófono las conversaciones que, en medio del desconocimiento de la materia tratada, siquiera ostentarían frescura y sinceridad.

No desdeño yo la opinión común. El menos letrado, hasta el analfabeto, lleva dentro de sí un crítico y formula su crítica a la manera de aquel snob de Molière, que, sin saberlo, hacía prosa. Menos estimo las críticas oficiales, que caen al suelo como las hojas secas, y no sé si tendrán la utilidad del humus o mantillo, que abona la tierra donde se forma.

Pero conviene decir que la crítica es, de todos los géneros literarios que se acometen sin consultar fuerzas, el más engañosamente fácil, y justamente aquel en que tan solo contadísimos escritores logran autoridad en vida y muerte. En la novela, en la poesía, en el teatro, de cada generación quedan en pie algunos nombres. Los críticos propiamente dichos, sancionados por el tiempo, influyentes de un modo serio sobre una época, escasean, no solo aquí, sino en países de mayor cultura general; con citar diez o doce nombres ha podido reseñar Brunetière la evolución de la crítica en Francia, desde sus orígenes, en el siglo XVI, hasta el momento presente. No pretendo que en Francia, en cuatro siglos, solo existiese una docena de buenos críticos; digo que no pasan de este número, y no sé si llegan a él, los que marcaron huella profunda.

En Francia, en sus comienzos, la crítica reviste carácter erudito y gramatical; se eleva después a la admiración de la belleza clásica, y sobreviene el período de la imitación de los modelos y la fijación de las reglas, en que se destaca el primer nombre de crítico ilustre, Boileau, legislador del Parnaso. Sobreviene la protesta, la lucha entre antiguos y modernos, en que sale victoriosa la tradición: en su defensa se destacan Voltaire, Laharpe y Marmontel. El nuevo y triunfante ataque al clasicismo, la aspiración a desconocidas fuentes de belleza y sentimiento, lleva al frente a la Staël y Chateaubriand. Villemain, Guizot y Cousin cambian definitivamente el gusto, al descubrir las conexiones de la obra literaria con los tiempos y las instituciones, la forma y estructura de la sociedad donde se producen. Después Sainte Beuve ya relaciona la obra, no solo con la sociedad, sino con el autor, con su condición y su temperamento; y Taine, extremando, busca auxilio para la crítica en los métodos de la historia natural, sistema que completará el evolucionismo de Brunetière. Como se ve, la docena de nombres basta para señalar las tendencias que caracterizan a la crítica francesa; y cabría discurrir acerca de si están bien o mal elegidos, y admitamos que pueda agregárseles otra media docena (entre los vivientes: Lemaître, Anatolio France, representantes de una dirección opuesta a la de Brunetière; entre los muertos, Teófilo Gautier). Por mucho que se abriese la mano, los críticos definitivos no formarían legión.

Probablemente, desde el extranjero, podemos darnos cuenta muy clara de esta verdad. Millones de páginas de crítica atrayente, engalanadas con la amenidad comunicativa del ingenio francés, son fruto de mil plumas que, a su hora, agitaron el aire y atrajeron la atención. Desde aquí no vemos sino lo que persiste, lo que forzosamente habrá de tomarse en consideración al escribir la historia de la crítica.

Y, en este concepto histórico, y aun cuando Emilio Zola no pueda incluirse entre los críticos de mayor altura de pensamiento, es necesario tenerle muy en cuenta, porque al colocarse a la cabeza del naturalismo como productor, se colocó también a la vanguardia de la crítica propugnadora y expositiva de la escuela. Él hizo la propaganda ofensiva y defensiva, y contra él principalmente embistieron los adversarios. Estuvo siempre en la brecha, con la doctrina y con el ejemplo.

Bien pudiera este período de lucha cifrarse en dos personalidades: la de Zola predicador del naturalismo, y la de Brunetière impugnador. Zola, como polemista, no carece ni de vigor, ni de persuasión. Su caballo de batalla, como sabemos, fue la tesis científica. Cuando le mataron ese corcel, pudo darse por vencido.

La labor de propaganda teórica de Emilio Zola está contenida en siete tomos, donde expone, conforme a su criterio, el programa del naturalismo, y desde el punto de vista de la teoría estudia a los prosistas y poetas del romanticismo, de la transición y contemporáneos. Discutidísima a su hora y no muy apreciada nunca, la crítica de Zola marca el período agudo de una crisis, y es curiosa hasta por sus yerros, y especialmente por la contradicción involuntaria y fatal entre sus preceptos y lo que Zola practicaba.

Más que un crítico, era Zola un polemista, un agitador. Vivirán sus artículos (publicados muchos de ellos en revistas y periódicos rusos, en el Fígaro otros) por su apasionamiento y sistemática unidad de miras, y se estimará en ellos, como mérito literario, la elocuencia vehemente, el brío en la invectiva, el claro lenguaje, la frase contundente, a veces restallante como un trallazo. No obstante este carácter batallador, nótase en los escritos polémicos de Zola que no desciende jamás a la injuria, que guarda respeto a las personas, y su estilo adquiere en ocasiones elevado tono de dignidad. Trata duramente a las ideas y a las obras por esas ideas inspiradas; pega colmilladas de jabalí, raja y corta; pero no es nunca el detractor maligno, ni aun cuando escribe verdaderas diatribas, o la muy donosa réplica, modelo de seria ironía, al Conde Armando de Pontmartin. En su manera de juzgar a los autores muestra equidad con los adversarios, y tiene arranques de veneración y efusiones de simpatía. Léase el estudio sobre Jorge Sand, en quien encarna Zola el idealismo, y obsérvese la consideración que respira, no solo hacia el escritor, sino hacia la mujer. «Yo seré —escribe Zola— un limpia-chimeneas; yo pasaré por un mozo de cuerda, por un pocero del alcantarillado; pero sé conducirme... y reto a que señalen en mis estudios críticos, aparte de mis severidades de lógico, una sola palabra gruesa, uno de los puñados de lodo que a mí me arrojan a la cara».

Protesta Zola, en sus estudios críticos, contra la que llama «ridícula investidura de pontífice», declarando qué él no inventó la palabra naturalismo; que ya Montaigne y después Taine, en igual sentido, la habían usado, y que solo los poetas líricos como Hugo creen encontrarse en el bolsillo una literatura. «No soy un jefe de escuela, entérense los sordos de la Prensa, borren eso de mis papeles», repite. Tenía, en cierto sentido, doble razón de la que él mismo pensaba; no obstante, si el romanticismo, infinitamente más extenso que Hugo, aparece, en un momento dado, mediante circunstancias extrínsecas, como algo dependiente del autor de Hernani, el naturalismo teórico, al propagarse entre la multitud, está representado por Zola y sus manifiestos.

A querer hilar delgado y erudito en esto del naturalismo, podríamos perder de vista, no solo a Zola, sino a la Edad Moderna. El naturalismo y el realismo en arte, formas de la intuición humana ante la naturaleza, son viejos como el mundo, y los encontraríamos en los Vedas, en Caldea y Asiria, en la Biblia a puñados, y no hay que decir si en el arte egipcio, rico en obras maestras naturalistas, como la famosa estatua del Escriba, que puede admirarse en el Museo del Louvre. ¡Nada hay enteramente nuevo bajo el Sol!, que dijo aquel gran lírico naturalista tan contemporáneo de Leopardi como de los Faraones. Limitándonos a coger el hilo desde la disolución de la escuela romántica, vemos despuntar y afirmarse un naturalismo con caracteres típicamente modernos. Pareció escandalosa novedad, en boca de Zola, la pretensión de que el arte tenga por ley el método científico, cuando ya la evolución posible en este sentido estaba realizada.

Mientras despedía lava el volcán romántico, la ciencia adquiría vuelos que la hicieron dueña del porvenir. El siglo nació glorioso para Francia en el terreno científico; ni el belicoso Imperio, ni antes la Revolución, suspendieron la actividad de sabios, pensadores, investigadores e inventores. Dígase lo que se quiera de la decadencia latina, en ningún país del Norte se alzó legión científica más compacta y brillante que aquella, procedente de la Enciclopedia, pero que no tardó en romper las prisiones del sensualismo y aprovechar su liberación, restaurando el espiritualismo y estableciendo el método. Aislose de la ciencia el romanticismo, que no solicitaba certidumbre, sino emancipación; mas hubo literatos de la época romántica, como Sthendal, que fueron propiamente alumnos de los científicos, y que por haber madrugado, se encontraron actuales a la hora de la transformación; y ya en 1838 Balzac, al exponer sucintamente en el prólogo de la *Comedia humana* sus ideas estéticas, se declaraba penetrado del criterio evolucionista de Geoffroy Saint-Hilaire, anticipándose a Flaubert, el cual no podía perdonar al papá Huyo que despreciase la ciencia, y daba a sus novelas verdadera base científica, realizando estudios clínicos y psicológicos (*Madame Bovary*) o históricos, teológicos y etnográficos (*Salambó, Herodías*, Tentación de San Antonio). Como se ve, Zola no soñaba en lanzar manifiestos, cuando hasta en forma reflexiva, crítica, estaba fundada la estética positivista. Desde mediados de siglo, el naturalismo triunfe, no solo en la novela y el teatro, sino en la misma poesía, en este caso sin exactitud llamada lírica, pues la señal de su cambio es cabalmente la supresión del lirismo, la victoria de la impersonalidad. Sin conciencia o sin darse cuenta de ello, los grandes escritores franceses, de 1850 acá, son naturalistas.

Considerando en su correlación el arte y la crítica posteriores al romanticismo y anteriores a Zola, acertaremos a atribuir al maestro de Medan su puesto y categoría. Como teórico, fue el vulgarizador violento de la estética positivista; hizo lo que no podía hacer un Taine: democratizó la tendencia convirtiéndola en escuela, y al desquiciarla y extremarla, con la doctrina experimental, precipitó su madurez, y preparó el advenimiento del simbolismo y la reacción neomística.

El radical y presto desacreditado programa estético de Zola cabe en pocos renglones. Redúcese a adaptar al arte lo que de la ciencia dice Claudio Bernard en un libro que ha abierto surco —la Introducción al estudio de la medicina experimental—.

«El método experimental —escribe—, aplicable al estudio de los cuerpos inanimados y animados, lo es también al de los fenómenos pasionales e intelectuales. Debe, pues, surgir una literatura experimental, sustituyendo a la de observación. El observador es un fotógrafo; el experimentador juzga, compara y mueve los personajes... para mostrar que la sucesión de los hechos será cual lo dispone el determinismo de los fenómenos estudiados. El novelista experimental, para mostrar el mecanismo de los hechos, produce y dirige los fenómenos; esa es su parte de inventiva. El novelista... se apoyará en las leyes de herencia y adaptación al medio; descubrirá el mecanismo del corazón de la inteligencia, indagará el por qué de las cosas, será árbitro del bien y del mal, regulará la sociedad, resolverá los problemas del socialismo, dará base sólida a la justicia».

He subrayado este extracto, por instructivo acerca de dos puntos muy interesantes: la nota sobreaguda de Zola dentro del naturalismo, y el estímulo social y moral que desde un principio le acuciaba, y le indujo, a fines del siglo XIX, a la campaña por Dreyfus y a la desdichada empresa de las novelas evangelizadoras. La observación (en esto veía claro) era ya la característica de la literatura cuando Zola lanzó su programa: para ir más allá que Balzac, que Flaubert, que Merimée, que Stendhal, naturalistas y psicólogos, era preciso, sin renunciar a la observación, proclamar la experimentación. Del modo de ejecutar ese experimento fuera del laboratorio, sobre la mesa de escribir; de cómo se producen y dirigen los fenómenos del alma —digamos del cerebro, si Zola lo prefiere—, nada nos enseña Zola. En realidad, la única experimentación factible envuelve un regreso a la teoría romántica: solo cabría experimentar en sí propio, y henos ya de cabeza en el subjetivismo. El mismo sabio médico de quien Zola se ampara, declara que hay en su cabeza una maraña inextricable donde se confunden la observación y la experimentación. Con mayor motivo le será ardua la labor experimental al novelista.

No dejó Zola de percibir, desde un principio, cuantas dificultades entrañaba el propósito de identificar los métodos y fines del arte y los de la ciencia de un modo tan absoluto. «Carecemos —escribió— de las certidumbres de la química y hasta de la psicología... No conocemos aún los reactivos que descomponen las pasiones y permiten analizarlas... El novelista experimental camina a tientas en la materia más compleja y oscura... Nos cerca una inmensidad desconocida, pero debe alentarnos el anhelo de explicarla por el método científico». El error de Zola, en tal caso, es olvidar que hay evoluciones estéticas, pero no progreso; que el arte no conquista lentamente la corona, como la ciencia, sino que nace rey. ¿No es cosa extraña que Claudio Bernard viese en esto más claro? Desconsuélase Zola porque el gran biólogo escribe: «Las producciones literarias y artísticas nunca envejecen, en cuanto son expresión de sentimientos inmutables como la naturaleza humana... Una obra literaria es una creación espontánea del espíritu, que nada tiene que ver con la comprobación de los fenómenos naturales». Lecciones todavía más severas pudo hallar Zola en páginas de la misma obra capital de Claudio Bernard, donde a cada paso se reconocen explícitamente, al lado de los derechos de la ciencia, los de la filosofía, y se confiesan los límites forzosos del conocimiento. No suelen ser los sabios quienes entienden intrépidamente que la ciencia «nos entrega a la naturaleza sin velo alguno, nos da la absoluta certidumbre», según la frase de Zola. Newton comparaba al científico con el niño que recoge algunas conchillas al borde del Océano. Zola no pone límites a esa acción científica, llamada, no solo a lograr que Francia recupere la Alsacia y la Lorena, sino a que el género humano alcance la edad de oro, de paz, ventura y armonía; e identificando el naturalismo con la ciencia, y ambas cosas con la política, escribe su célebre y jamás explicado vaticinio: «La república será naturalista... o perecerá».

No me he propuesto refutar los errores críticos de Zola, porque no quisiera repetir cansadamente lo que tantas veces se ha dicho, y porque es labor deshonrosamente fácil, dada la unidad y simplicidad de la teoría.

No deja de ser interesante advertir cómo, a pesar de la contradicción entre el teórico y el artista, la teoría se le impuso y le comprometió. Zola, en sus primeras empresas de escritor, pertenecía aún al romanticismo, y se lamentaba de no poder extirparlo, de llevar ese cáncer en la masa de la sangre. Poco a poco fue tendiendo a una especie de clasicismo, que él consideraba fórmula literaria suprema. «Un lenguaje» —escribía-«no es más que una lógica, una construcción científica y natural. El mejor estilo, con claridad y lógica está formado». Estúdiese la evolución del lenguaje en Zola, y se verá que influye en ella este precepto, y que va pasando del craso y jugoso empaste y del colorido a lo Rubens de las primeras novelas famosas, a una sequedad fría y gris, a una prolijidad antiartística, al empeño de decirlo todo punto por punto, y no más. Había escrito Zola también: «Lo que especializa y distingue al literato del médico, es la forma. El naturalismo consiste únicamente en el método experimental, pero acepta todas las retóricas, expresión de los temperamentos». Si existió una retórica que en efecto expresase un temperamento literario, fue la de Zola en las obras de su apogeo. Allí se manifestaba —digámoslo con palabras de Claudio Bernard— su quid proprium, ese particular estilo que constituye la originalidad, la invención y el genio de cada uno. Era una retórica de carne y sangre, y su materialidad, su sensualidad, su vivo y pródigo color recordaban, como acabo de indicar, a Rubens, sobre todo al Rubens violento y crudamente realista del Cristo en la paja y el Martirio de San Bavón —sin faltarle otras reminiscencias de pintores flamencos y holandeses, el sentido democrático, la insistencia en el detalle, la elección de asuntos prosaicos e indecorosos, la exhibición tranquila y complacida de la fealdad y del vicio, la consagración artística de los instintos vulgares—. Y ya que se me ha venido a la pluma la comparación de Zola y los flamencos, diré que la evolución del temperamento en Zola me recuerda bastante la del discutido artista belga Wiertz. Empezó este por seguir la escuela de Rubens, y trabajaba magistralmente; acabó por alegorías sociales, pintura de ideas, composiciones terribles y hediondas que se enseñan por un agujero —de tal manera asustan al público sencillo—, y perdió en absoluto las cualidades de colorista, emborronando descomunales lienzos que parecen decoraciones al temple. Y es que hay temperamentos artísticos que decaen al calmarse la efervescencia de los sentidos; artistas que valen menos por lo que piensan que por las especies sensibles que perciben y transforman.

En tal respecto, la primer equivocación de Zola fue el plan de los Rougon Macquart, ya ambiciosamente filosófico, fundado en doctrinas de Taine. «La historia natural y la historia humana son análogas; similares sus materias. En ambas se trabaja sobre grupos naturales, o sea sobre individuos construidos bajo un tipo común, divisibles en familias, géneros y especies...». «El drama o la novela aislada no expresan bien la naturaleza, porque escogen, y al escoger, mutilan. Ser amplio y vasto es ser exacto: Balzac ha captado la verdad porque ha percibido el conjunto; su facultad sistemática, ha dado a sus pinturas el interés de la fidelidad, la unidad y la fuerza». He aquí el espejo en que se miró Zola, el sueño que persiguió: rehacer, con mayores alardes científicos, La *Comedia humana*; no ya ser doctor en ciencias sociales, como se proclamó Balzac, sino condensar, en una serie de novelas, la Suma de nuestro siglo. Adonde no llegase el talento, llegaría la paciencia. Así le vemos uncido al arado, con calma bovina, escribiendo cuotidianamente siempre igual número de páginas, poniendo piedra sobre piedra, y archivando notas como archiva fichas un personaje de Pot-Bouille. «Todo por el documento».

Aun dentro de la escuela documental, la ventaja estará siempre de parte de los que se documentan indirectamente (Cervantes, Balzac) por la práctica de la vida. Y ni la documentación, ni la observación provocada, o sea el experimento (dado que supiésemos la manera de verificarlo en materias tales, y aunque imitando lo que se refiere de cierto gran escultor, pudiésemos crucificar un alma, como él crucificó un cuerpo, para estudiar sus contorsiones de agonía), nos enseñarían, dentro del arte, más de lo que averiguó Homero en la cólera de Aquiles, Racine en la pasión de Fedra, Shakespeare en los celos del Moro y Cervantes en la locura de su Ingenioso Hidalgo.

Con sus amaneramientos y desvaríos, la teoría de Zola fue un momento necesario de la evolución estética; sirvió para que a sus luces de Bengala viésemos lo que no veríamos de otro modo. Limitado todo, con justicia, a sus proporciones episódicas, no conozco nada más instructivo. La equivocación frecuente, al menos del lado acá del Pirineo (y quizás del lado allá también), consistió en reducir a este episodio, muy estrepitoso ciertamente, toda la tendencia objetiva que desde mediados del siglo dominaba en el arte, hasta en las formas que parecen más subjetivas, como la poesía. Entre las equivocaciones notables de Zola merece notarse la que cometió al asegurar que en poesía nada se había inventado desde Lamartine, Hugo y Musset, y que el gran poeta naturalista aparecerá en los siglos venideros. Cuando tal suponía Zola, sobre las magníficas ruinas del lirismo romántico habían surgido los impersonales y los impasibles, los lapidarios y los forjadores, los científicos y los parnasianos: Baudelaire, Leconte de Lisle, Sully Prudhomme, Heredia, Coppée...

Zola no fue un crítico excelente, porque, entre otras cosas, le faltó la convicción. La confesión de este escepticismo del maestro, recogida por Goncourt, es en extremo curiosa. Hallándose reunidos, se dio Flaubert a atacar los prefacios, las doctrinas, las profesiones de fe de Zola, a lo cual respondió éste:

«Me río lo mismo que usted de esa palabra naturalismo, pero la repito porque hay que bautizar las cosas a fin de que parezcan nuevas... Una cosa son mis libros, otra mis artículos. De mis artículos no hago cuenta. No sirven sino para levantar polvareda en torno de mis libros. He apoyado un clavo en la cabeza del público, y voy dando martillazos... A cada uno, entra el clavo un centímetro. Y mi martillo es la Prensa».

Pudiera preguntarse si no hubo, además de Zola, otros críticos propagandistas del naturalismo de escuela. Hubo una nube; recuérdese lo que queda dicho al comienzo de este capítulo, y si la escuela fue más atacada que otra ninguna, también fue defendida con celo, en un derroche de prosa. De toda esta campaña quedan cenizas yertas, y al lado de Zola, prestándole ayuda, no aparece un crítico de valía. Conviene no olvidar a los Goncourt y la famosa doctrina del «documento humano»; pero Edmundo de Goncourt no ha querido nunca ser prisionero de la escuela, y, a la hora en que esta se desmorona, hay que incluirle entre los que protestan enérgicamente, pidiendo «que le quiten esa etiqueta de naturalista, que le han pegado, casi contra su voluntad, al sombrero». «Ni aun las obras de la escuela caben en tan estrecha fórmula. Todos han rendido tributo a la psicología. Véase a Daudet, véase al mismo Zola en El ensueño. ¡Se habla de psicología! ¡Y qué, él, el mismo Goncourt, no ha hecho, en Madama Gervaisais, una novela tan psicológica como la más digna de tal nombre!».

Es preciso reconocerlo: para entender las causas y razones suficientes de la estrepitosa y pronta caída de lo que se llamó naturalismo, hay que conciliar el hecho de esta caída con la afirmación de que algo del naturalismo no puede morir. Lo que cayó de un modo definitivo, allá por 1891, fue el naturalismo de escuela, la fórmula de Zola, que por tantos estilos no se tenía en pie, en la cual ni Zola mismo creía, y a la cual nunca se adhirieron formalmente ni Daudet, ni Maupassant, ni los Goncourt.

En cuanto elemento esencial del arte que hoy domina por el estado intelectual y social, claro es que no puede morir. Quien más cuerdamente escribió acerca de esta cuestión que, en sí tan obvia, no lo ha sido nunca para el público, fue aquel apasionado y constante discípulo de Zola, Pablo Alexis, que, consultado, a la hora en que la escuela se derrumbaba, declaró que el naturalismo no había sido sino un ramalillo de amplia corriente general, y que en el siglo XX no habrá escuelas, siendo el verdadero naturalismo lo contrario de una idea de escuela, el fin de todas, la emancipación de las individualidades, la expansión de los originales y de los sinceros. Otro de los fieles adeptos de la escuela, Céard, el más consecuente medanista, proclama que el naturalismo no ha existido nunca en cuanto epifenómeno, cosa accidental o producto espontáneo de nuestros días. Existió siempre en estado latente, al lado de la literatura académica y la de imaginación, otra de observación. Este escritor prefiere el sueño, aquel la realidad. Y pudo añadir Céard que a veces un individuo mismo alterna, según su estado de alma, edad y circunstancias, ambas predilecciones. Yo hasta diría que toda organización completa de escritor debe tener, no ya las dos almas del ensueño y de la realidad, sino las tres almas de la heroína de Tirso —cuando menos—.

Lo innegable es que la escuela sucumbe. Y Brunetière, de quien hablaremos ahora, fue el primero en herirla en el corazón, el primero en pronosticar su rápida muerte.

XIII

La crítica. Brunetière: su carácter. La «bancarrota de la ciencia». Coincidencia de Zola y Brunetière en buscar la base científica. El sistema evolutivo de Brunetière. Cómo se resuelve en tradicionalismo estético. Principios críticos de Brunetière. Impugnación del naturalismo. Transigencia. La cuestión de la moral en el arte. El individualismo. Los intransigentes: Barbey d'Aurevilly. Origen de su campaña contra la escuela

Un sistema tan fácilmente impugnable, y cuyos lados flacos, por lo menos en la actualidad, reconocía el propio Zola, tuvo impugnadores a miles, unos que se paraban en lo externo, en crudezas y defectos artísticos, otros que se iban a los cascos, al fondo filosófico de la doctrina. Entre los segundos, el más dialéctico, el más fundado, y hasta el más justo, en medio de sus apasionamientos, fue Fernando Brunetière.

Este alto escritor carece de biografía en el concepto dramático, excitador de curiosidades. Su vida es unilateral, sencilla, laboriosa. Originario de Bretaña, hijo de un oficial de marina, nació en Tolón, en 1849; estudió en el Liceo de Marsella y en el de Luis el Grande; sirvió como voluntario en el sitio de París; empezó a escribir en la Revista Azul; entró luego a formar parte de la redacción de la Revista de Ambos Mundos, donde llegó más tarde a desempeñar el primer puesto directivo; fue nombrado Maestro de Conferencias en la Escuela Normal; pasó a la América del Norte y al Canadá a dar una celebradísima serie de conferencias; hizo en 1895 una visita al Vaticano; fue condecorado con la Legión de Honor; publicó varios tomos de crítica, polémica, sociología y filosofía; algunos obtuvieron premios de la Academia, donde, finalmente, ocupó un sillón; y he aquí lo concreto y externo de una existencia tan colmada, pero tan cerrada y recatada en lo íntimo.

Sin embargo, por reservado e impersonal que sea un escritor, su carácter rezuma, y el carácter es más verdadero que los hechos. Aun cuando no se base la deducción en anécdotas ni en confidencias, reporterismos e indiscreciones, la psicología de Brunetière se deduce fácilmente.

Era hombre poco expansivo, un tanto erizado de púas en el primer momento, y, según dice exactamente Lemaître, ni despertaba simpatías, ni las buscaba, y hasta llevaba con cierta discreta ufanía su notoria impopularidad. Fue impopular hasta en España, donde han llegado a parecernos amigos de confianza tantos escritores franceses. Llegó a decirse de él que a fuerza de impopularidad se hizo popular, y Renato Doumic le clasificó diciendo que era el hombre que tenía más enemigos. Este privilegio se lo disputó a Zola.

La fisonomía moral de Brunetière ofrece rasgos de severidad; su fama no se funda en complacientes amenidades y comunicativos extremos, que concilian la benevolencia y el elogio. Al contrario, Brunetière, que profesaba el principio de la «diferencia entre lo temporal y lo eterno» en literatura, que creía que una cosa es mostrarse y otra existir en las regiones del arte, no se mordía la lengua para decir lo que pensaba de la Prensa diaria, «cuya fuerza —escribía él— es suficiente a tumbar a un Ministerio, y no alcanza a impedir que el público prefiera los cafés cantantes y otros espectáculos del mismo jaez al teatro serio y artístico». Hostigado y satirizado sin cesar, diatribas, insultos, ataques, caricaturas malignas, le encontraban en la misma tranquila actitud con que recibía los elogios y las señales de la ilimitada consideración que, a pesar de tanta hostilidad, y no sé si en parte a causa de ella, le cercaba como una aureola. Bajo apariencias de aspereza, encubría un corazón derecho y noble, y no hubo amigo más seguro, ni más cumplido caballero. Cuando el caso lo requería y la conversación pedía sales, en tertulias y banquetes, y sin valerse de los fáciles recursos de la maledicencia, era ingenioso, divertido, chispeante y paradójico, y encendía todas las luminarias del esprit francés. Sin que nada le obligase a ello, confesaba errores cometidos en fechas y citas; reconocía el mérito ajeno, y demostraba tolerancia con la ajena opinión.

Al querer definir bien la personalidad de Brunetière, recuerdo la de don Juan Valera, que forma con Brunetière perfecto contraste. Lo que se afirme de Brunetière puede negarse de don Juan. Clásicos ambos, es cierto, difiere enteramente su clasicismo. La mentalidad de Brunetière es latina antes que helénica. Nadie menos pagano, menos espectador; nadie más vibrante de pasión, ni más afirmativo en sus juicios.

El que había de proclamar la «bancarrota de la ciencia», fue el que aportó a la crítica un sistema que pretendía basarse, como la escuela de Zola, en las últimas teorías científicas. Las grandes influencias científicas eran Darwin y

Taine, y Brunetière concilió la doctrina evolutiva con las de la raza, el momento y el medio y quiso aplicar a las letras, a la flor del espíritu humano, los mismos principios por los cuales Haeckel establece la escala de la organización de la materia, «desde la mónera amorfa al hombre locuaz», sosteniendo que los géneros literarios sufren igual transformación que las especies animales. Con arreglo a su concepción del arte, pudo, sin duda, Brunetière escribir una Historia de las letras francesas, como Taine había escrito la de las inglesas; pero no llegó a practicar su sistema sino en el interesante estudio sobre La evolución de la poesía lírica.

Rémy de Gourmont supone, y acaso con razón, que el impulso de Brunetière al adoptar el método de Darwin en la crítica literaria, se debe a que este sabio, como todo historiador de la vida animal, hace abstracción de los individuos y no ve sino lo específico; y por las enseñanzas del darwinismo pudo Brunetière combatir el individualismo —su tesis predilecta, sostenida con energía y empeño—. Una vez más insisto en que hay confusión: el individualismo es una cosa, y otra la individualidad. Siendo yo ferviente convencida del dogma de la individualidad en arte, suscribo, sin embargo, a lo que Brunetière dice del individualismo romántico. Las individualidades no pertenecen necesariamente a escuela alguna, y, sin duda, sobre los géneros, estará siempre el individuo, el elemento original de la personalidad, aunque la influyan todas las causas y leyes, que la ciencia ha comprobado más o menos.

Brunetière no tardó en notar la escasez de las certidumbres científicas, y en proclamar este desencanto. La ciencia es el verdadero ídolo contemporáneo; desde hará unos cien años afluyen millones de devotos a postrarse ante su altar. Y Brunetière se pregunta a sí mismo, categóricamente, si el ídolo es todo de oro, o si tiene los pies de barro; y reconoce que de barro los tiene, en efecto. Acata como nadie los fueros de la ciencia en la esfera de lo relativo; pero niega su infalibilidad en lo trascendente. Si la ciencia progresa es porque cambia, y si cambia es porque, cimentada y sólida en el terreno de los hechos, no consigue, ni nunca conseguirá, esclarecer los enigmas que preocupan desde tiempo inmemorial a la conciencia. No fue ciertamente Brunetière el primero que proclamó esta verdad vulgar, ni fue él tampoco quien inventó la célebre frase tan comentada: «La ciencia ha hecho bancarrota». «Cuando me serví de tal frase —dice Brunetière— me preguntaron si me proponía demostrar que de París a Besanzon se va mejor en diligencia que en ferrocarril». Lo que se ha dado en llamar «bancarrota de la ciencia» es solamente la comprobación de sus forzosos y eternos límites, la fijación de sus atribuciones y métodos, el mero acotamiento de su territorio.

Brunetière no había aplicado los principios del transformismo hasta treinta años después de que esta doctrina, en el terreno de la filosofía natural discutida, y bien puede decirse que en muchos aspectos triunfante, impuso sus métodos y sus conceptos a otras ciencias y se oyó hablar corrientemente de evolución físico-química, evolución filológica, evolución política y evolución económico-social. Solo al convencerse de que la doctrina evolutiva ha trascendido a todas las categorías del pensamiento moderno, plantea el problema Brunetière.

«Los géneros literarios, ¿se suceden por mera casualidad, o hay causas y razones que determinan su sucesión? ¿Podría la serie de los géneros contarse al revés? El nexo, ¿es solo cronológico o es también genealógico? ¿Hay, en esta sucesión, perfeccionamiento o decadencia? ¿Hay, aparte de la relación estética, relación científica, leyes? ¿Hay algo semejante a esa diferenciación gradual que, en la naturaleza viva, hace que la materia pase de lo homogéneo a lo heterogéneo, y que de lo semejante salga lo contrario? Los géneros, ¿tienen existencia real en la naturaleza y en la historia? ¿Poseen vida propia, independiente, no solo de las imposiciones de la crítica, sino del capricho de escritores y artistas?».

Desde luego, Brunetière afirma que los géneros existen; nadie dudará que una oda, por ejemplo, no es una comedia de carácter. Como las especies animales, los géneros poseen estabilidad temporal, relativa fijeza; pero hay un momento en que la suma de los caracteres inestables supera a la de los estables, y entonces se disgrega el compuesto o, dígase más pronto, el género evoluciona o sucumbe. Ejemplo, la muerte de un género ilustre y famoso: la tragedia francesa. Nace, crece, se perfecciona, declina y fenece en determinado período. Otros se transforman: v, gr., la poesía lírica. Esta transformación dio asunto a Brunetière para uno de sus mejores libros, repleto de enseñanza.

La diferenciación de los géneros se realiza por la divergencia de caracteres —y me atrevería yo a añadir— por el instinto del placer en la diversidad y renovación de sensaciones, que también en la estética ejerce su imperio, como lo ejerce el opuesto, el del hábito y complacencia en lo conocido. Corresponde la estabilidad de un género al punto de su mayor perfección; esta es la clave de la eterna fuerza del clasicismo como doctrina. Modifican los géneros la herencia y la raza, los medios, las condiciones geográficas y climatológicas, las históricas, la constitución y estructura de la sociedad, su grado de civilización, la índole de esta civilización misma. (En España —pienso al ir exponiendo la teoría de Brunetière— sería inútil actualmente que naciese un dramaturgo innovador como Ibsen; no hay público para él.)

Parecería cerradamente determinista en este período de su pensamiento el sistema de Brunetière, si al lado de las poderosas influencias que reconoce, no reconociese igualmente, y de un modo explícito —hay que notarlo, pues tan enemigo del individualismo fue— la inmensa fuerza de libertad y espontaneidad, la individualidad, energía interior que o lucha con lo externo o lo aprovecha. Un solo escritor, un solo hombre, puede cambiar el curso de la literatura. Recordemos nosotros a Cervantes, el cual, si fue de su época tanto como cualquiera otro en Persiles y la Galatea, fue individuo cuando escribió el *Quijote*. En la transformación de los géneros podemos comprobar la ley de la concurrencia vital y de la supervivencia del más apto. El propio *Quijote*, al transformar el elemento épico de los libros de caballerías y también de la novela pastoril, dio el golpe de gracia a esos géneros, asegurando larga vida a la novela picaresca y de aventuras reales.

No he querido omitir el sistema de Brunetière, curiosa fusión de elementos científicos y tradicionalismo latinista literario. En él se funda el Manual de historia de la literatura francesa, que Brunetière consideraba programa de una Historia más detallada y amplia. En el Manual sustituyó, a las habituales divisiones por siglos y géneros, la división por épocas. Creía que los géneros solo se definen, como en la naturaleza las especies, mediante la lucha que sostienen entre sí, y que las épocas literarias las señala la aparición de una obra maestra. Sobre las influencias de medio y de raza, pone las de la obra sobre la obra, no solo por imitación, sino principalmente por diferencia, por el deseo de hacer «otra cosa», que nuestros predecesores. Y, en arte, los que se resignan a hacer «lo mismo» no merecen entrar en cuenta.

Por la enunciación del criterio evolucionista de Brunetière, pudiera considerársele un radical innovador de la crítica, y lo singular es que su radicalismo científico está fundado y mantenido por la más intensa y estrecha convivencia con la tradición, de la cual era, antes que enamorado, idólatra. La aplicación de las teorías de Darwin a la literatura da por fruto, en Brunetière, un clasicismo nacional, ardiente y respetuoso.

«La evolución natural —nos dice— no es el cambio, o al menos no es ese cambio material y mecánico que consiste en quitar una cosa y poner otra: quod evolvitur... non ideo proprietate mutatur».

No ha escrito Brunetière de cosa alguna con tan efusivo entusiasmo como escribe de la tradición al defenderla contra la modernidad; al recordar cuánto de eterna juventud encubren sus arrugas; al considerarla como la condición indispensable del progreso. «La tradición —exclama— es la selección misma; la tradición es Homero, no es Zoilo». Aun cuando Brunetière reclama la libertad de no adscribirse al pasado ni al presente, se ve que sus delicias son estar con Bossuet y Racine, y los estudios de historia literaria de su patria que nos ha legado, revelan esta invencible inclinación. El torrente de novedad a toda costa que arrastra a la literatura francesa encontró en el espíritu clásico de Brunetière un dique: «Las novedades de hoy —repetía— serán vejeces mañana, si la ciencia solo avanza por absorción de antiguas verdades, el arte se nutre de absorción de antiguas bellezas». Absolutamente se equivocaría el que por estas doctrinas, ni por su defensa del latín y las humanidades en la enseñanza, incluyese a Brunetière en el número de los críticos de orientación retrospectiva, que aman la polilla de las bibliotecas y no comprenden nada actual.

Poco tiene de erudito profesional Brunetière: no le interesa lo secundario y olvidado; su opinión es que solo debe concederse atención a aquellos escritores, nunca numerosos y tampoco ignorados jamás, cuya falta descabalaría lo serial de la literatura. De los menores, conviene justamente desescombrar la historia literaria. Fruto de este concepto de Brunetière es su ensayo sobre «el furor de lo inédito», en que condena la nimia y afanosa rebusca de páginas olvidadas, hasta cuando estas páginas se refieren a personalidades de alto relieve. Ni es un puente para la ignorancia el que tiende Brunetière al reprobar la erudición menuda: al hacerlo, da la prueba de su naturaleza de crítico, pues la crítica obliga a estudiar, pero también a olvidar y sacrificar gran parte de lo estudiado, o siquiera a situarlo en su exacto punto de vista, relegándolo al lugar que le corresponde.

Brunetière fue, pues, un crítico amplio, comprensivo, aunque apasionado y concreto en su gusto: su aptitud racional para comprender no es la tornadiza sensibilidad estética de un Lemaître, abeja golosa de todo cáliz, ni la curiosidad vivaz de un Sainte Beuve, registrador de rincones, prendado de su propio sutil análisis y sustituyéndolo al verdadero interés del objeto analizado. Brunetière, no solo es comprensivo, sino que —con alguna excepción, v. gr., sus juicios sobre Baudelaire— es abierto: su admiración verdadera, sin embargo, se reserva para obras que han sufrido ya la prueba del paso y embate de las generaciones, y cuya hermosura resiste y persiste. Admiración razonada, consciente, porque Brunetière, que razonó y fundó sus creencias religiosas, no podía dejar en el aire sus devociones estéticas, y le exaltaba ese absurdo axioma «de gustos no hay nada escrito», cuando el escribir y distinguir de gustos es cabalmente la esencia de la crítica. «Existen principios —repetía— para juzgar en literatura y arte; la posteridad los condensa, y así lo más exquisito de los grandes escritores queda como reservado y sustraído a las variaciones del juicio individual». Este reconocimiento de la autoridad en crítica puede enlazarse con el reconocimiento de otra autoridad, del cual Brunetière hizo piedra angular de su famosa conversión. Toda la obra de Brunetière elabora lentamente la adquisición del criterio de verdad en arte y en lo que no es arte. Historiador parcial de la literatura de su patria, el trabajo de Brunetière ha contribuido a esclarecerla, no en el menudo detalle de los hechos, en la controversia de puntos sin otra importancia que la propia oscuridad que los envuelve, sino en lo íntimo de la apreciación, en la fijación de leyes, en el desenvolvimiento de puntos de vista y en esa penetración de la esencia de la belleza, privilegio supremo del crítico.

Cimentado y pertrechado en su doctrina —por haberla criado dentro de su mentalidad antes de exponerla en libros—, Brunetière tenía que ser, al mismo tiempo que crítico teórico, crítico de combate. Y lo fue, recia y apasionadamente, en la vanguardia. Hizo campañas, principalmente, contra el naturalismo, contra Zola, mejor dicho, contra Teófilo Gautier, y su teoría del arte por el arte; contra Baudelaire y el satanismo; contra formas de la supervivencia del lirismo (literatura personal) y contra algunas tendencias simbolistas y decadentistas. La campaña del naturalismo dio a conocer a Brunetière, y sancionó su penetración, cuando se cumplieron sus vaticinios, enunciados entre el chaparrón de dicterios y de insultos que caía sobre su cabeza —solo comparable al que, desde otro bando, llovía sobre la de Emilio Zola—.

Los ataques de Brunetière al naturalismo no revistieron la intransigencia negadora de agua y fuego que los espíritus anticríticos y petrificados usan para combatir a las nuevas estéticas. Por esto precisamente, porque no les faltó la conveniente tolerancia, y porque venían armados de lógica y acorazados de razones, abrieron los ataques de Brunetière enorme brecha en la escuela de Medán. Don Juan Valera, impugnador español del naturalismo, fue un adversario mucho menos temible, no porque no le sobrasen erudición, donaire y elocuencia, sino porque no quiso ceñirse metódicamente a la cuestión y apretar, como apretó Brunetière, llamado Boca de bronce. Por la pluma de Valera se explayaba una graciosa y elegante crítica sin convicción, y por la de Brunetière brotaba la convicción a chorros, la convicción que es arma, cien veces más poderosa que la ironía y la duda.

En primer término, Brunetière no afectó desdeñar con fisga y burla al naturalismo; al contrario: estudió sus precedentes, sus orígenes en el romanticismo, y confesó que llegaba a su hora, afirmando (como yo afirmé aquí, aunque en otros términos) que era un oportunismo literario, y se justificaba su aparición dentro del proceso evolutivo. Concedió, además, la ortodoxia absoluta de algunos dogmas naturalistas, por ejemplo, el que señala por objeto del arte la imitación de la naturaleza. En el modo de entender y de aplicar estos principios, el análisis de Brunetière ejerció su acción enérgica y desintegradora, preparando la disolución de la escuela como tal escuela. También se apresuró Brunetière a declarar que del esfuerzo naturalista no todo se perdería, que en algo fue definitivo, y que ha dejado varias obras maestras. Pero, no obstante, en 1881 anunció que el favor de la novela naturalista, fundado en cierto rebajamiento del gusto público, en malsanas curiosidades y en reacción casi instintiva contra idealismo romántico (a pesar de la levadura romántica que en la escuela existía), iba a declinar rápidamente; que el porvenir sería severo para la escuela, y que este porvenir estaba muy cercano. En efecto, Brunetière (que niega haber proclamado la bancarrota de la ciencia) pudo, en 1887, presenciar la del naturalismo.

Con motivo de la publicación de La Terre, estallaba por todas partes la protesta, la descalificación de aquel naturalismo antes imperante. «Nadie se atreve ya —escribía Brunetière— a ser naturalista; todos niegan haberlo sido, y hasta los más oscuros discípulos, los imitadores que Zola no conocía, empiezan a traicionar al Maestro». El manifiesto de los cinco antes secuaces de Zola renegándole y apartándose de él, señala una fecha en la historia literaria de su tiempo; desde tal instante, la escuela se desmorona y la estrella de Zola se eclipsa, menguando, más aprisa quizá de lo que pudiera temerse, sus facultades de observación, cuyo descenso había notado Brunetière ya. La evolución de Zola es hacia el victorhuguismo —en el cual acaba por sumergirse plenamente en sus últimas novelas sin vida, humanitarias y poemáticas—.

Brunetière lamenta —cuando advierte que sus profecías se realizan— que Zola, al perderse con la nota sobreaguda y violenta de La Terre, pierda también a la fórmula naturalista en lo que pueda tener de verdadera y justa. Y buscando en quién encarnar lo que podríamos llamar «resistencia y supervivencia del naturalismo», inclínase a que sea en Guido de Maupassant, opinión hoy muy difundida. Desde los primeros escritos de Maupassant, Brunetière había reconocido el destaque y el arranque del joven escritor: al revelarse, en la brevedad del cuento, la intensidad del talento y de la fuerza observadora y honda de Maupassant, no vaciló Brunetière en saludarle como al artista completo entre los de su escuela —objetivo, sereno, sombrío—. Y, en efecto, no ignoramos que el naturalismo de Maupassant, ni menos crudo ni menos pesimista que el de Zola, llega a ser, a fuerza de sencillez y perfección, y también de realidad, clásico antes de que el tiempo lo sancione. Aunque Maupassant puso en práctica los preceptos escolásticos, lo hizo como orgánica y naturalmente, sin esas pretensiones científicas y experimentales, que Zola no acertó a justificar; sin exceso de descripciones, sin preocupación exclusiva de sensualidad ni de escabrosos y sucios pormenores, y, por último —mérito precioso para Brunetière—, sin desquiciar ni violar el idioma, antes manejándolo como saben manejarlo los escasos maestros que culminan en un habla y una literatura.

Tan severo como para Zola, fue Brunetière para los Goncourt. Los excluyó del campo naturalista, situándolos en el del artificio rococó, del japonismo, del retorcimiento de la sensación y la frase. Con Daudet se mostró indulgente: casi mal de su grado, se siente atraído por el arte de componer (don tan latino), la gracia, la poesía y las luces de psicología que brillan sobre el materialismo de la fórmula artística del autor de El Nabab. En Daudet encuentra Brunetière rasgos de aquella simpatía humana, principal cualidad de la novela inglesa y de Jorge Elliot; de aquella indulgencia con los humildes, formada de ternura y hasta de lágrimas. A Flaubert (a quien diseca con precisión anatómica) le considera un escritor admirable; *Madame Bovary* le parece la obra maestra de la novela realista en Francia, libro fuerte, destinado a vivir como expresión de una época. Menos transigente y, a mi ver, injusto, anduvo con *Salambó*, cuya influencia en el neo-romanticismo es tan indudable como en el primer período romántico la de *Atala*. A pesar suyo, sin embargo, se inclina ante el forjado estilo de Flaubert, «exacto y duro, con metálicos reflejos».

En resumen, la crítica de Brunetière, desde el punto de vista científico, es evolutiva; desde el estético, es clásica en cuanto a la forma y activa en cuanto al objeto del arte. La enseñanza contenida en la copiosa labor de Brunetière, y también el grave atractivo de infinitas páginas suyas —citaré para ejemplo el estudio en defensa de Las Preciosas ridículas y del Motel de Rambouillet— piden lectores atentos e informados ya. Brunetière no es escritor fluido ni fácil; su prosa está taraceada de giros y rasgos más arcaicos, inspirada en los modelos del siglo de oro francés; y el atractivo que puede ejercer no se asemeja al capcioso encanto de la sugestión moderna, que allana obstáculos, rompe trabas y deja flotar el espíritu.

Brunetière, a pesar de su intenso amor hacia la belleza de la forma, no es partidario del arte por el arte; en el discurso El arte y la moral, desenvuelve su teoría, contraria a la impasibilidad de Flaubert, Gautier y Leconte de Lisle, como al amoralismo aristocrático de Nietzsche. La imitación de la naturaleza es el principio, no el fin del arte; la naturaleza puede ser a no ser bella, pero seguramente no es buena. Empaparse en la naturaleza es empaparse en la animalidad. Un escrúpulo, sin embargo, asalta a Brunetière —el hombre de quien dijo Hervieu que tenía todos los escrúpulos sin ninguna preocupación—; su sentido crítico le enseña que «lo bueno, lo verdadero y lo bello serán idénticos en su fuente, mas en la realidad histórica están separados por intervalos profundos, irreductibles oposiciones y contradicciones verdaderas». Después de esta confesión, es imposible sujetar la belleza artística a la moralidad ni a la utilidad; sin embargo, entiende Brunetière que no todo le es lícito al arte; que el pintor o el poeta es primeramente hombre, y que no tiene derecho ni a atentar contra la sociedad humana ni a deshumanizar las almas. Esto del modo de defender la moral es piedra de toque en que se prueban los críticos legítimos, y Brunetière nunca puso a la ética por encima del arte: se limitó a no aislar ambas cuestiones. Contra moralistas, fariseos o filisteos, defendió hasta a los románticos enfermos «del mal del siglo», a esos cultivadores del yo antisocial, lo más opuesto al sentido propio de Brunetière. No podía ser estrecha, ni ñoña, una inteligencia tan rica. El moralismo de Brunetière no es de índole prohibitiva; la moralidad la cifra en la voluntad, en la acción. Y la acción, en letras, es la tesis. «El arte —escribe— de hoy más, tiene que interesarse por lo que no es arte; al hacerlo, podrá salirse de su esfera estricta, pero ganará en grandeza, en amplitud. Esa independencia de Flaubert es, hablando pronto, una necedad, y no se la permito sino al artista cuyo talento se reduce a ensartar palabras». Agitar ideas, plantear problemas —como Dumas hijo en su teatro—, tal es el deber humano del artista. «Un drama es un acto, un discurso es un acto, un libro es un acto». En pintura, escultura y música no formula Brunetière la exigencia moralista, y hasta admite el arte por el arte. Su espíritu era demasiado culto y clásico para que le escandalizara el desnudo artístico.

Buena considero la teoría en cuanto teoría; lo malo es cuando se necesita fundarla en ejemplos. Flaubert, que no receló deshumanizar, es un artista superior a Dumas hijo, que humanizó. Zola, cuando se abrazó a la tesis, se fue a pique, Y Bourget —excepto en El discípulo, obra ensalzadísima por Brunetière— desciende, desde que trata de predicar. Solo conozco a un artista, Tolstoy, tan robusto, tan intenso cuando que le interesan otras cosas más que el arte, como lo fue cuando se limitaba a la transcripción de la realidad en forma artística.

En la campaña de Brunetière contra el individualismo y la literatura personal sale peor parado que ninguno Baudelaire, con quien Brunetière ni fue justo, ni fue lince. Alegó que la raíz de la literatura personal es la sinceridad, y Baudelaire fue falso, premioso, artificioso.— Nadie negará el valor de la sinceridad, nadie discutirá la importancia psicológica de la sencilla confesión de un alma; la psicología científica puede enseñar a conocer al hombre, pero no a los hombres; se necesitan confesiones, auto-análisis, quejas; mas para que la confesión nos importe y nos alumbre, es preciso que salga de las entrañas calientes; que no sea fabricada; y son fabricados esos individualismos de alcohol y morfina, esos empeños de declararse poeta macabro o novelista estrambótico, cuando quizás se ha nacido para ganarse el epitafio del mejor de los hijos, esposos y padres.

Atreviéndome a intercalar en la exposición de las doctrinas de Brunetière una opinión propia, diré que esta cuestión de la literatura personal e individual se basa en un equívoco, no sé si percibido por Brunetière. Para mí no cabe duda: toda obra maestra de arte, encierre o no confesiones y autoanálisis, es personal e individual, en el sentido de que destaca y afirma al individuo sobre la colectividad, y retrata al individuo, y por el estudio del individuo se engrandece. Sea o no problemática la existencia de Shakespeare (Brunetière pregunta ¿es el individuo lo que me importa en Shakespeare? no; pues hasta se discute su existencia), identifíquenle o no con Bacón —su literatura siempre resultará una literatura de individuos y bisexual (Otelo, Lady Macbeth, etc.). Este individualismo se ha calificado de «creación de caracteres»: y de hecho, el autor que no ha suscitado individuos, no ha suscitado sino abstracciones. Aun en los poemas épicos, que representan a una raza —el Mahabarata, la Ilíada— surge la vida individual, los héroes como Aquiles, Héctor, Yudistira. En la *Divina Comedia* son individuos los que nos importan: Francesca y Paolo, Ugolino. Nunca conseguirá el mejor artista interesarnos con el hombre, sino con hombres diversos —o mujeres, parece ocioso advertirlo— mejor cuanto más individualizados.

Al sentar esta afirmación, naturalmente se deduce que no repruebo, por ejemplo, a Baudelaire, si efectivamente se ha creado una individualidad artificial dentro del arte, siempre que su individualidad, natural o no, lleve ese sello de vida profunda y nueva que interesa y abre perspectivas sobre las inmensidades del espacio psicológico. Que Baudelaire fuese un caso de obsesión y posesión; que solo escribiese bien cuando estaba histérico; que viviese como un burgués, nos es indiferente; lo cierto es que, de un modo o de otro, Baudelaire dio al arte extrañas formas, «nuevos estremecimientos»; que no hizo «lo mismo» que otros habían hecho antes, aun cuando incluyamos en la lista de antecesores a Edgardo Poe, a Goya y a Valdés Leal.

En suma, fue Brunetière un crítico en la rigurosa y estricta acepción de la palabra: tuvo un criterio y lo aplicó; maestro severo de la línea, que evitó auxiliarse con el colorido; conciencia despierta y activa, luchador que busca al enemigo y deja huella por donde va peleando, se le discutirá, pero no se le olvidará, puesto que, según el principio que él mismo estableció, la omisión de su nombre descabalaría la serie de los grandes críticos de su patria.

De los impugnadores violentos de la escuela, dejando a un lado la infinita grey, nombraremos ahora a uno solo, tomándole por tipo: Barbey d'Aurevilly.

El gran mosquetero no deja títere con cabeza. ¡No es, sin embargo, tan riguroso con unos como con otros; su olfato de lebrel fino le indica cuáles de los maestros de la nueva escuela están más dentro de la fórmula, y a esos es a quienes azota su látigo con verdadera furia. Con los Goncourt —a pesar de la cuchillada por la espalda asestada al catolicismo en Madama Gervaisais— es más indulgente; al menos, los Goncourt no son ni burgueses ni populacheros; su pluma es distinguida y sabia; su actitud, elegante; no están hasta el cuello en el democratismo literario, aunque ambos, o Edmundo solo, sean responsables de haber cultivado el género canalla —calificativo del propio Goncourt— en Germinia Lacerteux, en La moza Elisa. Ve Barbey en los Goncourt, con exactitud, que no estaban en su elemento cuando se encanallaban; y por ellos mismos sabemos que parían con dolor esas novelas de «bajos fondos». Censura acremente Barbey la prolija descripción, «enfermedad de la piel de los realistas», la descripción, que se cree científica y es pueril, la descripción de cosas exclusivamente físicas, suprimiendo los matices y transparencias intelectuales y morales... «Yo llamo a esto materialismo —grita el autor de La embrujada— y del más limitado y estúpido. Del que siempre asoma en las literaturas decadentes... Hemos llegado a escupir nuestra alma, como los pulmoníacos, antes de morir, expectoran sus propios pulmones.

Pintad, iluminad cuanto os plazca; se pinta de colorines un cadáver, pero un cadáver pintado no es más que una momia». No hay quien mejor tornee la invectiva que Barbey; su ojeada descubre al punto el lado paco, la ridiculez, la grieta. Su estilo, más que exagerado, es relevado, es como de bulto, y no cede a veces, en crudeza sobreentendida, al de ninguno de los naturalistas que ataca. De cuando en cuando, un párrafo admirable, descriptivo (como el de los clowns, en la crítica de los Hermanos Zemganno), brilla con luz propia.

La relativa benignidad de Barbey con los Goncourt, la simpatía que revela hacia Daudet, se convierten en ardiente y sañudo despellejamiento, al tratarse de Flaubert y de Zola. No cabe nada más duro, ni más injusto y cerrado. De Flaubert, solo reconoce *Madame Bovary*, y eso con restricciones múltiples. De Zola, no reconoce nada. He aquí el retrato, mejor dicho, la caricatura de Flaubert:

«Es el espíritu más seco de todos los secos, una inteligencia superficial, que ni tiene sentimientos, ni pasión, ni entusiasmo, ni ideal, ni puntos de vista, ni reflexión, ni profundidad; es un aserrador de la literatura; su talento es casi físico, como el del que ilumina mapas...».

«Es un materialista de la forma, como no lo ha sido nadie... No es ni inventor, ni observador... *Salambó* es una peluca cartaginesa... El error del vil realismo, en que Flaubert cae, es creer que el arte tiene por objeto la exactitud en la reproducción, cuando el arte no tiene más fin que la Belleza...».

Solo en un respecto tuvo razón Barbey al hablar de Flaubert: cuando observó la escasez de su producción y la decadencia visible de sus últimas obras. Pero la causa era sobrado conocida, o debía serlo. La epilepsia iba apoderándose del cerebro, amenguando sus fuerzas creadoras, causando la angustia de la producción lenta, laboriosísima. Barbey no parece que ha sospechado este proceso morboso. Y sin vacilar, después de *La Educación Sentimental*, puso al autor de *Madame Bovary* este sangriento epitafio (aplicable, más que a él, a Feydeau): «¡Aquí yace quien supo hacer un libro, pero que no pudo hacer dos!».

Contra Zola, no hay vilipendio que falte en pluma tan cruel como era la de Barbey, excesivo en el vejamen como en el elogio. Los dicterios llueven como hojas de árbol en otoño. Salchichero, cerdoso, escritor que piensa hacer arte rellenando morcillas, alcantarillero, autor trágico en lo inmundo, pintamonas (rapin) rabioso, pintor de quesos, fascinado por lo repugnante, vientre cerebral... Pudiera ser la lista mucho más larga. Barbey ve en Zola al representante del materialismo democrático en las letras, y condena todo: las obras, el autor, el sistema, sin las atenuaciones y las concesiones que se encuentran a cada paso en Brunetière.

Esta furia de protesta no suele proceder de un juicio crítico, en el cual siempre se imponen ciertas transigencias, el reconocimiento de algún valer, entre los defectos y errores censurados. Nace la reprobación absoluta de algo que está más adentro que la razón: del instinto, de las repulsiones fundamentales. Era un instintivo Barbey. Por naturaleza, detestaba lo grosero, lo bajo, lo plebeyo, y lo encontraba encarnado en Zola y su escuela militante. En tal sentido, no hay crítica más sincera que la de Barbey, pero tampoco la hay más impresionista.

XIV

La crítica. El impresionismo. Lemaître. Su renanismo. Su atractivo. Su sistema. Su peculiar sensibilidad. Exclusivismo en favor de los escritores contemporáneos. Clasicismo. El sueño neo-helénico. Preferencia modernista. El epicureísmo. Los «monstruos divinos». Anatole France: semejanzas con Lemaître. Subjetivismo. Impugnación dogmatista de Brunetière. Respuesta de France

Los representantes del impresionismo en la crítica son Anatolio France y Julio Lemaître, y la controversia entre dogmatistas e impresionistas es, a la vez que una etapa de la crítica literaria, una fase del pensamiento.

A nadie se oculta la relación estrecha del impresionismo con el neo-romanticismo, que por segunda vez emancipa el yo, y precipita la madurez de la decadencia próxima. Esta dirección de la crítica la determina la influencia de Renan, porque ya existe el renanismo, infiltrado en las letras y demostrado por varias obras (entre las cuales debe contarse Madama Gervaisais, de los Goncourt).

No tiene Julio Lemaître más biografía que la literaria. De su modo de pensar y entender la vida se deduce que no hubo en ella grandes pasiones ni eventos dramáticos, salvo el interno drama de la conciencia, que, resuélvase en el sentido que se resuelva, drama es. Renan lo resolvió dejándose atrás su fe y sus anhelos espirituales, con alegría insolente, que le ha sido muy echada en cara; Lemaître, con una filosofía a lo Petronio —un Petronio a la francesa—, porque, ante todo, es Lemaître hombre de su nación y de su raza gala, hasta los tuétanos.

Nació a mediados del siglo XIX en una aldeíta de Turena. Empezó sus estudios en el Seminario, cerca de Orleans; los continuó en París, en otro Seminario; entró luego en la Escuela Normal Superior, fue profesor en varios Liceos, Escuelas y Facultades, y contaba veinticinco años cuando empezaron a llamar la atención sus primeros artículos de crítica en la Revista Azul.

Publicó dos tomos de versos, y seis años después renunciaba a la enseñanza, no para dedicarse a la crítica, como se ha dicho, sino para cultivar las letras, ya en artículos, ya en novelas breves y obras teatrales. Aquí solo de su crítica hablaremos, siendo esta lo más personal y expresivo de su labor.

Desempeñó en el Journal des Debats el folletón dramático, y están reunidas, en varios tomos, sus opiniones sobre Los Contemporáneos y sus impresiones acerca del teatro moderno.

Para conocer y definir la mentalidad de Lemaître, es necesario, como acabo de advertir, tomar en cuenta la influencia de Renan. Con un artículo sobre Renan se estrenó Lemaître en la crítica, artículo severo e indignado. Adhiriéndose a palabras de Sarcey, declaraba que, sin duda, Renan se burla de sus lectores y de su auditorio, y declara que ver al autor de La vida de Jesús, oír sus lecciones en clase, es una profunda decepción.

Poco después de este articulo (que recordaremos al tratar del renanismo) no tiene Renan más brillante discípulo que el convertido Lemaître. Y al impregnarse de su modo de sentir especial, Lemaître perdona al maestro el «haber transformado» —dice bellamente Eduardo Rod— «los objetos de angustia moral en objetos de deleite, y el don de moverse con infinita soltura entre la infinita incertidumbre».

Debió Lemaître muy principalmente su renombre, a los dones que gratuita y caprichosamente reparten las hadas: la amenidad y encanto de su prosa, que sin ser perfecta, es capciosa y atractiva como ninguna. Revoloteando sobre los asuntos, tomando pie de ellos para digresiones entretenidísimas, derrochando ingenio y agudeza, nadie diría que procede de la pléyade de los «normalistas», de los satirizadas pedantes de colegio, este deleitoso causeur. El ideal de la crónica se realiza en él, puesto que, en medio de lo ingrávido de sus disertaciones, Lemaître sugiere bastante al pensamiento y a la inteligencia.

Tan divertido y excelso cronista tiene, en efecto, su idea crítica, y, al renegar de lo dogmático, erige en dogma su misma negación. La crítica, según Lemaître, nunca puede aspirar al dictado de ciencia: la crítica, como doctrina, es vana; hay, pues, que hacer de ella un arte, el de gozar de los libros; y, por medio de ellos, afinar y enriquecer la sensación. No podemos profesar cerradamente una opinión: no hay nada estable, nada eterno; el mundo cambia, y cambiamos nosotros con él. Y basta que el espíritu que refleja el objeto varíe, para que solo se pueda responder de la impresión del momento.

Por lo tanto, no debe arrogarse función ni autoridad el crítico; las obras desfilan ante el espejo de nuestra mente; y como el desfile es largo y el espejo va modificándose, si una obra desfila por segunda vez, ya es distinta la imagen que proyecta.

Esto, y mucho más, escribe Lemaître, para defender lo prismático e inconsistente de sus juicios; y añade, en resolución: «Ya que todo es vanidad, amemos los libros que nos gustan, sin hacer caso de clasificaciones ni doctrinas, y convengamos con nosotros mismos que nuestra impresión de hoy no vincula la de mañana».

Bien se deja entender que el sistema estaba llamado a suscitar numerosos adeptos, siendo esencialmente cómodo y grato. Cualquier principiante, el último gacetillero, podía practicarlo, sosegando su conciencia y escudándose con tan eminente precursor. Solo que, cuando las cosas son excesivamente cómodas, hay que desconfiar de su solidez. Entendido el impresionismo tan al pie de la letra, se parece a un juego que me divertía allá en la niñez, en la playa de Sangenjo: marcar huella en la arena fina, y ver cómo brotaba agua y se borraba instantáneamente la señal del pie. Y perdónese este detalle, impresionista del todo.

En la personalidad de Lemaître hay que notar dos cosas. La primera, que habiendo escrito versos y no rehuyendo en su prosa la tendencia a un sentido poético ironista, es el hombre más francés, más dentro de la prosa nacional; la segunda, que acaso por este modo de ser, Lemaître —como su impugnador Brunetière— propende al clasicismo.

Renato Doumic, que tan delicadamente ha estudiado a Leîmatre, en su espíritu y en sus escritos, se fija en que es un hijo de Turena, de una raza sensata, mesurada y maleante; que toda exageración le molesta, y en todo le complace la proporción. No le seducen ni la mística ni la metafísica: solo estima la filosofía práctica. Tiene un residuo de cristianismo a lo Renan, que procede de su educación en el Seminario; pero se inclina a los caminos tortuosos de los antiguos sofistas, al sostener el pro y el contra y conciliarlos, con fruición de alejandrino, que ya anuncia los ergotismos escolásticos venideros.

El eje de su crítica es una curiosidad incesante, un interés superficial, un diletantismo. Es —y él mismo lo indica— el Don Juan Tenorio de las letras.

Todavía ofrece Lemaître otro rasgo, que caracteriza a muchos escritores modernos; no le agrada mirar atrás; no le interesa lo antiguo; no tolera el pasado. Es, pues, por excelencia el crítico de Los Contemporáneos, título que una colección de sus artículos ostenta. En el egoísmo supremo de su yo, va derecho a la sensibilidad moderna, porque se adapta más fácilmente a la suya, renunciando al vivo placer de reconocerse en el alma de algún antepasado de la historia y del arte, (placer que es preciso comprar a precio de arduo estudio o, al menos, de lecturas que implican esfuerzo). El goce de leer un autor actual es para Lemaître semejante a una embriaguez.

Por subjetivo que pretenda ser un crítico —y en esto lo comprobamos— nunca dejará de expresar sentimientos de parte de su generación, y, además, admirar, gozar la obra de arte, es juzgarla, indirectamente si se quiere, pero del modo más positivo. Y —observa Doumic, a quien sigo en esto— las preferencias se erigen presto en cuerpo de doctrina. Lemaître, el crítico de la ondulación, la oscilación y la vibración, tiene sus acentuados exclusivismos, como pudiera un Brunetière, acaso más. Aun entre lo actual, hay no poco que censura, reprueba y pone en solfa: los simbolistas, los admiradores de Metterlinck, la gloria de Tolstoy, la de Wagner. Nada místico, nada nebuloso, nada que no sea lógico, explicable —francés— y Doumic dice: «El que pide claridad, proporción, buen sentido y buen gusto, es un clásico».

Encuentro, en uno de sus billets du matin incluidos en Los Contemporáneos, y respondiendo a una interrogación, el catálogo de la biblioteca que elegiría, si solo le permitiesen veinte volúmenes. Al pronto hace una lista donde figuran las grandes obras universales: Homero, Esquilo, la Biblia, el *Quijote*... Y luego nota que esta lista no es sincera. «¿Acaso siento yo —exclama— necesidad de leer la Biblia, a Homero, a Esquilo? No: vaya el catálogo de los libros que verdaderamente leo, que forman mi sustancia intelectual y moral...». Y con sorpresa, en la nueva lista, hallo novelas de Zola y Daudet, versos de Sully Prudhomme, comedias de Marivaux... La sustancia del clasicismo de Lemaître pierde calidad, no cabe duda, con esta selección; a bien que ahí está, para salvarlo todo, el impresionismo. «¿Acaso —se pregunta nuevamente Lemaître— los veinte volúmenes que hoy prefiero los preferiré dentro de veinte años o de seis meses? ¿Y si prefiero más de veinte? ¡Qué interrogación más fastidiosa!».

Uno de los textos que mejor expresan a Lemaître, es su estudio acerca de las novelas de Madama Adam, cuyo pseudónimo es Julieta Lamber. Esta señora, hermosa y sociable, figuró mucho en los comienzos de la tercer república, y dio su nota de originalidad con la concepción del neo-helenismo, expuesta en novelas que no dejaron de atraer la atención del público. El alma moderna —dice con tal motivo Lemaître— parece formada de varias almas del pasado, y a poco que nos esforcemos, descubrimos en nosotros a un ariano, un celta, un griego, un hombre de la Edad Media. Pero, en especial, el alma griega es la que atrae a artistas y escritores actuales. Todos cantan a los dioses de la Grecia, y hay quien los adora. Este ensueño helénico, profesado con más fervor que nadie por la señora Adam, Lemaître lo examina, la diseca. Al pronto, parece compartirlo; pero Lemaître no es un pagano puro como Chénier: es un francés del siglo XIX; un moderno, irónico con las ideas, hasta cuando las acaricia; y reconoce que el neo-helenismo no pasa de ilusión de algunos modernos, adornada con nombres. antiguos; fantasía aristocrática, para refugiarse en un mundo más bello y alto. En primer lugar, antes de crearse un alma griega, hay que estudiar y aprender en qué esa alma consiste; hay que elegir, entre las edades históricas de la Grecia, asaz distintas, la que se prefiere. Por otra parte, cuanto nos rodea nos advierte que no somos griegos, que no podemos serlo, en el sentido de tal transformación. Ignoramos como era la «vida griega». Muchos anhelan, o lo dicen, ser ciudadanos de Atenas, hacer gimnasia, escuchar a los oradores. «¡Ea, pues yo no!» protesta Lemaître. «Lo digo francamente: en la villa de Palas Atenea, estaríamos muy a disgusto. Nos faltarían mil cosas: el hogar, el lujo, el conforte, los placeres y sentires que proceden de la intervención de la mujer en la sociedad moderna, la cortesía, la galantería, ciertas delicadezas, ciertas ideas. Yo me digan que en Atenas todos eran guapos, inteligentes y artistas. Renan, que lo afirma, no pudiera demostrarlo. Yo creo que los chistes de Aristófanes se dirigían a gente grosera. Más vale vivir en el siglo XIX, en París si es posible, y si no, en un lindo rincón de provincia».

He aquí el ideal de Lemaître, del enamorado de lo contemporáneo en el arte y en la vida. Es frecuente escuchar: «En arte prefiero lo antiguo, pero en la vida denme el bienestar moderno, todos los adelantos, cuantos más, mejor». No así Lemaître. También la estética moderna le parece superior (y lo proclama diciendo «voy a proferir una blasfemia») al Partenon mismo. Quizás antepone a los célebres frisos, que censura, el grupo de La danza, de Carpeaux. Y, recordando lo escrito por Renan, acerca de la estrechez de la frente de Palas Atenea, añade que es preciso ensanchar esa angosta frente, y, naturalmente, y hasta sin querer, viene a reconocer que es el cristianismo el que ha realizado tal labor de «ensanche» en la Diosa ortodoxa. Nuestra sensibilidad moderna, y hasta nuestro nerviosismo, de la Edad Media proceden; por la Edad Media, por los raudales del sentimiento cristiano, se ha agrandado la sien y ahondado el corazón de la Minerva sagrada. El sueño griego es una idea incompleta de la naturaleza humana, ya que la preocupación y la necesidad de lo sobrenatural son tan naturales, para mucha gente, como sus demás sentimientos. Con ese sueño, sobrado optimista, no se explica tanto mal como hay sobre la tierra. Y —continúa Lemaître— no es tal sueño, sino una forma de «la grande y saludable filosofía de la curiosidad».

Lo que pudiera ser de procedencia helénica en Lemaître, es su epicureísmo —doctrina que parece creada, siglos antes de Jesucristo, para adaptarse como anillo al dedo a las decadencias futuras, y demostrar que, al través de las edades, la sensibilidad no varía tanto que no reincida en lo antiguo—. Leyendo lo que se sabe de Epicuro, dijérase que en parte Lemaître lo resucita. Me refiero, se comprende, al Epicuro morigerado y sobrio en lo material, no al de la especie porcina, que el poeta latino estigmatizó acaso sin querer. Los voluptuosos refinamientos de Lemaître son del espíritu, y pertenecen a la categoría de las fruiciones más duraderas, las que nacen de la función cerebral. Como su maestro Epicuro, profesa, la templanza, detesta la violencia, quiere la virtud amable, y entiende que debe aprovecharse todo goce que no acarrea pena, aceptar toda pena que haya de resolverse en placer, y que los sentidos han de ser mandados, y no mandar en nosotros.

En suma, para Lemaître, como para Epicuro, el objeto de la sabiduría es la realización de la felicidad, entendiendo por felicidad una vida serena, sin orgías, sin pasiones devoradoras, llena de calma y de intelectualismo.

Se dirá que todo ello no se relaciona con la crítica literaria. Al contrario: es el epicureísmo de Lemaître la raíz de su crítica, o más bien su crítica es el propio epicureísmo, bajo el nombre de impresionismo. Es la crítica del deleite, que empieza por comprender y sentir, sigue por dar forma a lo sentido, y al darla expresa ese goce, semejante al de un coleccionista de objetos artísticos, que se recrea, no solo en mirarlos, sino en despertar, por medio de ellos, una serie de sensaciones y de ideas bellas o profundas.

Si pensamos en la evolución de la crítica en este período, veremos que no solo invade territorios donde antes no penetraba, sino que, relegando a segundo término las cuestiones de gramática, retórica y buen gusto —si ya por completo no prescinde de ellas— se va transformando en una filosofía, en una concepción de la vida, del mundo, de los problemas universales. Y esa concepción, al través de la sensibilidad propia del crítico, se refleja en la de sus coetáneos. Los mismos móviles que impulsaron a tantos soñadores a leer y aprenderse de memoria versos de Lamartine y de Musset o novelas de Jorge Sand, les llevan a empaparse en la lectura de Lemaître o Anatole France, y también de Renan, el cual no es un crítico literario, como en La Transición hemos dicho: que hasta desdeña, recordémoslo «este género de diversión», y no le agradan las letras, pero que, por un estado de alma común a tantos de sus contemporáneos, y el arte de expresarlo sugestivamente, influye, y representa una parte de su siglo.

Acaso el sentimiento de Lemaître, tan de la crema intelectual de su tiempo; ese diletantismo alado, con ironía fina, ese instinto de templanza en el goce; ese escepticismo como involuntario, sea más común que el de Renan. Por otra parte, encarna un ideal bien latino... pero latino de la decadencia, del crepúsculo, de la hora de cansancio y desaliento en que la nueva sociedad, hija de las revoluciones, no acierta a formarse el ideal que ha de sustituir al de ayer.

Es curioso que sea una condenación del genio y una alabanza del talento a secas, lo que precede al juicio emitido por Lemaître acerca de Anatolio France. Veamos cómo establece la superioridad de la medianía este latino de los tiempos en que la lava eruptiva del genio empieza a resfriarse: «Los hombres de genio —dice, haciendo tal vez sin querer un retrato al carbón de Víctor Hugo— no son nunca conscientes de sí mismos, ni de su obra; tienen casi todos inocentadas, ignorancias, ridiculeces, una facilidad, una espontaneidad grosera; no saben lo que hacen, ni lo hacen con la necesaria reflexión. Y hoy, que crecen la reflexión y la conciencia, hay, al lado de estos hombres de genio, artistas que sin ellos no hubiesen existido, que disfrutan de ellos, que sacan jugo de ellos, pero que, mucho menos poderosos, son al cabo más inteligentes que esos monstruos divinos, poseen más completa ciencia y sabiduría, y una concepción más refinada de la vida y del arte».

Fijémonos en esta teoría, que, además de contener la definición de lo que son y valen los Lemaître, los France, los Renan, y tantos otros escritores, es aplicable exactamente al período que se inicia ya en la etapa que voy reseñando, y que va a llegará su plenitud, en la que reseñaré bajo el epígrafe general de La decadencia. Son los rasgos esenciales de las decadencias los que Lemaître reconoce, sin querer y sin pensarlo: de esas relativas esterilidades en que brotan un sinnúmero de lindos arbustos, y ningún árbol alza majestuosa copa. Los «monstruos divinos» escasearán o faltarán ya desde los últimos lustros del XIX; una hueste numerosa de hombres de talento, de mérito, de gran competencia artística, surgirá queriendo reemplazarlos. No dio pequeña muestra de su feliz entendimiento Lemaître, al escribir esa página, al excluirse de entre los monstruos, y a su congénere Anatolio France.

Este famoso escritor nació en Paris, el año de 1844, y es hijo de un librero. Empezó su carrera literaria por un estudio sobre Alfredo de Vigny; más tarde, figuró entre los poetas de la escuela parnasiana; tuvo una juventud de lucha, comienzos arduos y penosos; sus versos (Lemaître es el que nos lo dice) revelan la influencia de Leconte de Lisle, Darwin y Lucrecio. Lemaître, sin embargo, supone que, como conviene a toda alma rica y humana por completo, France era pagano y cristiano a la vez. De esta disposición de su ánimo hay revelaciones[13] en sus novelas y cuentos, de los cuales corresponde hablar en el tomo próximo.

En crítica es un subjetivo, y con frase conceptuosa lo dice: «El buen crítico es el que narra las aventuras de su alma al través de las obras maestras». Hay más: France se ha negado siempre a admitir el nombre de crítico. Su pose es la del aficionado, del diletante. Criticar huele a pedantería. Y así como rehuye la apariencia de la función, se exime de sus deberes y cargas. «No ha revelado ningún talento, no ha auxiliado a ningún principiante, y es nula su influencia sobre la juventud», dice de él un crítico.

---

13 [«revelaciocioes» en el original. (N. del E.)]

El subjetivismo en France es más bien pesimismo: nada es verdad ni mentira, que dijo otro gran impresionista español:

«Todo se ve del color
del cristal por que se mira».

No hay estética, es un castillo en el aire; no hay ética, no hay biología, ni sociología... Y las cuestiones literarias... ¡bah! Disputas de flautistas. Como Lemaître, no gusta de los monstruos divinos: su ideal es la mesura, los frutos de la zona templada, y profesa que los que hacen obras maestras «no saben lo que hacen».

Como Lemaître, France es de encantadora lectura; sus impresiones de espectador de la vida están referidas de tal manera, que ejercen seducción. Su ironía no es amarga (me refiero a las críticas; cuando hable de sus sátiras, alguna muy reciente, habré de notar la risa seca del volterianismo, al cual France ha ido inclinándose más cada día). Como Lemaître, también France es ignorantista: la humanidad era feliz cuando no sabía sino catecismos y canciones... El ignorantismo es un fenómeno común a muchos pensadores modernos. En Tolstoy hallamos a uno de los más resueltos adversarios de la ciencia.

Así, un idealismo subjetivo volvía a entronizar el yo, para reducir la crítica, como dijo donosamente Faguet, al «viaje sentimental del señor France al través de los libros». Y no era en la poesía, era en el género más serio, el que Taine había elevado a la grandeza de la historia, donde renacía el lirismo romántico, disfrazado y transformado, es cierto, pero con todos sus peligros y su antojadizo carácter.

Tal modo de entender la crítica, más abiertamente profesado aun por France que por Lemaître, no podía menos de soliviantar a Brunetière, y armado de punta en blanco, todo revestido de argumentos, comparable al testudo o tortuga militar romana, sale a plaza, y arremete contra el impresionismo, para pulverizarlo. La tarea no era tan fácil como la de descabezar y deshacer a Zola; con todo eso, la dialéctica de Brunetière dejó mal parado al impresionismo.

Su estudio sobre la crítica impresionista es, en primer término, y antes que impugnación, reivindicación de los fueros, derechos y privilegios de la crítica amenazada de muerte.

Unas veces con punzante ironía, otras con lógica rigurosa, demuestra Boca de bronce lo erróneo, lo vano de la teoría. Cómodo sistema ese que a nada obliga, que autoriza toda variación, que tiene la ley de la veleta, cambiando porque el viento cambia; que dispensa de estudiar, de comparar, de observar, hasta de pensar, siendo como vaga ensoñación de opio, en que las sensaciones propias se narran, tan pronto experimentadas como desvanecidas.

Fuera de nosotros, exclama Brunetière, hay certidumbres, cosas que son iguales para todos los humanos. Lo cuadrado no es redondo, lo rojo no es verde. Hay caracteres específicos comunes a la humanidad. Podemos salir de nosotros mismos, y aun diríamos que la vida a eso se consagra. Y si así no fuese, si nada real conociésemos al exterior, entonces sí que no habría ni literatura, ni sociedad, ni arte, ni lengua. Aun cuando todo es opinable, acerca de todo se reconoce también una opinión general, fundada, que el tiempo sanciona. Confiesa el mismo Lemaître que unos escritores existen y otros no. Luego ya tenemos una base de juicio, y al tener una base de juicio, otra de clasificación; con lo cual basta y sobra para fundar la crítica objetiva.

El deber de juzgar va envuelto y supuesto en la palabra crítica. Y los impresionistas, digan lo que quieran, juzgan igual que los otros. Lemaître juzga, France juzga, y con bastante rigor y dureza. Una preferencia, ¿qué es sino un juicio?

Apoya Brunetière estas afirmaciones en los métodos y leyes de clasificación en que se fundan las ciencias naturales, y aconseja a los impresionistas que lean a Agassiz, a Haeckel, a Augusto Comte. Los conocimientos humanos reclaman clasificación metódica; hay jerarquía en los géneros literarios, y por algo una obra maestra de Balzac vale más que las Hazañas de Rocambole. Es, pues, necesario clasificar y juzgar, y el propio objeto de la crítica es enseñar a los hombres a juzgar algunas veces contra su gusto. Así —nótese bien— adquiere la crítica elevación moral, porque la moral, y la educación misma, como la crítica, consisten en sugerirnos otros motivos de juicio y de acción de los que nos dictan el temperamento, el instinto y la naturaleza. Esta es la consideración más seria y grave de cuantas formula Brunetière; es el eje de la cuestión, la acusación positiva contra la crítica y el arte egoísticos, antisociales; con motivo de una discusión estética, pone el dedo en la llaga profunda y devoradora de la conciencia y del espíritu. Añade Brunetière que la crítica impresionista, no solo no clasifica ni juzga, sino que no explica, y explicar es el complemento, la razón general de la función crítica. Una crítica objetiva tiene igual fundamento que la historia. Negar la posibilidad de la crítica objetiva, es como negar toda ciencia.

No podía el severo Brunetière, que jamás consagró la pluma sino a la crítica o a estudios sociológicos y morales, omitir una observación que es una estocada a fondo: los críticos impresionistas son, antes que críticos, autores; Lemaître, poeta, cuentista y dramaturgo; France, novelista y cuentista; de suerte que la crítica les importa menos; es para ellos un ensayadero de ideas, que luego aplican y desenvuelven en poemas o dramas; y estas ideas son, necesariamente, más que ideas, impresiones artísticas.

Señala, por último, Brunetière otro peligro del impresionismo literario; algo que causa estragos, que es una plaga de Egipto de las letras; el campo abierto que ofrece a la ignorancia, permitiendo al primero que llega que exhiba sus antojos en el periódico o en el libro. En mi concepto, si todos los impresionistas ostentasen el saber, el ingenio, el lastre de cultura literaria, la gracia y sal ática de Lemaître y France, o siquiera la mitad, aplaudiríamos. Lo temible es la cola impresionista. Y esta cola serpentea y rabisalsea por doquier. Una muchedumbre de señores que no tienen nada dentro, se empeñan en ponernos en interioridades, y fallan acerca de lo divino y lo humano, calzando las holgadas babuchas del impresionismo.

Estudió también Brunetière, enlazándolo con el de la crítica impresionista, el problema de la literatura personal, otra resurrección del lirismo romántico, pues considera toda la vida como ilusión o figuración subjetiva, y cada cual, libre en su anarquía interna, crea la autoridad de lo que afirma, la hermosura de la que contempla, la verosimilitud de lo imaginado, y se fabrica, como el filósofo alemán, su Dios y su fe. Censura Brunetière el aluvión de Memorias, Correspondencias y Diarios que a cada momento aparecen, desde el Diario íntimo de Amiel, hasta el de los hermanos Goncourt; y ve en este género, fecundo e invasor, otra señal del desarrollo del yo, que Pascal tenía por «aborrecible». No puedo menos de confesar que el género, del cual pienso decir algo en La decadencia, me cautiva y divierte infinito, y no me parece tan diabólico, y hasta le hallo nobilísimo abolengo en las magníficas Confesiones del africano Agustín. Brunetière, en otras ocasiones más ponderado, en esta ha extremado la crueldad, y mucho de lo que desdeña y relega a las últimas casillas de la literatura, es atractivo, deleitable, importante, y hasta útil, para conocer por un estado de alma individual los estados de alma colectivos, y para entender la historia literaria de una época (que es el caso del Diario de los Goncourt). Pudo haber parado mientes Brunetière en que, siendo René, por ejemplo, la confesión de un escritor ilustre, fue también un testimonio de lo que experimentaban infinitos hombres de su generación, y revistió carácter tan general, que llegó a llamarse «el mal del siglo» al mal subjetivo de René. En este sentido, es objetiva la literatura personal, y, desde luego, no cabe despreciarla, ni condenarla a las gemonías.

Anatolio France salió a justar por la literatura impresionista, recogiendo las alusiones de Brunetière; pero más que romper lanzas, lo que hizo fue escurrirse como una anguila; era sobrado difícil echar abajo el formidable aparato de razonamientos de su contrincante. En el Prefacio de la tercera serie de su Vida literaria; France no rebate ninguno de los argumentos de Brunetière; se limita a echarle una tufarada de incienso, a decir con coquetería casi femenina que «mientras a Brunetière no le gusta mi crítica, a mí me gusta la suya, y esto ya es desventaja», a compararle con el testado, a exclamar: «¡Por qué crueldad de la suerte había yo de querer y admirar a un crítico que corresponde tan poco a mis sentimientos!» y a hacer una profesión de escepticismo completa: «He creído, cuando menos, en la relatividad de las cosas y en la sucesión de los fenómenos». Todo es ilusión, todo es engaño; la vida es sueño, sin el posible despertar de Segismundo; no salimos de nosotros mismos jamás; estamos encerrados en la caverna de nuestro yo, y lo que vemos se reduce a fantasmas que se proyectan en sus paredes. El encanto y el precio de la vida son esas sombras que pasan. Juzgamos partiendo de nosotros mismos; no hay dos pareceres iguales, y aun en las ciencias de observación esto tiene nombre: se llama «la ecuación personal».

De la respuesta de France, que es obra prima de donaire y humorismo, sale el impresionismo más consagrado que nunca; no cabe otro método;

jamás la crítica se revestirá del rigor de una ciencia positiva, y lo más bello y más deseable en arte y en moral será siempre algo misterioso, irreductible a fórmulas.

Tal vez para completar estas confesiones, hechas por un hombre muy moderno, que no es ignorante, pero sí ignorantista (como tantos otros, como Tolstoy, como el mismo Brunetière, que entendió igualmente este aspecto del problema humano), habría que tomar en cuentalo que también declara. «La observación del sabio se detiene en la apariencia y el fenómeno, sin que llegue a saber nada de la verdadera naturaleza de las cosas». En otro artículo titulado «¿Por qué estamos tristes?» explica así el síntoma de la tristeza moderna, de la melancolía de nuestra civilización: «Es que hemos comido los frutos del árbol de la ciencia, y nos sabe la boca a ceniza; es que el peor mal es haber perdido, con la ignorancia, la creencia; es que no tenemos esperanzas; que nos falta lo que consolaba a nuestros padres, y no hay pena mayor, pues era dulce creer hasta en el Infierno...». «¿Quién nos dará —añade— una fe, una esperanza y una caridad nuevas, que lleven a nuestras pobres almas sobre el océano del mundo?».

XV

La crítica en la historia religiosa. Ernesto Renan. ¿Es un literato? Vocación. Primeros años. La duda. Influencia alemana. Episodio. Salida de San Sulpicio. Persistencia del carácter eclesiástico. Viaje a Siria. Muerte de la hermana. «La Vida de Jesús». Ideas antidemocráticas. El «superhombre». «El Omniarca». Epicureísmo. De Voltaire a Renan. El principio femenino. Disolución de la mentalidad

Algo queda dicho en La Transición de la primera época de Ernesto Renan; pero su labor más copiosa y su mayor influjo son del período comprendido en los treinta años que van de 1860 a 1890: la etapa naturalista. Conviene, pues, mirar a Renan más despacio, tratando de reducir a las proporciones de estos estudios la complejidad de la figura y la abundancia y variedad de la obra.

No un libro, sino varios, pediría la tarea de explicar bien a Renan, y, sobre todo, su acción sobre el pensamiento y el sentimiento de sus contemporáneos: lo que se llama el renanismo. La lista de los renanistas ilustres en las letras sería nutrida y lucida. Hemos hablado de dos, que son Julio Lemaître y Anatolio France: por lo menos, hay que agregar a Pablo Bourget y a Eduardo Rod.

Como quiera que muchos de los escritos de Renan, por su asunto, no pueden referirse a la literatura, nadie extrañará que no detallemos esa tarea científica especial, acerca de cuyo valor positivo corren diversos pareceres. Si Renan se hubiese limitado a exponer con riguroso método puntos de exégesis o de filología, o a comentar a Hegel y Schelling, poco ruido hubiese hecho en el mundo. Su fama, su puesto excepcional, lo debió a la aleación de literatura, de retórica y de poesía que existe hasta ese sus producciones más ajenas a las letras propiamente dichas; al velo bordado que tendió gentilmente sobre la aridez de la erudición de cátedra y biblioteca. No importa que rehusase siempre el dictado de escritor, que jurase no haber en el mundo hombre menos literato que él. Muy otro hubiese sido, si le quitan el elemento literario, el estilo y el arte.

La aseveración de Faguet, que a Renan no le gustaba la literatura, ni quita ni pone. Que fuese hombre de escasa cultura literaria; que censurase a Bossuet sin haberlo leído, es cosa sabida; y, no obstante, escribió con hechizo dramas y narraciones, diálogos, cuentos y memorias autobiográficas. Consta además que fue aficionadísimo a leer novelas, que se embelesaba en tal lectura, y que costaba trabajo quitárselas de las manos para que continuase la redacción, verbigracia, de Averroes y el Averroísmo. Lo que nos refiere, en sus Recuerdos de la Infancia, acerca de los cuentos e historias que narraba su madre (y el libro todo), confirman este aspecto romancesco de la mentalidad de Renan. La biografía externa de Renan sería breve; la interna está saturada de elementos dramáticos, y también cómicos. Más vale referirlas sin aislarlas, porque están íntimamente unidas, y en sus obras puede estudiarse sucesivamente la evolución de su inteligencia, de su moralidad y de su existencia entera.

Ernesto Renan nació en Bretaña, en Tréguier, ciudad que se formó en torno de un antiguo Monasterio, fundado por San Tual; ambiente puro, monástico, y un tanto supersticioso. Declárase, pues, un celta, cruzado de gascón y mezclado de lapón: lo de lapón responde a que cree Renan que de tribus laponas proceden los celtas. No es decible cuánto partido han sacado sus apasionados, sus adversarios, y él mismo, en contra y en pro, de estos orígenes célticos y de este lado meridional. Renan entiende que el espíritu religioso se lo legaron los celtas, y la incredulidad los gascones.

Habiendo venido al mundo el año 1823, contaba quince cuando después de haber empezado a estudiar para cura en el colegio eclesiástico de Tréguier, pasó a París, al Seminario de San Nicolás de Chardonnet, bajo la dirección del que fue luego Monseñor Dupanloup, a quien retrata así: «Más tacto mundano que teología...».

Hallose Renan en aquel establecimiento como transportado a otro mundo. Los viejos santos célticos, furiosos en la devoción, austeros y rudos como las costas y las selvas, los San Tual y los San Renan —cuyo nombre se preciaba de llevar el joven seminarista—, no se parecían a los que recibían culto en el rico y elegante establecimiento de enseñanza, donde no solo se educaban los futuros levitas, sino los muchachos de las principales familias; donde se hacían estudios distinguidos y muy literarios. Allí había penetrado el romanticismo; allí no se hablaba más que de Lamartine y de Víctor Hugo... hasta en las lecturas espirituales. También en la clase de historia se leían los primeros tomos de la de Michelet. «El mundo se abrió para mí...», escribe Renan.

El ambiente mundano del Seminario había transformado al provincianillo nutrido de leyendas; ahora le esperaba otra evolución, en San Sulpicio. Si en San Nicolás todo se volvía literatura y buenos modales, en San Sulpicio todo es teología. Dupanloup profesaba que para salvarse hay que conocer las letras. El futuro presbítero iba a recibir más severa y sólida enseñanza.

Y fue durante la iniciación escolástica cuando empezó a vacilar Renan en la fe. Uno de sus profesores rastreó su estado moral y se lo dijo crudamente: «¡No eres cristiano!». «Jamás —añade— he sentido horror como el que experimenté al oír la frase, pronunciada con vibrante voz: Al salir de la habitación, me tambaleaba». Ocurrió esta escena, no precisamente en San Sulpicio, pero en la sucursal de Yssy, que de San Sulpicio dependía, y donde los futuros sacerdotes realizaban los estudios filosóficos y teológicos. Al ingresar en el propio San Sulpicio, para cursar la apologética y las Escrituras, por un lado se encontró Renan en su centro; eran sus aficiones, en las que había de continuar empapándose toda la vida; por otra parte, la crisis de su espíritu avanzó, por el estudio racionalista que hizo de los Libros Sagrados. A este racionalismo le había preparado la escolástica de Yssy. Su confesión es, en tal respecto, digna de recordarse. «Abandonar un solo dogma, rechazar una sola enseñanza de la Iglesia, es negar la Iglesia y la revelación».

Con todo ello, Renan no creía aún en su propia incredulidad (ni sus directores de conciencia tampoco). Atribuía aquella formidable «encefalitis» (así la llama él) a insidias y tentaciones diabólicas, y escribía a un amigo suyo del Seminario de Saint-Brieuc, que después de no pocas turbaciones se había decidido, por último, a ordenarse:

«Ya te he dicho cómo una fuerza independiente de mí quebrantaba en mi alma las creencias que han sido hasta aquí el fundamento de mi vida. La del cristiano es un combate, y acaso estas tentaciones le son convenientes...». Un año después escribía al mismo amigo:

«Estoy decidido a no aceptar el subdiaconado en las próximas Órdenes. Guarda silencio. Ya comprendes que hay que tener cuidado por mi madre. Antes morir que causarla un minuto de pena».

Era la madre de Renan creyente, sencilla y fervorosa; no así su hermana Enriqueta, a cuyo ascendiente atribuyen muchos el giro que tomó Renan. Enriqueta Renan fue una institutriz librepensadora, exaltada en sus ideas. De ella dijo su hermano que le había guiado «como la columna de fuego en el desierto a los israelitas».

Pero la gran influencia intelectual sobre Renan, en época tan decisiva y grave, cuando empiezan a disolverse sus creencias, es la filosofía alemana. Pablo Bourget, en su estudio sobre Renan, ha entonado un himno a la grandeza intelectual de Alemania, antes de la hegemonía de Prusia. Al llegar Renan a París «hervían los sistemas procedentes del kantismo, todos gigantescos, y se erigían en el horizonte selvas de ideas, más fatídicas y espesas que las del Harz o la Turingia». No eran los sistemas tan solo: eran los grandes trabajos de exégesis, el foco ardiente de las Universidades, el desarrollo de la labor científica, lo que hace exclamar dolorosamente a Bourget: «Si hay una verdad digna de meditarse, es que a nuestros desastres de 1870 ha preludiado la inferioridad de nuestro esfuerzo intelectual». Un espíritu ávido y sediento de especulación, como el de Renan, tuvo que embriagarse con el licor germánico. Declara Renan que por culpa de Herder «fue dos meses protestante».

Y toda la vida el deslumbramiento del idealismo alemán, la veneración por la raza germánica, gravitan sobre su mente. Dio lugar este entusiasmo a uno de los episodios cómicos a que antes aludí. Es el caso que durante el sitio de París los sentimientos de Renan (si ha de creerse lo que en su Diario refiere Edmundo de Goncourt) no fueron precisamente patrióticos. Encogiéndose de hombros al ver que aclamaban a un regimiento; entonando, recientes los primeros y terribles desastres, un himno a la superioridad de la raza, alemana (superior, decía, por el protestantismo, pues el catolicismo cretiniza); declarando que prefiere los paisanos alemanes tratados a puntapiés por los señores, a los paisanos franceses que gozan del sufragio universal; arreglándolo todo con citas de la Escritura, y gritando que la patria de los «idealistas» es aquella donde se les permite pensar, Renan escandalizaba un poco a sus compañeros de los banquetes de Brébant (que no se habían interrumpido, y reunían a los grandes escritores que permanecieron dentro de los muros). Goncourt recogió tales confesiones y las comentó así:

«Es a la vez asombroso y triste el despotismo que ejerce sobre el pensamiento de Renan cuanto se dice, escribe e imprime en Alemania. Hoy he oído a este justo hacer suya la criminal fórmula de Bismarck —la fuerza aventaja al derecho—, y proclamar que las naciones y los individuos que no pueden defender sus propiedades, no son dignos de conservarlas. Si me sublevo, responde que nunca fueron las cosas de otro modo y que, es preciso confesarlo, solo el cristianismo ha traído la atenuación de esta doctrina, con su protección al débil, al pobre de espíritu».

Estuvo el paso de sainete en que, cuando Goncourt dio estas manifestaciones a la imprenta, entre otras charlas de mesa y sobremesa de Brébant, Renan cogió el cielo con las manos, y declaró, en varias publicaciones, que Goncourt había perdido el sentido moral, que carecía de inteligencia, y que todo era falso. A lo cual respondió Goncourt, que sus afirmaciones sudaban autenticidad, y que él sería un estúpido, pero Renan estaba embriagado de burdo incienso, era el sistematizador del pro y del contra, y había adaptado a la Historia sagrada la fluida prosa de las novelas de Jorge Sand.

Y, ahondando más en el asunto, salió a relucir que la razón de la cólera de Renan pudiera ser que, aspirando a la cátedra de Sainte Beuve, sus paradojas de antaño estorbaban a sus nuevas aspiraciones.

Volviendo al joven seminarista, conviene saber que, en Octubre de 1845, bajó, para no volver a subirla con sotana, la escalera de San Sulpicio... fue penosísimo el desgarramiento: privado del catolicismo, todo le parecía árido. El mundo se le antojaba un páramo seco y glacial. El rompimiento de Renan con la Iglesia tiene los caracteres de una de esas rupturas amorosas en que no hay modo de consolarse. Él lo expresó, con la gentil fábula de Euridice y Orfeo.

Como era necesario tomar un camino, se preparó a la cátedra, y se consagró más especialmente a los estudios de filología. Su tesis doctoral fue Averroes y el averroísmo, estudio muy completo de las doctrinas del filósofo cordobés. Hacia 1856, se casó con la hija del pintor Enrique Scheffer (hermano del famoso Ary), de la cual tuvo un hijo, que llegó también a descollar en la pintura y trató asuntos bíblicos, y empezó para él un gran período de actividad, con la publicación de numerosas obras de filosofía y exégesis, entre ellas, la traducción y comentario del Libro de Job.

Al estampar que Renan se casó, parece que sobrecoge una disonancia o desafinación en su destino. Brunetière, que no fue blando con Renan, que hasta no le dejó hueso sano con motivo de la erección de su estatua, rechaza, sin embargo, el dictado de apóstata que al autor de La vida de Jesús ha solido lanzarse, porque, no habiendo llegado a recibir las Órdenes que confieren el sacerdocio, no cometió apostasía. Pero, aun cuando es así, y no se le puede equiparar a Lamennais, otro celta cuya historia ofrece con la de Renan muchas semejanzas sin duda (diferenciándose en que Renan no dijo misa, no intervino en las luchas políticas con ardores de tribuno, no fue demócrata, ni cosa que se le parezca), estoy por creer que, en bastantes respectos, y a pesar de su exégesis impía, Renan era más cura que el autor de Las palabras de un creyente.

Es él mismo quien reconoce esta verdad en el mejor de sus libros, para mi gusto al menos, los Recuerdos de infancia y juventud, donde cuenta la historia de su alma, y, de un modo extraordinariamente atractivo, su educación, tan profundamente religiosa desde la primera edad. Reconoce en sí mismo el sentimiento religioso, fuerte e independiente, que atribuye a su sangre céltica; además, todo le predestina al romanticismo religioso. Procede del clan de los Renan, gentes ingenuas que nunca pensaron en negocios ni en dinero, y que, viviendo humildemente en la granja de Kerarbelec, haciendo economías de pensamientos y sensaciones durante mil trescientos años, le transmitieron todo ese capital acumulado, que él aprovechó. Toda su preparación fue prematuramente sacerdotal; toda la aspiración de sus años primeros se redujo a eso: decir misa. «Al perder la fe —suspira—, quedó la impronta. No fui sacerdote de profesión, pero lo fui de espíritu. De aquí nacen todos mis defectos, defectos de sacerdote. Mis maestros me habían inculcado el desprecio de lo laico. No fui como Lamennais, porque Lamennais cambió, una fe por otra, y solo en su vejez llegó a la crítica. En todos mis resabios actuales encuentro los resabios del seminarista de Tréguier. Yo había nacido sacerdote a priori, como otros nacen magistrados o militares. Soy no más un sacerdote malogrado. Y es lo peor que a mi iglesia le faltará siempre el acólito. Mi misa no tendrá quien la ayude. No pudiendo hacer otra cosa, me contesto yo a mí mismo...».

Lo cierto es que los estudios propios de la carrera de Renan, cursados tan a conciencia y con tanto ahínco; la estancia en los colegios y Seminarios; el ambiente monacal de Tréguier, todo le había formado, una segunda naturaleza, preparándole intensamente para una vida sacerdotal, pero de cura sabio, que no ha de vegetar eternamente en una parroquia. Con un poco más de perseverancia en la fe, Renan hubiera llegado a Cardenal y a Arzobispo de París.

Fuera ya de la Iglesia, y hasta contra ella, siguió dedicándose a las mismas materias, únicas que le interesaban. Siempre apareció, en el trato y en la exterioridad, un eclesiástico. Todos hablan de la «unción» de su palabra y ademanes.

Y, por último, si ha de creérsele (y los hechos no le desmienten, que yo sepa), persistió, después de salir del Seminario de San Sulpicio, en la regla de conducta anterior, y procuró guardar las virtudes del sacerdocio, no entregándose a desorden alguno, no aseglarándose más de lo indispensable, por mucho tiempo. Repetidas veces asevera en sus escritos que le parecería la cosa más vergonzosa y más inconveniente haber renunciado a su vocación por sugestiones de los sentidos o alborotos pasionales, y repite que nadie está obligado moralmente a tanta moderación como el que abandona el sacerdocio. No es, pues, el caso de Renan como el de Lamennais, y tampoco es el del Padre Jacinto. Hasta en lo físico no llega nunca al laicismo Renan. Al magnífico retrato pintado por Bonnat no le falta sino alzacuello y sotana para ser el de un eclesiástico. Solo las manos, también eclesiásticas en su forma y blancura, delatan al erudito, por descuido en el aseo, el circulillo negro de las uñas, que el pintor realista fielmente reproduce.

Hacia 1860, Renan fue enviado a Siria por el Gobierno, a fin de estudiar los restos de la civilización fenicia. El viaje permitió a Renan visitar, en las mejores condiciones posibles, los Santos Lugares. Acompañole su hermana Enriqueta, con la cual tan bien se entendía, y, en aquellos países donde se desarrollaron los sucesos que más han influido en la historia de la humanidad, los hermanos trabajaban reunidos en preparar La vida de Jesús. Ambos se sintieron, a un tiempo, acometidos de fiebre perniciosa. La obra andaba cerca de la Pasión, en el episodio de la Cena. La enfermedad la interrumpió. Renan, aplanado por la modorra y el delirio, no pudo recoger el último suspiro de su hermana.

Dejándola sepultada en Biblos, a su regreso a Francia publicó Renán otro libro, Papel de los pueblos semíticos en la Historia de la civilización, donde, resucitando la vieja herejía arriana, negaba la divinidad de Cristo. El ruido de esta obra fue preludio del enorme escándalo de La vida de Jesús, que vio la luz un año después, y que no tiene ni aun la seriedad de la de Strauss, publicada mucho antes.

En realidad, este libro, que tanto dio que decir a su hora, tan ensalzado, tan anatematizado, está hábilmente hecho para el efecto de alboroto, no solo en Francia, sino en todo el mundo (y yo no afirmo que Renan previese este resultado, aunque parece difícil que no lo sospechase). La vida de Jesús es una novela como *Salambó*, apoyada en investigaciones y datos suficientes para prestarle una apariencia histórica, sin verdadera base de certidumbre. Del carácter novelesco de La vida de Jesús no cabe dudar. La historia, desde luego, no es una ciencia exacta; pero su base científica la obliga a esa modestia y reserva en las afirmaciones, que las avalora sometiéndolas a la estrecha disciplina del documento. Nada semejante hallamos en La vida de Jesús. Y como novela, ¿quién negará la superioridad de *Salambó*? La impresión de lectura, en Flaubert fuerte y artística, es pálida en Renan. Flaubert era otro escritor muy diverso, en tal respecto muy superior, con color y relieve, con sugestión de realidad, y si fuese él quien aprovechase tan sublime asunto como la vida y muerte de Jesús, es de presumir que hubiese hecho más daño. Así y todo, La vida de Jesús llegó a alarmar hasta al Gobierno de Napoleón III, que destituyó a Renan de su cátedra de hebreo en el Colegio de Francia.

En el período que comprende la caída del Imperio, la guerra, la Commune, el establecimiento de la tercer República, continúa Renan la serie de trabajos que abarca un titulo general, Orígenes del Cristianismo, y se consagra también a la epigrafía semítica.

Otras dos etapas comprende la vida de Renan, cada una con su especial significación. En 1868, en la crisis siempre más o menos ambiciosa de los cuarenta, pretendió intervenir en política, se presentó diputado, y aquel hombre que tal ruido hacía en el mundo, no pudo conseguir ser elegido. Las opiniones políticas de Renán, hay que decir que constituyeron inmenso desencanto para los que pensaban encontrar en él a un adalid de las ideas nuevas. Cuando diez años después de su muerte, en 1903, se le alzó en su pueblo natal una estatua, y los «Azules de Bretaña», o sea los republicanos de aquel país, de tradiciones tan monárquicas, fueron llamados a las fiestas que con tal motivo se verificarían en Tréguier, y a las cuales había de asistir el Presidente del Consejo de Ministros, Fernando Brunetière, enderezador de todos los entuertos y desfacedor de todos los equívocos, afianzó su lanzón una vez más, y puso los puntos sobre las íes. Figuras eminentes del protestantismo y de la crítica, como Schérer, lo habían visto antes: nadie menos demócrata, o, por mejor decir, nadie más aristócrata que Reman —hasta lo increíble y lo quimérico—. Brunetière hizo un completo análisis del caso, mostrando cómo, a medida que Renan se aleja del cristianismo, se aleja de la democracia. «Seamos buenos cristianos, y seremos excelentes demócratas» dijo antaño el que luego fue Pío VII. Renan, en 1848, ciertamente era demócrata, porque estaba impregnado de ideas religiosas, aunque se desviase de la Iglesia. Según va perdiendo las convicciones del Seminario, cambia de parecer, menosprecia al pueblo y a los pequeños, y va admitiendo un concepto de la historia basado en la fuerza —el aforismo de Bismarck—. Schérer lo nota; en los Diálogos filosóficos de Renan, nada valen las individualidades inferiores; el mundo es «una serie de sacrificios humanos». Contribuye a arraigar este criterio en Renan la teoría de la diversidad de las razas: por ella, el gran apóstol de la tolerancia ha sido uno de los factores del antisemitismo. Nadie (excepto Voltaire) habló de los judíos tan injuriosamente. Dice, verbigracia, en El Antecristo: «Cuando todas las naciones y todos los siglos los han perseguido, por algo será». El aristocratismo de Renan no es, sin embargo, el de la sangre, sino el de la inteligencia; antes que Nietzsche, formula la teoría del Superhombre. Ni la Naturaleza ni la Historia tienen más fin que producirlo. Y este Superhombre no es ni el gran artista, ni el gran capitán, ni el gran santo. Es el gran sabio. Por eso declara que la democracia es el «error teológico» por excelencia.

En esta doctrina insistió mucho Renan, exponiéndola e inculcándola en varias obras, pero no con la sinceridad vehemente del que cree, sino con la sofistería propia de su evolución hacia el escepticismo total. Sería vano demostrarle que se contradice, y que él misma escribió «a quien ha amado Jesús es a los pobres y a los tristes en este mundo».

No cabría conciliar los supuestos político-filosóficos de Renan con las frases del Prefacio de una edición popular de La vida de Jesús «Al salir de la escuela de Cristo comprendemos que lo esencial es trabajar por la dicha, la instrucción y la virtud de los humanos».

En nada se parece la figura de Cristo —aun para quien la despoja de su aureola divina— a la del superhombre de Renan, que, guardando con celoso esoterismo la verdad para sí solo, escondiéndola al mundo entero, cultivando la ciencia como los herméticos egipcios, se apodera día tras día del arma terrible que puede acarrear la destrucción universal, y por medio del terror que inspira, funda su soberanía absoluta.

Ya se comprende que todo ello no va más allá de una utopía, pero curiosa utopía reveladora del oculto ensueño de quien afirma que durante mil trescientos años todo el clan de San Ronan ha estado haciendo economías de pensamiento para que las beneficiase él juntas. Es —aunque parezca extraño— algo semejante a la ambición de dominio universal que alimentó Victor Hugo.

A su vez, Barbey d'Aurevilly señaló a Renan como un portento de soberbia, que anhela y profetiza el advenimiento de una oligarquía de mandarines, y hasta de un mandarín Omniarca, irresistible déspota, reuniendo en un hombre lo que la Edad Media separó; el Emperador y el Papa, los dos infalibles. «Claro —añade— que con tales ideas será execrado de la democracia. Por más que se haga el ateo coqueteando, la democracia no se dejará engatusar».

La última etapa de Renan, ya viejo, es literaria y mundana. Escribe dramas, asiste a los salones, come con la Princesa Matilde, da dictamen a las lectoras de El Fígaro sobre el amor. Acude al pensamiento lo que él estampó en sus Recuerdos. «Si hubiese permanecido siempre en Bretaña, no me acometiera esta vanidad que el mundo alentó y amó, a saber: cierta habilidad en el arte de manejar las ideas y las palabras. En París, apenas mostré mi escala de sonidos, agradé a la gente, y, acaso para mi desgracia, me vi comprometido a continuar».

No olvidemos que, como dos españoles acudieron del último término de Iberia para ver a Tito Livio, vino Lemaître de su provincia con la ilusión de ver a Renan, y fue a escuchar su lección en la cátedra de Lenguas semíticas. Era el tiempo de que Sarcey, sin andarse por las ramas, trataba a Renan de «bromista», o como aquí diríamos familiarmente, de guasón. Y Lemaître se pregunta con ansiedad: «este escéptico, este mago, este hombre que se siente superior a la multitud y se coloca más alto que ella (hasta el extremo de declarar que pocos pueden darse el lujo de no creer en el Cristianismo) ¿cómo estará, triste o alegre? ¿Y cómo sería posible que estuviese alegre, si después de leerle se queda uno tan triste?».

Y Lemaître ve a un sujeto rechoncho, grueso, colorado; pelo gris muy largo, nariz gorda, boca fina, metido el cuello en los hombros; contento de haber nacido, manoteando al explicar, gastando bromas; un tipo episcopal, pero de obispo de Rabelais, en caricatura. Y la alegría de Renan es cómica, y basta mirarle para reír. Y Lemaître no diré que se indigne, pero se duele; siente la decepción. ¡Este hombre ha pasado por el desgarramiento moral más profundo... y está alegre! ¡No, Renan no tiene derecho a estar alegre! Como Macbeth había matado al sueño, Renan, en cada uno de sus, libros, ha matado el júbilo y la acción, la paz del alma y la seguridad de la vida moral. Por elegante que sea el nihilismo, es un abismo de desesperación y de negra melancolía.

¿Quién pensara que así se expresase un Lemaître? Sin duda hubiese preferido ver a Renan en la actitud de aquel Guido Cavalcanti, de quien dijo Boccacio que, cuando los honrados vecinos de Florencia le veían cruzar absorto y ensimismado, suponían que iba buscando argumentos para probar que Dios no existe. Y quien creyera también que, a la vuelta de poco, tiempo, lo mismo Lemaître que Renan pudiesen aparecer en un círculo del Infierno dantesco, en compañía de Farinata degli Uberti, Cavalcante Cavalcanti, Federico II, y demás famosos epicúreos, encerrados vivos en ataúdes.

> «Suo cimitero da questa parte hanno
> con Epicuro tutti i suoi seguaci,
> che l'anima col corpo morta fanno».

Ello es que Renan, teniendo enfrente a los católicos y en general a los cristianos, por sus negaciones, descontentando a los elementos avanzados, por sus ideas monárquicas e imperialistas y su horror al sufragio universal, piedra angular de la democracia; yendo contra la corriente del naturalismo, entonces poderoso; no satisfaciendo a los científicos sino en parte; en contra de tantos elementos diversos —logró, sin embargo, no solo ese público que va tras lo ruidoso y forma las reputaciones de combate, sino otro, que en Francia consagra las altísimas posiciones de escritor—. Brunetière, el reaccionario, le llama «el primer escritor entre sus contemporáneos»; Taine dice de su estilo, que «se ignora cómo está hecho»; Bourget declara que ese estilo es «de una calidad única en la historia de la literatura francesa». Y todos reconocen que nadie influyó en la sensibilidad moderna como Renan, no pudiendo atribuirse este último fenómeno a otra cosa que a «las escalas», como él mismo dijo.

Sin duda poseyó Renan erudición más sólida que Voltaire y los enciclopedistas. Ni el estudio sobre Averroes ni Los Apóstoles, son cosa ligera, comparable al Diccionario filosófico; y, sin embargo, su erudición es a veces pura inventiva. Renan no encuentra modo de desbaratar los Evangelios con testimonios auténticos, de la misma época, y entonces los rehace a su gusto, cual pudiera Voltaire. Por ejemplo, al tratar de la Resurrección de Cristo, no se comprende cómo haya logrado averiguar que María de Magdala sufrió una alucinación en que creyó ver y oír a Jesús, o, al tratarse de la conversión de San Pablo, en qué texto halló que padeciese Saulo oftalmía y fiebre perniciosa cuando se puso en camino para Damasco, lo cual originó su caída y su ilusión de escuchar las palabras de dulce reproche... No difiere, pues, Renan de aquellos negadores y mofadores del XVIII, en punto a aparato científico, sino por el tono de su negación, y porque aprovecha el desarrollo de ciertas ramas de la ciencia en nuestra edad —admitiendo como ciencias a las que ni son experimentales ni exactas—. El orientalismo, la filología, la numismática, auxiliares de la historia, pueden prestar apoyo a tesis muy diversas, y no siempre contrarias al orden sobrenatural, ni a la revelación. La novedad del intento de Renan, con respecto a los impíos profesionales del siglo anterior, es de forma y de sentimiento; forma más peligrosa, pero evidentemente más estética, más delicada, más insinuante para las gentes refinadas, intelectuales, que al fin y a la postre se imponen al vulgo. El atractivo de Renan es el que bellamente expresa en el primer párrafo de sus Recuerdos, al referir la leyenda bretona de la ciudad de Is, «que fue tragada por las olas en ignorada época», y cuyas campanas tocan aún, y se las oye, cuando está sereno el mar. «Me parece —dice— que tengo en el fondo del corazón una ciudad de Is, de obstinadas campanas, que siguen convocando a los oficios sagrados a fieles que ya no escuchan».

Es la melancolía, la nostalgia de lo que se ha creído, lo que, en contraste con la sequedad y la mofa volteriana, formó la originalidad de Renan. Un poeta español, Núñez de Arce, invectivó a Voltaire, llamándole «formidable ariete», y habló de «teas que alumbran los misterios del camino». Para el último tercio del siglo XIX, ya no es ariete Voltaire. Al contrario: en ese terreno se le menosprecia, y no hay mentalidad un poco ilustrada en que quepa la tesis volteriana de sacerdotes coaligados, en todos los países y creencias y cultos, para embaucar a los simples, con una farsa religiosa. La tesis, y si se quiere, la táctica de Renan, es infinitamente más hábil.

Bourget ha consagrado muy exquisitas páginas a preguntarse y a explicar por qué un cultivador de las ciencias históricas, un exégeta, un teólogo, ejerce tal influjo en la psicología de su edad, más que ningún poeta, novelista o dramaturgo; y esto, cuando las discusiones religiosas no preocupan sino a escaso público; cuando el momento es positivista y determinista; cuando el naturalismo hace explosión. Cree Bourget que el sortilegio de Renan procede de haber revestido de sentimentalismo las ideas abstractas, y de un estilo y movimiento encantador la materia de estudios hasta entonces tenidos por severos y fatigosos.

Si me decidiese a emitir mi hipótesis acerca de la peculiar seducción de Renan, diría que reside en el, principio femenino. No lo olvidemos.

Renan decía de sí mismo que era mujer en las tres cuartas partes de su personalidad, y si creyese en la transmigración, anhelaría renacer hembra. No la predisposición y constante preocupación religiosa, sino el modo de sentirla, es lo que refiero al principio femenino en Renan. Pensemos, verbigracia, en un hugonote (eran gente muy religiosa); comparemos su rudo y viril fanatismo con la suavidad, la miel y cera, la seducción de Renan y veremos que el principio femenino, que en tantos poetas y escritores está manifiesto, en ninguno domina como en el ex-seminarista de San Sulpicio. Su literatura se viste por la cabeza.

Hay algo de femenino también en la evolución de su pensamiento, desde la fe al diletantismo y al escepticismo, más bien frívolo y depravado, de sus últimos años, y que transforma su fisonomía moral, hasta el punto de provocar, como sabemos, la indignación de Lemaître, y hacer decir a Bourget: «A la humanidad le repugna profundamente el diletantismo; por instinto, comprende que vive de afirmaciones y moriría de incertidumbres».

Esta doctrina del diletantismo, no sería peligrosa si la profesase un solo hombre, aunque ese hombre tuviese no talento, sino genio; pero (dígase en abono de Renan) este no hizo sino encarnar lo que flotaba a su alrededor, antes y después, después, sobre todo, de las desventuras nacionales. Por eso fue posible que Renan, exaltando su individualidad, llevando al grado máximo su manera de sentir, deshojando lentamente la flor de su convicción antigua, viniese a tener valor típico, a ser maestro y guía de muchos. Diletantismo, escepticismo, epicureísmo... El cementerio de los que «hacen morir al alma con el cuerpo» —como dijo el vidente florentino—, necesita ensanche.

Y fue Renan, no se niega, el hombre más individual (el más romántico, en este respecto), pero su individualidad cambia poco a poco, hasta poner en contradicción al Renan de la juventud y edad madura con el Renan de la vejez. Aun después de alejarse de la Iglesia, Renan tomaba la vida y las ideas religiosas y la filosofía muy en serio, renegaba del escepticismo, y creía en lo positivo de la moral. Al correr del tiempo, el ex-seminarista grave se convierte en modelo de humoristas y rey de sofistas: el más ilustre, ciertamente, de los Gorgias actuales, pero siempre sutil pedante heleno, disputador en las plazas de Alejandría. La decadencia toma en él conciencia de sí propia.

La llaga aparece más a la vista en Renan, por lo mismo que se había presentado en actitud de víctima y confesor de la verdad de una conciencia. Su verdad, en todo caso, sería la verdad de su maestro Hegel; la identidad de los contrarios, la afirmación de que todo es uno y lo mismo, y que siendo la verdad fruto de nuestro espíritu, es obra personal nuestra; y, por otra parte, no teniendo existencia real ni el ser ni la nada, solo existe la idea.

Esa idea —verdad, creada por él mismo, es la que Renan enseñó, con matices diversos, al compás de la disolución gradual de su conciencia religiosa. Así, no hubo injusticia en suponer que la historia de las variaciones de su moral es la de su lenta desmoralización. Y no falta quien lo achaque a efecto de su popularidad y fama, que le engrió y le llevó al pecado luciferino, la soberbia —digámoslo así, como lo dijera el propio Renan, que hablaba siempre como en el Seminario, y al rechazar un empleo lucrativo, exclamaba: «Pecunia tua tibi sit in perditione»—. ¿Qué soberbia mayor que la idea del Superhombre, árbitro del Universo?

Sin caer en desórdenes materiales, cerebralmente, Renan, en sus años postreros, no supo guardar la noble actitud antigua, y dio en creer, que había perdido su mocedad, sin divertirse ni expansionarse, y en aconsejar a la juventud que no cayese en igual candidez, y que, tomando la vida como placer y deleite, acertarían. Y los placeres que aconseja a la juventud son cabalmente los que la juventud suele preferir: nada espiritual. En suma, trato alegre, cual lo entiende el vulgo. Al rebajar así el nivel de sus ideales, Renan se vulgarizó a su vez. El chiste, las «caídas» del buen humor, entraron a formar parte preferente de su retórica, y a su cátedra y a sus discursos se iba a reír, a pasar —¡oh campanas de la ciudad de Is, que el mar se tragó!— un rato regocijado. Citemos el precioso libro de los Recuerdos: «¡No puedo desechar la idea de que, después de todo, el libertino es acaso quien tiene razón, quien practica la verdadera filosofía de la vida!».

En esto vino a parar el idealismo del nuevo Platón, de cuyos escritos dijo una sátira ingeniosa, que eran «bombones perfumados con esencia de infinito».

Las consecuencias son fáciles de deducir, y no me extenderé en ellas. Y si he insistido algo en el aspecto moral de Renan, es porque no hay medio de aislarlo de su personalidad de escritor insigne —y a fe, es lástima.

XVI

La crítica en la historia. Taine. Evolución del pensamiento de Taine. El hecho menudo. Impresión del desastre. Concepto de la naturaleza humana. Contra viento y marea. Los Orígenes. Las inexactitudes de Taine. Qué importancia pueden tener. Taine contra Rousseau. Sobre la religión. La impopularidad

En La Transición queda reseñado el sistema crítico de Hipólito Taine, y parte de su labor, la primer etapa de su carrera. Hoy consideraremos a Taine después del «año terrible».

Bajo la imborrable impresión de la catástrofe nacional, fue Taine inducido a entrar definitivamente en el campo de la crítica histórica, para preguntarse a sí mismo y tratar de explicar a Francia si el camino que había seguido desde los días trágicos de la Revolución no la condujo, por sus pasos contados, al Desastre. Taine se vio compelido a estudiar el desarrollo de la Revolución y a deducir consecuencias. De ahí procedieron los Orígenes de la Francia contemporánea.

No ignoramos que Taine empezó su carrera cuando, habiendo hecho crisis el romanticismo lírico, en todo, hasta en las obras de imaginación, se iniciaba la tendencia científica, y en que la juventud, en vez de hacer versos, estudiaba afanosamente. La mocedad estudiosa de Taine hizo de él (que en otros días acaso hubiese sido un imaginativo) un crítico, y su crítica la aplicó, sucesivamente, a la historia de las letras y del arte; pero, hasta 1870, no pensó en la sociología, ni en la historia propiamente dicha.

Apasionábale el conocimiento de lo que antes se llamó «el corazón humano»; el hombre le importaba más que la naturaleza en que se mueve. Al pronto, Taine es un discípulo de Hegel; pero la índole de su imaginación, plástica, de artista realista, le conduce a analizar preferentemente los actos y sentimientos humanos. Aunque amigo de las vastas generalizaciones y deseoso de unidad, de apreciar conjuntos, Taine quiere partir de los elementos diversos y significativos que, agrupados, inducen a generalizar; y observo esta manera de ser de Taine, porque es la misma de los novelistas que, deseando abarcar en su totalidad una época, y tal vez, al través de la época, a gran parte de la humanidad civilizada, realizaron la empresa, acumulando documentillos y rasgos individuales, de esos que los Goncourt declararon indispensables para historiar, afirmando que no hay medio de saber lo que fue determinado período, si de él no tenemos, no ya noticias escritas, sino reliquias, objetos que podamos manejar, ver con nuestros ojos, apreciar mediante los sentidos. Las dos formas épicas, la novela y la historia, se aproximan de tal suerte, que parecen fundirse. Claro que no es la novela a estilo de Alejandro Dumas. Al contrario: esta aproximación, que impone a la historia un fuerte contingente de sociología y de arte, obliga a la novela a observación y exactitud.

En la historia —tal cual la comprende Taine— pasa a segundo término la investigación según antes se practicaba, y descuella lo que puede llamarse sin perífrasis «la curiosidad». Taine la recomienda expresamente; cualquiera comprende de qué género de curiosidad se trata. Trátase de la indagación de menudencias y hasta de anécdotas, y aun de la chismografía, siempre que sea todo ello expresivo, chispa de luz, tejido visto al microscopio, donde se descubre lo íntimo de los organismos. Si el hecho recogido es baladí, su sentido no lo es. En la vida diaria, todos procedemos como Taine, y de las pequeñeces deducimos cosas serias.

Naturalmente, al proceder así, Taine es un realista, y no lo oculta; los maestros de este filósofo y de este historiador son dos novelistas: Stendhal y Balzac.

Semejante concepto de la historia, que la identifica, no con la novela de invención, sino con la de observación, lo expresa admirablemente Taine en su crítica de La revolución de Inglaterra, de Guizot. «Guizot —dice— olvida que los grandes sucesos no son los actos externos del hombre, sino los movimientos interiores de su alma, y que no basta ser sólido y grave, pues habiendo en la historia aventuras bufonescas, sucesos de cocina, escenas de carnicería y manicomio, comedias, frases, odas, dramas, tragedias, es preciso que el historiador sea por turno ingenioso, sublime, trivial y terrible. Así, Guizot, al carecer de simpatía y de curiosidad, disminuye la historia, y suprimiendo el juego de las pasiones, disminuye su talento». Aunque en el mismo artículo Taine canta la palinodia y sirve, no una dedada, sino una copa de miel a Guizot; aunque afirma cortésmente lo contrario —su verdadero parecer lo expresa ese párrafo elocuente.

Un historiador de épocas antiguas puede, si tiene instinto artístico, don de crear vida, reconstruir el pasado por medio de esos hechos «crudos» y menudos que cabe extraer de lo documental y de lo arqueológico. La tarea será más llana, sin embargo, para los de épocas recientes. Los Goncourt, que escribieron la historia por medio del «bibelot», encontraron los millares de datos pequeños, que necesitaban, muy fácilmente. Ya veremos cómo y por qué Taine, a apesar de ser el teórico de este sistema, no dispuso de suficientes materiales.

La filosofía de Taine, que es la abstracción, para encontrar la ley general por medio de los hechos, le encamina a la demostración de lo absoluto por cima de lo relativo y contingente, a fin de llegar a «la fórmula creadora, cuyo eco prolongado compone, por sus ondulaciones inagotables, la intensidad del universo». Bajo estas palabras, que parecen envolver únicamente una fórmula de filosofía natural, se esconde la profunda aspiración de todo pensador, la obsesión que no evitan ni los más incrédulos: la presencia divina en la creación, el concepto de un Dios. Aunque Taine no llegó a proclamar este concepto de un modo terminante, la inquietud del problema no se apartó de él.

Para comprender mejor el efecto, que en el espíritu de Taine produjo el «año terrible», hay que recordar cuáles eran sus convicciones en antropología y psicología. Las más opuestas a las de Juan Jacobo Rousseau, en cuyo Contrato social halló, al escribir los Orígenes, la raíz del sectarismo y de las atrocidades revolucionarias. Para Rousseau, el hombre es naturalmente bueno, y la sociedad, o mejor dicho su organización, le pervierte. Para Taine, el hombre, en lo profundo de su ser, conserva no poco del «gorila feroz y lúbrico» en el cual su darvinismo reconocía a un probable ascendiente. De cierto, y dejando a un lado la hipótesis del gorila, pues no hay cosa menos demostrada científicamente que este eslabonamiento del mono antropomorfo con el hombre, el hombre, por buena parte de sus instintos primordiales, no solo está al nivel del gorila, sino de otras alimañas más fieras. Taine tenía, en este respecto, razón contra Rousseau, y, reconociendo el inmenso vigor del instinto, tan fácilmente manifestado en la violencia de la pasión, el cuadro de la guerra y de la anarquía civil, que rompen las vallas de la sociedad y de la ley, debió de ahincar en su mente la idea de la originaria maldad humana —del «pecado original» para hablar en el lenguaje de la Iglesia...

Uno de los críticos de Taine asegura que desde La Rochefoucauld, no hubo filósofo menos convencido que Taine de la bondad de la naturaleza humana. Y todavía el brillante duque, que tan de cerca había visto la sociedad de su época, era más indulgente con el hombre. Hay que notar esta sinceridad de la convicción psicológica de Taine, porque explica perfectamente la evolución de sus opiniones políticas. Y hay que añadir que, de todos los estudios a que puede consagrarse el entendimiento, ninguno revela lo verdadero de la condición humana como la historia —no la historia oficial, sino la de los hechos: la de Suetonio, la de Saint Simón.

Para comprender mejor el efecto que en Taine produjo la ruina de Francia, adviértase que era, lo mismo que Renan, un germanófilo, y sus admiraciones, su culto de discípulo ferviente, se consagraban a los maestros alemanes. Alemania le parecía su segunda patria; como Renan, la consideraba el pueblo modelo, y a Benito de Espinosa y a Hegel los veneraba, calificando a este de «el mayor pensador del siglo». Muy poco antes de la guerra, en Junio de 1870, hizo un viaje a Alemania para «ver cosas vivas», pues pensaba escribir acerca de los germanos algo semejante a su Literatura inglesa, de la cual se ha dicho con razón que, más que historia literaria, es estudio del carácter inglés, manifestado en el arte. Tuvo que regresar de Berlín precipitadamente, por una desgracia de familia. Días después sobrevino el conflicto franco-prusiano.

La impresión de Taine se explica perfectamente. Insisto en ello; lo único que puede extrañar es que hubiese quien se quedase tan fresco, siendo francés, después de 1871. Honra a Francia y a sus hijos eminentes este sentimiento de cólera y dolor, manifestado en una o en otra forma, y a veces en forma involuntaria —no es el caso de Taine— lo mismo por los «impasibles» Flaubert y Gautier, que por el vidente Hugo; y lo incomprensible es la actitud de los que, como Renan, solo vieron, en la catástrofe, algo que les quitaba su tranquilidad de sibaritas y de optimistas. Hay ocasiones y circunstancias en que, al compás de la inteligencia, tiene que funcionar el corazón.

En Taine sucedió así. Sus idealismos de sabio se rasgaron como un velo, y vio aspectos de la realidad que acaso, aun siendo adverso a la tesis de

Rousseau, no sospechaba. La dureza y la avidez de los vencedores, la miseria de los vencidos, París bombardeado por alemanes y destruido y abrasado por franceses, la red de errores y de culpas que prepararon tan funesto final, todo exaltó, por medio de la comprensión, el sentimiento. El cuadro era doblemente impresionante para Taine, porque, pensador y trabajador de gabinete, no había atendido mucho al mundo exterior, y pecaba de exceso de intelectualismo, a pesar de la plástica viveza de su estilo. Hombre de ideas (con toda su predilección hacia el hecho), ahora el hecho, no menudo ni anecdótico, sino enorme, brutal, aplastante, caía sobre él, como la maza da Hércules, y la más activa de las realidades, la patria, se le presentaba viviente, con relieve físico, y le movía a exclamar en su Correspondencia, cual pudiera decir de una mujer: «¡No sabía que la amaba tanto!».

Los hermanos Margueritte, novelistas que se inspiraron en esta época cruel, en una de sus novelas, muestran a Taine en Tours, auxiliando lo mejor que puede a Gambetta, al trabajo reorganizador. Con la pluma, su mejor arma, no cesa Taine de cooperar a la defensa nacional. Ante la Commune, exclama desesperado: «Se me ha muerto dentro del pecho el corazón». Cuando tales cosas suceden, hay derecho a revisar las opiniones políticas.

Cuanto más inteligente es un hombre, menos construye la política a priori. La experiencia es maestra en esto, sobre todo en esto.

Aunque Taine fuese en psicología el polo opuesto de Rousseau, quizás no sospechó, antes de la Commune, la monstruosidad del instinto desencadenado. Desde entonces pudo decir con firmeza que la sociedad es menos mala que el hombre, y es el único moderador de la barbarie natural. Así declaraba, después de la Commune, que no podía resignarse a ver abolida, por la demencia de unos cuantos, la obra de cincuenta generaciones, el depósito de los antepasados, que debemos acrecentar para los descendientes; y que la sociedad, aun sin ser perfecta, representa infinidad de esfuerzos y de seculares sacrificios, y tampoco se puede echar, en un día, por la ventana. En virtud de la lección tremenda, Taine, que era demócrata, se hace conservador: las opiniones que profesó Renan por soberbia y contentamiento de sí mismo, por aspiración a la dictadura de la inteligencia, las adopta Taine, hombre modesto y retraído, por convencimiento honrado de que Francia necesita reconstituir el orden, fortificarse, rehacerse como nación. Más bien que doctrina política, es sentido social. Conviene advertir que Taine poco o nada debía al régimen derrocado, el cual le había tratado como a elemento subversivo. Su famosa frase sobre el vicio y la virtud, productos naturales lo mismo que el azúcar y el vitriolo (lo Cínico que mucha gente sabe de él), al ganarle aplausos entre los librepensadores y los materialistas baratos, le enajenó la simpatía de los jerarcas. Y ahora, caído el Imperio, proclamada la República, va a perder su popularidad escribiendo los Orígenes, contra todo el giro de la historia de Francia, desde 1793.

Por un impulso irresistible, al presenciar la invasión, las convulsiones de la anarquía organizada y en el poder, la amputación del territorio, se vio inducido Taine a elevarse (como se había elevado en su sistema filosófico), hasta la noción de causa, y preguntarse por qué, después de tanta prueba y ensayo de diferentes formas de gobierno, cada día la nación decae, hasta hundirse sus últimos prestigios en el abismo de Sedan y en el brasero de la Commune. De esta angustiosa pregunta, a indagar los motivos por medio de la historia, hay un paso, y el espíritu analítico y crítico de Taine lo franqueó inmediatamente.

Nótese que, a pesar del florecimiento de las letras durante el siglo, no hubo pléyade de historiadores sino en el período romántico. Los que siguen escribiendo, durante el período de transición, proceden de ese grupo —como Michelet—. Hasta la época naturalista no se verifica la transformación del procedimiento histórico, con algunas obras de Renan, y, sobre todo, con los Orígenes.

Esta obra, que ha sido furiosamente atacada, y no sin motivo en algunos respectos, no por eso deja de ser en su género única. Está llena de vida, de ardor, de convencimiento, de ideas nuevas y originales, y rebosa patriotismo, no al modo que lo practica un Víctor Hugo o un Déroulède, sino de otro más eficaz: el que estudia el daño porque anhela el remedio.

Dice su biógrafo intelectual, Laborde Milaa: «Taine vio que el medio de concurrirá la regeneración de Francia era consagrar a un estudio del caso francés lo que le restaba de vida. Francia sufría; sufría desde muy atrás; y si se compara su tranquilidad y su vigor y cohesión, en los siglos que precedieron al XIX, era de suponer que el mal arrancaba de la tumultuosa época de 1789 a 1804, en que se habían probado todas las formas de gobierno y vivido en quince años la historia de muchos pueblos. El mal se había insinuado en el organismo, ocasionando la inestabilidad y las revueltas como consecuencia. Y este mal, ¿cuál era? ¿De qué procedía? ¿Cómo curarlo? Gran problema, y sobre todo, problema científico...».

Para estudiar el «caso francés», Taine decide renunciar a cuantas labores algo extensas proyectaba, y poner mano a una trilogía, los Orígenes de la Francia contemporánea, estudiando el antiguo régimen, la Revolución, el nuevo régimen. Las dos primeras partes, pudo terminarlas; de la tercera, interrumpida por la muerte, queda un fragmento, Napoleón.

Empiezo por hacerme cargo de las censuras, en extremo severas y todavía no interrumpidas, que llovieron sobre Taine cuando se conoció el alcance y propósito de su obra; y no solo recayó la desaprobación sobre esta, sino sobre el conjunto de la labor. La crítica de Taine va contra las corrientes que siguen siendo dominantes en Francia, que no han cambiado de dirección a pesar de 1870; y el que tanto proclamó la fuerza del «medio ambiente», es víctima del medio ambiente social y político, y sufre la severidad y aun el desdén del público. Nadie sabe cuánto influye, para la fama póstuma de un escritor, el haber abundado en el sentido de sus contemporáneos. Al que no acepte los errores comunes, o se le martiriza, o se le olvida, o ambas cosas a la vez. Y si esto pudiere hacerse con Taine, se hubiese hecho; no quedó por intentarlo; pero hay estatuas que se ven por encima de las cabezas de la muchedumbre, y Taine, a pesar de todo, es un señor a quien no cabe escamotear. Todas las impugnaciones y refutaciones de los Orígenes no han echado abajo lo que en esa obra vale más: lo original, la invención de Taine.

Explicaré la palabra invención. El cargo más justo que se ha dirigido a Taine es el de la inexactitud. Se pudo decir de él, sin mentir, que no hay otro historiador más inexacto. El profesor Aulard consagró un volumen, fruto de indagación nutrida y ceñida, a coger todos los puntos que se le soltaron a Taine; y sin género de duda consiguió probar que los Orígenes están muy equivocadamente documentados. Varios años seguidos, en curso público de la Sorbona, realizó esta demostración el censor, declarando que no le guía la pasión política —y también que la gran gloria de Taine está en los Orígenes, cabalmente.

Causa al pronto extrañeza que Taine haya edificado sin erudición suficiente y hasta con erudición frágil; sin embargo, las circunstancias lo explican. Cuando un móvil, no solo explicable, sino loable y generoso, le hizo concebir el plan de los Orígenes, Taine pasaba de los cuarenta, y no había trabajado en archivos, sobre documentos y manuscritos, jamás. Solo en acopiar los materiales de su obra tenía que gastar la vida entera. Aulard lo confirma muy minuciosamente: Taine empieza a leer para los Orígenes en 1871, y en 1873 escribe a Guizot que ha terminado sus lecturas; poco después comienza a redactar. Se ha documentado en dos años; y en 1875 publica El antiguo régimen. Es poco mascar el asunto, efectivamente, aun tratándose[14] de Taine; y, según el método que a ella aplicó, la obra requería mucho estudio de papeles. Hasta aquí estoy conforme con todas las severidades.

Lo ocurrido a Taine confirma mi persuasión de que la labor de la historia, tal cual hoy se concibe, necesita dividirse en dos secciones: la de documentos y fuentes, que corresponde recoger y catalogar a los eruditos, y la de redacción y desarrollo filosófico, que pertenece al gran escritor. Los eruditos rara vez logran interesar; el gran escritor suele no tener tiempo de documentarse.

No es la historia una ciencia en la verdadera acepción de la palabra, y si no tuviese algo de arte, o si se quiere de vida, que le comunica la persuasión y la emoción más o menos oculta del gran escritor, nadie la leería seguramente. Sería materia de consulta, dormida en los archivos.

Por otra parte, hay etapas históricas en las cuales una o dos generaciones penetradas de un sentimiento y habiendo formado un juicio bastante general (unánime no pudiera ser) acerca de importantísimos acontecimientos casi recientes, flotando en el aire, digámoslo así, ese sentimiento y ese juicio esperan al historiador que los recoja y los condense en una obra de conjunto. Esto hizo Taine; a pesar de la novedad de sus puntos de vista en algunas cuestiones, los Orígenes condensan lo que disperso, por recuerdo o por lectura, se sabía ya del antiguo régimen y del período revolucionario, y lo que empezaba a pensarse de Napoleón. Si en puntos concretos y en datos archivados y consultables es deficiente, y «se descalificaría» el alumno de la Sorbona que le citase como autoridad histórica, en esta concentración

---

14 [«tratratándose» en el original. (N. del E.)]

del juicio general histórico, la obra de Taine es de las que abren surco, como no lo hubiese abierto una fidelísima y puntual exposición de datos y noticias. Decía Renan —que a pesar de haber trabajado sobre temas muy antiguos y en que no existen documentos, en el sentido de los que se le exigen a Taine, cometió, sin embargo, más de una inexactitud— que a los documentos había que «solicitarlos»; es decir, interpretarlos y adaptarlos al gusto...

Si en las noticias de que se sirve Taine comete errores, su psicología histórica es certera, y es la misma que, sin definirla ni darle tal nombre, deducíamos de nuestras impresiones y lecturas los que pensábamos un poco en la evolución de Francia al través de tantas revoluciones (en las cuales ha venido, por desgracia, a ser especialista ese pueblo tan capaz de cordura, el más naturalmente equilibrado de los latinos). Se le ha imputado a Taine que su psicología es patología. La psicología colectiva en épocas revolucionarias, patológica es siempre. Los modernos antropólogos de la escuela positivista han visto claro en esto.

Un cargo más fundado es el que se dirige a Taine, porque, en su historia, el individuo desaparece ante la colectividad; achaque también de los momentos revolucionarios. Las revoluciones se detienen y cuajan en el orden (en un orden nuevo, si no en retroceso al antiguo) cuando aparece el individuo inesperado. Todas las fases de la Revolución francesa preparan al dictador, a Napoleón. La fuerza individual no se presta a los sistemas; trae algo imprevisto, no solo en el arte sino en la historia. Quitemos a Napoleón (que pudo no nacer, o morirse de chiquillo) y siendo el mismo el carácter de los pueblos y la influencia del medio, de la raza, etcétera —cambia todo el desarrollo histórico de Francia y de Europa.

Es el problema que surge de los Orígenes. La psicología de los pueblos, al explicarse por leyes naturales, pudiera desarrollarse en un sentido, pero no cambiar. ¿Por qué cambian los pueblos? ¿Porqué estos cambios son profundos? ¿Por qué la más estrecha conexión de caracteres, la identidad de raza y de ambiente, no producen la estabilidad psicológica? Lo físico varía menos; pero el rebelde espíritu no se deja someter. Así se pudo, con justicia, objetar a Taine que reduce a nada al individuo, a fuerza de no considerar sino los caracteres nacionales y las situaciones generales, y de hacer de la causa primera la primera de las causas segundas.

Esta idea anteindividualista de Taine, no ignoramos que la aplicó hasta al arte, el terreno donde la fuerza y vigor del individuo parece revelarse con mayor espontaneidad, al afirmar que el artista va guiado por una voz secreta, intuición de lo que su época desea sin acertar a expresarlo. Bien pudiera decirse lo contrario a veces: el insigne artista influye adversamente al público —y con razón se le objetó que no siempre coincide la hora histórica con la hora estética, que los artistas no siempre representan el presente, sino que suelen ser la voz del pasado o la del porvenir.

Expuso Taine en los Orígenes no pocas cosas que antes no se habían propalado en letras de molde, y que expuestas por un hombre de tan vigoroso pensamiento filosófico, un pensador a la moderna, con puesto alto y propio, causaron efecto mayor, envueltos en su estilo bruñido, brillante como coraza milanesa, y siempre hermoso, sugestivo y plástico. Su tesis regeneradora era sencilla; los pueblos no pueden, mediante un acto reflexivo y consciente, constituirse a sí propios (el Contrato, de Rousseau), y la forma social y política en que un pueblo ha de entrar y persistir, no es cosa arbitraria, sino determina la por su carácter y su pasado.

Cuando sobrevienen las revoluciones, el hombre revela el fondo que le supone Taine: la barbarie y la maldad natural del instinto. Sin duda pudo Taine tomar en cuenta un hecho universal, y es que la barbarie misma tiende a organizarse socialmente, y una vez organizada, está reprimida en parte o en todo. El estado normal de ninguna agrupación humana permanece revolucionario; ese desate del instinto es de suyo breve. Pudiéramos decir, empleando el lindo lenguaje teológico de Renan, que la naturaleza no tarda en sentir el yugo de la gracia. La idea misantrópica de Taine es exacta: por naturaleza, por primer impulso, es fiera el hombre; pero algo hay en él que contraría y encauza ese instinto, y le impulsa a sujetarlo con la cadena de la organización social.

Empezó Taine su estudio exponiendo los errores del antiguo régimen, derroche insensato, torpe reparto de los honores, y desarrollo del espíritu clásico. A este espíritu clásico, a esta abstracta ideología, achaca Taine, en gran parte, la mala dirección de la revolución francesa, que se hizo desdeñando la realidad, sin tomar en cuenta los hechos —raciocinando, en vez de observar—. De aquí el loco empeño de borrar en pocos días las huellas tenacísimas del pasado y de la tradición; de aquí todos los sueños de la Enciclopedia: el filosofismo, las construcciones apriorísticas. Taine supone que la Revolución no fue sino una agravación del antiguo régimen, que consolidó la centralización política, administrativa, económica e intelectual, iniciada por la Monarquía. Al considerar esta doctrina de Taine, ocurre que, en efecto, Francia es el país más centralizado del mundo, y, sin embargo, rara vez, en los momentos críticos, respondieron las provincias al sentimiento de ese París, que para los extranjeros es toda Francia. Recuérdense los levantamientos del Oeste, la Vendea, y los frustrados esfuerzos de Gambetta para galvanizar a las provincias, para despertar en ellas la cólera de la resistencia al invasor, que en las tristes horas de 1870 y 1871 está circunscrita a París.

Los Orígenes es, ante todo, un libro descentralizador (como Séignobos, en su estudio sobre Taine, acertadamente observa). Es, además, un libro social, que condena la Revolución, y echa abajo, sino documentalmente, filosóficamente, su leyenda. Severo con los hechos y con los personajes, implacable con la soberanía del pueblo, ve en el período revolucionario un estado en que «millones de salvajes van lanzados por millares de charlatanes de café, y a la política de café responde la asonada callejera». Taine mismo resume en una carta su opinión; a un solo principio se reduce la Revolución: al dogma de la soberanía, del pueblo, entendida a la manera del Contrato social.

Y este dogma da por fruto una teoría esencialmente anárquica y despótica y un sistema semejante al de los mamelucos en Egipto. El germen morboso de este dogma determinó la fiebre, el delirio y las convulsiones revolucionarias. Hay que reformar todos los juicios que la imaginación, la sensibilidad y la simpatía forman de los hombres del 89 y del 90. Son como el ciego, que mete la mano en un agujero, al margen de un río, y creyendo asir un pez, muestra triunfalmente una víbora. Y más adelante añade: «Desde 1808 hasta el día, lo que distingue a Francia de otras naciones es la persistencia, en su estructura política y social, de sus incesantes revoluciones y su fatal centralización».

De estas convicciones, fortalecidas experimentalmente por el hecho de ser Taine testigo ocular del desastre y de la anarquía, espontánea y organizada, se deriva su concepto sociológico. Toda nación necesita constitución.

Solo puede constituirse, si ha de durar, sobre el pasado histórico, sobre las tradiciones, que no son obra del acaso, pero que son lo inconsciente, más activo que lo consciente. Al mismo tiempo, una nación debe respetar las exigencias naturales de lo actual. Nada de constituciones ideales: la realidad. Hay que adaptar las democracias al marco del pasado, dándoles así garantía de solidez.

Con este modo de entender la sociología, parece sencillez, por no decir bobada, admirarse de que Taine, libre pensador, haya escrito este párrafo: «La religión es un poema metafísico acompañado de creencias, Por eso es eficaz y popular; excepto para una imperceptible minoría, la idea pura es palabra sin sentido, y para sentir la verdad hay que darle cuerpo. Se necesita culto, leyenda, ceremonias, que hablen al pueblo, a la mujer, al niño, al simple, al hombre metido en la vida práctica, y hasta al espíritu humano en general, cuyas ideas involuntariamente se traducen en imágenes. Gracias a esta forma palpable, la creencia puede arrojar su peso enorme en la conciencia, contrapesar el natural egoísmo, contener el loco impulso de las brutales pasiones, llevar a la voluntad hacia la abnegación, arrancar al hombre a sí mismo para ponerle enteramente al servicio de la verdad o al servicio de los demás, hacer ascetas y mártires, hermanas de la Caridad y misioneros. Así, en toda sociedad, la religión es, a la vez, un órgano natural y precioso. Se necesita para pensar en lo infinito y para vivir rectamente; y si de repente faltase, habría en el alma humana un gran vacío doloroso, y nos haríamos unos a otros mayor daño. Y, además, sería inútil querer arrancarla; las manos que la tocasen no se llevarían sino su envoltura; después de una sangrienta operación, renacería; su germen es tan hondo, que no cabe extirparlo».

Larga es la cita, pero me parece asaz interesante, tratándose de Taine, para mostrar el camino recorrido por su mentalidad desde «el azúcar y el vitriolo». Y también es útil, porque sugiere que este lenguaje sincero del fiero Sicambro de la intelectualidad (y no la inexactitud de un extracto o de una noticia) fue lo que alborotó contra él a la opinión y determinó lo que Laborde Milaa llama «la fase crítica», en que por todos lados se le muerde y se le echa a pique. Confesiones como la antes transcrita; estudios como el de la patología del jacobino —comparado al cocodrilo del cual los egipcios hicieron un dios, y que mostraban alzando un velo y cantando himnos en lo más recóndito del santuario—, tuvieron que costar muy caro a Taine; porque no ha cambiado Francia de orientación, aunque algunas señales puedan indicar este cambio. Cuando se publicaron los Orígenes era quizás el momento en que mejor se revelaba en su estructura política y social esa persistencia de la impronta revolucionaria que Taine señaló. Las revoluciones, en su período activo y desatado, influyen menos en la vida profunda de una nación que la estructura adquirida. Taine creía, además, que la cualidad dominante francesa, el clasicismo, había provocado esa formación difícil de corregir, y que imponía a Francia un carácter cuyas consecuencias la han puesto en muy graves compromisos, a pesar de tan magníficas cualidades y tanto lastre de fuerza social como hay en ese pueblo.

 Y por eso, cuando se elevó a Taine una estatua en su pueblo natal, Vouziers, la ceremonia no tuvo más proporciones que las locales; y por eso fueron excluidas de las Bibliotecas oficiales sus obras. Recuérdense ciertas apoteosis, y dedúzcase qué ha de esperar quien pasa la mano a contrapelo a las mayorías.

Epílogo

He tratado de hacer ver el desarrollo de gérmenes morbosos en las letras francesas. Como quiera que estos gérmenes no se encierran solo en la literatura, y la literatura se halla en íntimo contacto, en relación estrecha con la sociedad y con el proceso de la historia, cada vez se acentuará más el carácter morboso, al precipitarse el desastre nacional y sus consecuencias.

Al recordarlo, he observado que esa nación, cabeza de los pueblos latinos, pudo acusar al régimen imperial, no sin fundamento, de su trágica desventura, y que la propia tragedia hizo patentes resistencias y energías, que no destellaron y resplandecieron suficientemente, envueltas en la enorme catástrofe. Y también creo que se deduce de mi texto que la catástrofe abrió surco en las almas, y no en las menos escogidas. Para un Renan que, en medio de los horrores del sitio de París, de aquella defensa grandiosa de la ciudad bloqueada, entona himnos al vencedor germano —en la mayor parte de los grandes escritores se revela el sufrimiento y la mortificación del golpe, aunque se propongan no dejarlo ver, y hasta hacer obra «antipatriótica», como los medanistas. Es el patriotismo cosa tan natural y humana; surge de la realidad con tal vigor, que a veces, queriendo renegar de él, involuntariamente se afirma. No todos son patriotas al modo de un Derouléde; pero a su manera, y a veces, ignorándolo y hasta rehusándolo— todos son más o menos patriotas.

Acaso, si Francia hubiese salido vencedora, si no hubiese sufrido la pateadura de la invasión y el suplicio de hoguera de la Commune, fuese muy distinto el proceso psíquico de muchos de los sumos artistas de su prosa y aun de su poesía.

En ellos —en bastantes para que deba ser tomado en cuenta— vemos alzarse protesta contra los tiempos, contra las nuevas instituciones —lo que persistía responsable, una vez que el segundo Imperio naufragó entre el lodo de Sedán.

En otros, ya sin rebozo, se desborda la aspiración a formar patria, patria fuerte, defendida, segura. Un Taine se convierte a esta fe y sufre persecución por ella.

Las lesiones internas causadas por el desastre no contribuyen poco a la aparición de los desequilibrados, diletantes, escépticos, pesimistas satíricos, melancólicos, devotos de la nada y de Satanás. Fuerzas perdidas, sin duda, para la obra de regeneración, o, más bien, contrarias a ella, porque estos modos de ser, que no deben alarmar cuando se notan en algunas privilegiadas personalidades, inficionan el cuerpo de la sociedad si descienden a las muchedumbres y se infiltran en ellas, y son por ellas mal entendidos y torpemente imitados.

A un mismo tiempo avanza en Francia la decadencia, que pronto habré de reseñar, y la funesta división, esterilizadora de todo esfuerzo, regocijo de los que espían las convulsiones de un pueblo para, si tanto pueden, aniquilarlo. Los ultracivilizados franceses coadyuvan con celo a la obra de los que llamaron «bárbaros del Norte», como si se complaciesen en arrancar vendajes de las frescas heridas y dejar correr la sangre —la sangre del espíritu, tanto o más necesaria que la de las venas—. A este penoso espectáculo asistiremos, y a compás de sus episodios veremos alzarse la negación de la nacionalidad. Y solo las cualidades serias que entre la cizaña de las pasiones persisten siempre en Francia, podrán detenerla vacilante al borde del abismo.

Libros a la carta

A la carta es un servicio especializado para
empresas,
librerías,
bibliotecas,
editoriales
y centros de enseñanza;
y permite confeccionar libros que, por su formato y concepción, sirven a los propósitos más específicos de estas instituciones.

Las empresas nos encargan ediciones personalizadas para marketing editorial o para regalos institucionales. Y los interesados solicitan, a título personal, ediciones antiguas, o no disponibles en el mercado; y las acompañan con notas y comentarios críticos.

Las ediciones tienen como apoyo un libro de estilo con todo tipo de referencias sobre los criterios de tratamiento tipográfico aplicados a nuestros libros que puede ser consultado en Linkgua-ediciones.com.

Linkgua edita por encargo diferentes versiones de una misma obra con distintos tratamientos ortotipográficos (actualizaciones de carácter divulgativo de un clásico, o versiones estrictamente fieles a la edición original de referencia).

Este servicio de ediciones a la carta le permitirá, si usted se dedica a la enseñanza, tener una forma de hacer pública su interpretación de un texto y, sobre una versión digitalizada «base», usted podrá introducir interpretaciones del texto fuente. Es un tópico que los profesores denuncien en clase los desmanes de una edición, o vayan comentando errores de interpretación de un texto y esta es una solución útil a esa necesidad del mundo académico.

Asimismo publicamos de manera sistemática, en un mismo catálogo, tesis doctorales y actas de congresos académicos, que son distribuidas a través de nuestra Web.

El servicio de «libros a la carta» funciona de dos formas.

1. Tenemos un fondo de libros digitalizados que usted puede personalizar en tiradas de al menos cinco ejemplares. Estas personalizaciones pueden ser de todo tipo: añadir notas de clase para uso de un grupo de estudiantes,

introducir logos corporativos para uso con fines de marketing empresarial, etc. etc.

2. Buscamos libros descatalogados de otras editoriales y los reeditamos en tiradas cortas a petición de un cliente.

www.ingramcontent.com/pod-product-compliance
Lightning Source LLC
Chambersburg PA
CBHW031425150426
43191CB00006B/401